Du même auteur

Chez le même éditeur

La Littérature française aujourd'hui, 1997.
Monsieur Victor Hugo, 1998.
Histoire de la littérature française (en collaboration avec Denis Huisman), 2001.

Sur la littérature d'aujourd'hui

La Mort de Godot. Attente et évanescence au théâtre, Lettres Modernes, 1968 (ouvrage dirigé par Pierre Brunel, qui part de Samuel Beckett et consacre lui-même une étude comparatiste à Tchekhov et Marguerite Duras).

Présentation de Jean-Claude Renard, en tête de *Métamorphose du monde, précédé de Origines*, anthologie des premiers recueils du poète, Orphée/La Différence, 1991.

« Naissance du Nouveau Roman, ou l'avant-garde en question », dans *Avant-garde et Modernité,* volume collectif (Littérature Moderne n°1), Champion-Slatkine, 1988.

Mythocritique. Théorie et parcours, Presses universitaires de France, 1992 (le livre contient un chapitre sur *Les Météores* de Michel Tournier et un autre sur *Le Miroir qui revient* d'Alain Robbe-Grillet).

« *La Grande Année*, ou la onzième bucolique », dans le volume collectif dirigé par Christine Andreucci, *Pierre Oster. Poétique et Poésie*, Presses de l'université de Pau, 1994.

Butor, L'Emploi du temps. Le Texte et le Labyrinthe, PUF, 1995.

« Yves Bonnefoy : l'évocation d'une voix », dans *Yves Bonnefoy. Poésie, Peinture, Musique*, textes réunis par Michèle Finck, Presses universitaires de Strasbourg, 1995.

L'Arcadie blessée, Éditions InterUniversitaires, 1996 (le livre fait une place à Pierre Oster, *La Grande Année*, et à l'œuvre poétique de Georges Saint-Clair).

Transparences du roman. Le Romancier et ses Doubles au XX*e siècle*, José Corti, 1997 (la dernière étude est consacrée à *Lac* de Jean Echenoz).

L'Imaginaire du secret, Grenoble, ELLUG, 1998 (le dernier chapitre porte le titre du recueil de Jean-Claude Renard, *Toutes les îles sont secrètes*).

« Une mythologie du volcan », dans le numéro spécial d'*Europe* consacré à Aimé Césaire, août-septembre 1998.

Raymond Queneau : *Les Fleurs bleues* (en collaboration avec Yvan Daniel), Hatier, 1999.

« Feuillets d'Hélios », dans le numéro spécial de *Sud* consacré à Marie-Claire Bancquart, juin 2000.

« La lettre, le mot, le texte », dans *La Philologie française à la croisée de l'an 2000*, textes réunis par Montserrat Serrano Manes, publications de l'université de Grenade, 2000.

La Critique littéraire, PUF, Que sais-je ?, 2001.

Glissements du roman français au XXe siècle, Les Belles-Lettres, 2001 (les derniers chapitres traitent de Nathalie Sarraute, *Portrait d'un inconnu* ; Robbe-Grillet, *Les Gommes* ; Michel Butor, *L'Emploi du temps* ; Albert Cohen, *Belle du Seigneur* ; Georges Perec, *W ou le souvenir d'enfance* ; Marguerite Duras, *L'Amant* ; J.M.G. Le Clézio, *Onitsha* ; Olivier Rolin, *Méroé* ; Jean Echenoz, *Je m'en vais* ; Jean-Jacques Schuhl, *Ingrid Caven*).

« ces mots / qui plongent »
(diesen /tauchenden Worten)
Paul Celan

Note liminaire

Une première édition de ce livre, plus brève, a paru en 1997 aux éditions Vuibert, dans la collection « Idées et Références ». Elle a été très vite épuisée. Dans sa rédaction, elle portait assurément la date de 1996, et les points de départ étaient cherchés dans l'actualité même de cette année-là. J'ai donc considérablement remanié l'ensemble, en partant de tout autres prémisses. J'ai cherché à tenir compte à la fois de l'évolution et de la permanence de la littérature française au tournant du siècle. J'ai fait une place à des œuvres nouvelles, à des auteurs immédiatement contemporains, sans vouloir être exhaustif. L'absence de tel nom ne signifie donc ni oubli ni jugement de valeur négatif. Il fallait choisir pour conduire l'ensemble. J'ai enfin cherché à réduire, sans parvenir à l'abolir, la présence indiscrète de la première personne, en gardant à l'esprit l'exemple d'André du Bouchet, qui a disparu en même temps que le XXe siècle et en qui on doit saluer un poète majeur de ce temps : « J'écris aussi loin que possible de moi » *(Dans la chaleur vacante)*.

L'ouvrage a bénéficié de ce que j'ai pu vivre et connaître au cours de mes années de présidence à la Société d'étude de la littérature française du XXe siècle. Il s'est enrichi des dialogues engagés dans le cadre du séminaire sur « Rimbaud et la modernité poétique », à la Sorbonne, où j'ai eu le bonheur d'accueillir de grands écrivains d'aujourd'hui. Leur amitié, l'écoute des étudiants m'ont constamment encouragé et stimulé.

La réalisation technique de ce livre n'aurait pas été possible sans mes deux filles : Laurence, qui a bien voulu en publier dès 1997 la première version, et qui m'a encouragé à lui donner enfin le titre initialement prévu, en prenant les risques d'éditrice que cela comporte ; Sophie, qui en a suivi au jour le jour l'élaboration en assurant la saisie informatique. Je les remercie très affectueusement. J'exprime aussi ma reconnaissance à Annie Cartoux, ingénieur d'études au Centre de recherche en littérature comparée de Paris IV, qui a revu soigneusement le manuscrit, à l'équipe technique des éditions Vuibert, en particulier à Valérie Le Rey, et enfin à Jean-Manuel Bourgois, Directeur général du groupe Magnard qui, une fois de plus, m'a accordé sa confiance et son amitié. Aux miens je dois l'équilibre qui m'a permis de conduire à bien un semblable projet, dont je mesure la témérité. À mon frère Jean, à ma belle-sœur, Françoise, dédicataires de *La Littérature française d'aujourd'hui*, j'offre à nouveau *Où va la littérature française ?*

25 décembre 2001

La littérature en question(s)

Trois questions principales jalonnent l'histoire récente de la littérature française.

La première est celle que posait Jean-Paul Sartre en 1947 : « Qu'est-ce que la littérature ? » Elle constitue le titre d'un long texte, placé au centre de *Situations II* en 1948, mais publié d'abord, tel un feuilleton, de février à juillet 1947, dans les numéros 17 à 22 de la revue *Les Temps modernes*. Cette revue, Sartre l'avait fondée en 1945, et il en assurait la direction. La même année, il avait donné les deux premiers volumes d'un ensemble romanesque qui devait rester inachevé, *Les Chemins de la liberté*. Il s'interrogeait, en philosophe, sur tout : il publiait un article intitulé « Qu'est-ce qu'un collaborateur ? », dans *La République française*, en août 1945 ; il accordait à Dominique Aury une interview présentée sous la forme d'une question dans *Les Lettres françaises* : « Qu'est-ce que l'existentialisme ? ». Il était cohérent d'en venir à « Qu'est-ce que la littérature ? ». À une époque où l'on pouvait craindre un mouvement pour « la nationalisation de la littérature »[1], il était nécessaire de revenir à des questions fondamentales : « Qu'est-ce qu'écrire ? », « Pourquoi écrire ? », « Pour qui écrit-on ? » Sartre ne se plaçait pas toujours au-dessus de la mêlée, il exprimait ses passions et, quand il le fal-

1. C'est le titre de l'essai qui précède « Qu'est-ce que la littérature ? » dans le volume *Situations II*.

lait, ses haines. Il voulait en venir à une « Situation de l'écrivain en 1947 ». Mais cet essai important reste beaucoup moins enfermé dans la circonstance qu'on ne l'a cru et qu'on ne l'a dit. L'auteur en était aussi conscient que nous aujourd'hui : « Il faut lire [...] *dans le mouvement*[2]. »

Au sortir de la guerre, de l'Occupation, de l'humiliation, Sartre appelait de ses vœux et de toute son énergie la reprise en charge du monde par une liberté. Il définissait alors la littérature par l'action, par la *praxis*. Sans doute était-ce là une définition provisoire, mais elle permettait de renoncer à la quête vaine d'une essence. Point d'*exis* pour l'existentialisme, point non plus de pure littérarité de la littérature, comme pour Roman Jakobson et les formalistes russes. Plus tard, Sartre a distingué, à propos de Flaubert, engagement politique et engagement littéraire[3]. Diverses réponses ont été données, par la suite, à sa question, en particulier celle de Roland Barthes pour qui la littérature est d'abord un *textum*, un tissu verbal.

D'autres attitudes étaient possibles : le désengagement, dont au soir de sa vie André Gide semblait donner le signal, le dégagement, pouvant aller jusqu'à une conception ludique de la littérature[4]. Les fameux *Exercices de style* de Raymond Queneau,

---

2. C'est Sartre lui-même qui souligne, *Situations II*, Gallimard, 1948, p. 315.
3. En 1966, dans une nouvelle série d'articles publiés dans *Les Temps Modernes*, « Flaubert : du poète à l'Artiste », puis dans sa somme, *L'Idiot de la famille* (quatre volumes, 1971-1988). Dans un enregistrement de 1963 ou 1964, Sartre déclarait que « Flaubert est le plus radical désengagé qui se trouve dans la littérature française, [mais que] son désengagement furieux n'est que l'envers d'un engagement total qui a commencé dès l'enfance » (cité dans le volume de Michel Contat et Michel Rybalka, *Les Écrits de Sartre. Chronologie, Bibliographie commentée*, Gallimard, 1970, p. 429).
4. J'ai essayé de traiter ce sujet lors d'un colloque international à l'université de Valencia en avril 2000. Le texte de ma communication, « Engagement, désengagement, dégagement », a paru dans le volume d'actes, *Les Littératures catalan i francesa : postguerra I, Engagement*, dir. Ferran Carbo, Dolores Jimenez, Elena Real et Ramon X. Rossello, publications de l'abbaye de Montserrat, 2000, p. 95-108.

publiés au cours de cette même année 1947, se situent aux antipodes et de *La Peste* de Camus et de *Qu'est-ce que la littérature ?* Queneau devait fonder en 1960 l'Ouvroir de Littérature Potentielle, en abrégé OuLiPo, auquel, en 2001, *Le Magazine littéraire* a consacré un numéro spécial, s'efforçant de rassembler les survivants, dont Queneau n'est plus. Ouverte à toutes sortes de jeux, et en particulier de jeux verbaux, la littérature oulipienne appelle l'usage de l'ordinateur, la création assistée allant de pair avec la lecture assistée[5]. À cause de cela, même si elle est entrée dans l'histoire, elle est bien littérature d'aujourd'hui.

La réponse de Sartre (l'action), celle des Oulipiens (la potentialité) conduisent à une seconde question : « Que peut la littérature ? » Elle s'est substituée à la précédente à l'occasion d'un débat qui fut organisé en 1964, à Paris, au Palais de la Mutualité, et à l'initiative de *Clarté*, journal de l'Union des étudiants communistes. Sartre y participait, ainsi que Simone de Beauvoir, qui venait de publier *La Force des choses ;* Jean-Pierre Faye, le futur fondateur du groupe et de la revue *Change*, philosophe, commentateur de Nietzsche, mais aussi passionné de langage et écrivain lui-même ; Yves Berger, déjà entré à cette date aux éditions Grasset et futur Prix Femina pour son roman *Le Sud* (1971) ; Jean Ricardou, membre de *Tel Quel* depuis 1961, théoricien du Nouveau Roman sous sa forme la plus avancée, et Jorge Semprún. La présence de ce dernier, rescapé du camp de concentration de Buchenwald et témoin capital, oublieux de ses premiers petits pastiches d'un Mallarmé revu par Proust qu'avait amicalement critiqués Claude-Edmonde Magny[6] pour évoquer *Le Grand Voyage* (1963), est plus que significative : il ne s'agissait

5. Voir l'*Atlas de littérature potentielle*, constitué par Noël Arnaud sous le signe de l'OuLiPo, Gallimard, 1980, 1988, Folio Essais n° 109, p. 298-331.
6. Voir ce document aussi précieux qu'émouvant, la longue lettre écrite par Claude-Edmonde Magny à Jorge Semprún en son absence, *Lettre sur le pouvoir d'écrire,* Pierre Seghers, 1947.

même plus du « pouvoir d'écrire », mais du pouvoir-écrire. Au sortir de la guerre, le philosophe allemand Adorno avait, dans une formule célèbre et contestée dans sa lettre même, déclaré impossible, non seulement la poésie, mais toute création littéraire après Auschwitz[7]. Il s'agissait plus encore du pouvoir, ou des pouvoirs de l'écriture.

L'effroyable révélation de l'atrocité des camps de concentration, qui laisse en particulier sa trace dans les dernières pages du livre de Georges Perec, un oulipien pourtant, *W ou le souvenir d'enfance* (1975), le départ des déportés pour ces camps de la mort, les génocides, dont le génocide juif a été le plus massif, ont bouleversé les consciences. Ce que Pierre Gascar a appelé *Le Temps des morts* (prix Goncourt, 1953) dure encore jusqu'à nous. On a pu traiter la guerre de manière faussement désinvolte (Yves Gibeau, *Allons z'enfants,* 1952, qui dénonce en fait son absurdité), faussement amusante (Marcel Aymé[8], *Uranus,* 1948, avec l'étonnant cabaretier-poète dont Gérard Depardieu a interprété le rôle à l'écran), humoristique et acide (les romans de Léonce Bourliaguet, malheureusement oubliés aujourd'hui), dramatique,

---

7. L'idée a souvent été reprise, et variée par Adorno lui-même. Voir Jean-François Lyotard, « Discussions ou : phraser "après Auschwitz" », dans *Les Fins de l'homme. À partir du travail de Jacques Derrida*, dir. Philippe Lacoue-Labarthe et Jean-Luc Nancy, Galilée, 1981, p.283-315.

8. L'œuvre de Marcel Aymé a été mise au premier plan de l'actualité en 2001, pour le centenaire de sa naissance, avec la publication du tome III de ses *Œuvres complètes* dans la Bibliothèque de la Pléiade, l'album de la Pléiade et les *Lettres d'une vie,* publiées aux Belles-Lettres / Archimbaud. Michel Lécureur, qui a pris soin de préparer ces éditions, souligne comment *Les Tiroirs de l'inconnu* (1960), le dernier roman, mal connu et mal aimé, de Marcel Aymé, est l'œuvre d'un chercheur de nouvelles formes, et il n'hésite pas à faire des rapprochements avec Robbe-Grillet et Nathalie Sarraute. Pierre-Robert Leclercq, dans *Le Magazine littéraire* de juin 2001, tout en allant dans le même sens, prend soin de rappeler que Marcel Aymé n'eut rien d'un écrivain engagé, mais qu'il put à la fois être l'ami de Robert Brasillach, vouloir le retour de Céline et soutenir Sartre contre la critique qui lui reprochait d'avoir fait de son adaptation des *Sorcières de Salem* d'Arthur Miller « une machine de guerre marxiste ».

pathétique même. Mais Auschwitz et les autres camps mettaient la littérature en face de ce que Samuel Beckett, dans une perspective toute différente, a appelé *L'Innommable* (1953). Les grands témoignages, celui de David Rousset (*L'Univers concentrationnaire*, 1946), celui de Robert Antelme, le mari de Marguerite Duras (*L'Espèce humaine*, 1947, nouvelle édition corrigée 1957) font partie de notre patrimoine littéraire, ils ont été constamment réédités et ont encore pour nous, aujourd'hui, une résonance profonde. De Jean Cayrol (*Poèmes de la nuit et du brouillard*, 1945) au dernier livre de Jorge Semprún à l'heure où j'écris (*Le Mort qu'il faut*, 2001), le fait est là, irréductible. La littérature l'exprime, mais elle ne peut l'effacer. Elle n'y *peut* rien. Le récit de la mort d'Henri Maspero, de Maurice Halbwachs, repris de livre en livre par ce témoin capital, est une fin toujours recommencée. On a peine à croire que Semprún ait « écrit ce récit pour en extirper les derniers vestiges »[9] : ces vestiges renaissent toujours.

À relire le volume qui rassemble les interventions de 1964 à la Mutualité[10], on est pris entre la réponse de Semprún (« La littérature ne peut rien ») et celle de Ricardou (« *La littérature en tant qu'art* peut beaucoup : elle peut l'homme »). On ne peut pas s'en tirer par un jeu de mots, le « tenir sa langue » de Mireille Calle-Gruber, qui a eu le grand mérite de rappeler ce débat en tête de sa toute récente *Histoire de la littérature française au XXe siècle.* Mais il est vrai que, comme elle l'écrit, la question est « cruciale », et à cause de cela même elle est appelée à rester sans réponse fixe et définitive.

La troisième question : « Où va la littérature française ? », qui en 1959 coiffait la dernière partie du *Livre à venir*, de Maurice

9. Présentation du livre de Semprún (dont un long extrait est donné) dans le numéro 295 de *Lire* (mai 2001, p. 98).

10. *Que peut la littérature ?*, présenté par Yves Buin, Union générale d'éditions, coll. 10/18, 1965.

Blanchot, a été posée deux fois dans le journal dirigé par Maurice Nadeau, *La Quinzaine littéraire.* Celui qui en 1945 eut le courage d'encourir les foudres d'André Breton en considérant le mouvement surréaliste comme appartenant au passé *(Histoire du surréalisme)*, ce perpétuel découvreur de talents (de Georges Perec à Tiphaine Samoyault en passant par René de Obaldia) s'est toujours montré attentif à *La Littérature présente* : c'était le titre d'un de ses livres en 1952, c'est toujours son objet et son objectif aujourd'hui. On comprend donc que Nadeau a été l'âme de ces deux numéros, qui sont aussi deux jalons importants pour une enquête sur la littérature analogue à celle que conduisit Jules Huret à la fin du XIXe siècle[11].

Une quarantaine d'écrivains répondaient à la question dans le numéro du 16 mai 1989. Ils mettaient Sartre au purgatoire, portaient aux nues Georges Perec, et s'inquiétaient d'un « retour de la réaction » plus qu'ils ne stigmatisaient les « années théoriques » des décennies 1950, 1960 et 1970. Parmi eux, on relève les noms d'Hector Bianciotti et de Florence Delay, l'un et l'autre devenus depuis membres de l'Académie française, de J.M.G. Le Clézio, de Pierre Michon.

En mars 1997, pour un nouveau numéro spécial de *La Quinzaine littéraire,* « Vingt-quatre écrivains des années 90 » apportaient leur témoignage. Certains d'entre eux avaient acquis une certaine notoriété, tels Guillaume Le Touze, prix Renaudot 1994 pour *Comme ton père*[12], ou Michel Houellebecq, avant pourtant le succès des *Particules élémentaires* et de *Plate-forme.* D'autres, parvenus aujourd'hui à la notoriété, n'étaient encore connus que d'une *intelligentsia* très limitée, comme Éric Holder

11. Cette *Enquête sur l'évolution littéraire* de Jules Huret, qui parut dans *L'Écho de Paris* du 3 mars au 5 juillet 1891, puis en volume dans la Bibliothèque Charpentier la même année, a été rééditée en 1999 à la Librairie José Corti.

12. Voir plus bas, p. 231-232.

ou Stéphane Zagdanski. Il y avait bien un Faye, mais c'était cette fois Eric, l'auteur du *Général Solitude* (1995). Les femmes étaient représentées par Régine Detambel, auteur abondant à la plume cinglante, par Anne-Lou Steininger, écrivain suisse remarqué pour *La Maladie d'être mouche,* et déjà par Christine Angot, dont on parlerait plus tard. Abdelkader Djemaï représentait son pays d'origine, l'Algérie. Jacques Serena, forain de métier, défendait « la dernière subversion avant l'autoroute ». Michel Orcel, remarquable traducteur de l'italien, poète et romancier d'autant plus exigeant qu'il a fréquenté les grands de la littérature, considérait peut-être un peu vite que « la notion d'avant-garde s'est évanouie avec les dernières illusions progressistes » (ce sont deux ordres qu'on ne peut confondre) et se montrait plutôt pessimiste devant la « terrible dégradation politique et environnementale de la planète », le « dévoiement des talents » allant de pair cependant avec leur « multiplication », et le « bouclage du circuit littéraire français ». La stratégie, pour la littérature, passerait-elle par le manque ? On laissera l'auteur de *Sentiment du fer* (1994) sur cette nouvelle question.

Il faudrait pouvoir se situer au-delà des réactions épidermiques. Il y a eu *Truismes*, c'est vrai. Mais toute la littérature française d'aujourd'hui n'est pas dans les « romans "animalesques", voire "animaux", qui se reproduisent actuellement à une vitesse qui n'a rien à envier aux élevages industriels » (c'est toujours Michel Orcel qui parle). Il y a eu Mme Angot, non pas celle de l'opérette, mais celle de *L'Inceste,* celle aussi qu'on a vu pleurer sur la baisse de ses droits d'auteur : mais son talent ne se confond pas avec cette image médiatique. « Je te parlais de ton corps[13]. » Oui, sans doute, on en parle beaucoup, on en parle trop dans la littérature d'aujourd'hui. Après Marie Darrieussecq et Christine Angot est venue Catherine Millet. Faut-il pour

13. Christine Angot, *Sujet Angot*, Fayard, 1998, réédition Pocket, 2000, p. 54.

autant tonner contre ce temps « où le moindre vagin nous en fait des tonnes et des pages sur ses émotions plurielles »[14] ? La littérature française d'aujourd'hui se réduit-elle à *cela* ? Avec un autre écrivain interrogé en 1997, Jean-Pierre Ostende, l'auteur du *Documentariste* (1994), récit d'un voyage arrêté dans une ville inconnue, j'aime croire plutôt que « notre paysage artistique est parsemé de petits ensembles qui ne sont pas forcément moins intenses [que les illustres prédécesseurs] »[15]. Le voyage se poursuit donc. Et la destination n'est pas nulle part.

14. Je cite *Le Magazine littéraire*, juin 2001, p. 90.
15. *La Quinzaine littéraire*, n° 711, 1er au 15 mars 1997, p. 8.

Chapitre 1

Composantes

Le 9 avril 2001 s'est éteint Jérôme Lindon[1]. On pouvait le croire, sinon immortel, comme les membres de l'Académie française, du moins éternel. Depuis plus d'un demi-siècle en effet, il dirigeait les éditions de Minuit, qui constituent pour la littérature française une proue. Et puisque le titre que j'ai choisi indique un mouvement, même s'il laisse à dessiner une orientation, la métaphore de la figure de proue, appliquée à Jérôme Lindon, convient parfaitement.

Il est mort à l'âge de soixante-quinze ans. On l'aurait cru beaucoup plus vieux, puisqu'il avait repris en 1948 ces éditions de Minuit, créées dans la clandestinité pendant l'Occupation par Jean Bruller, dessinateur et peintre qui a pris en littérature le nom de Vercors et qui est l'auteur d'un roman célèbre, *Le Silence de la mer* (achevé d'imprimer du 20 février 1942) : un roman, ou une longue nouvelle, le récit de l'étrange relation entre un officier allemand et un vieil homme accompagné de sa nièce, qui l'hébergent dans leur vieille maison durant l'hiver de 1940. Le départ de l'officier correspond au moment où commençait à poindre une possibilité de réponse de la part de la jeune fille. C'était le premier livre publié par les éditions de Minuit, c'est-à-dire par une maison clandestine. Il fut par la suite réédité soixante-douze fois et traduit en quarante langues.

1. Jean Echenoz lui a consacré un livre, *Jérôme Lindon*, publié aux éditions de Minuit à l'automne 2001.

On aurait tort de penser au *Silence de la mer* comme à un livre isolé. Il a eu une suite, *Ce jour-là*, publié en 1943. Vercors, né en 1902, mort en 1991, a laissé une œuvre abondante, d'où se détachent *Les Armes de la nuit* (1946), *La Puissance du jour* (1951) et cette sorte de fable, *Les Animaux dénaturés* (1952), où il s'est posé, après Swift et Aldous Huxley, la question de savoir ce qui distingue la prétendue « nature humaine » du reste de la création. Surtout, il a lui-même raconté l'histoire de cette aventure collective, les premiers temps des éditions de Minuit, dans *La Bataille du Silence, souvenirs de Minuit*, ouvrage publié à titre posthume en 1992. Trente-trois romans avaient été lancés. D'autres auteurs avaient eu recours à des pseudonymes, et ce n'étaient pas les moindres : François Mauriac (l'auteur du *Cahier noir*, signé Forez) et Louis Aragon (qui signa François la colère *Le Musée Grévin*).

Contrairement à Vercors, Jérôme Lindon n'était ni fils d'éditeur ni éditeur lui-même à l'origine. Âgé de 23 ans quand il prend la succession du romancier désormais illustre et de celui qui avait fondé avec lui les éditions de Minuit, Pierre de Lescure, il n'a aucune expérience de gestionnaire. Il sort du maquis et de deux ans de stage en imprimerie. Il apprend le métier sur le tas, en se faisant aider jusqu'en 1954 de Georges Lambrichs (1917-1992), un intellectuel d'origine belge, un écrivain lui-même, venu du surréalisme, fondateur de la collection « Le Chemin » aux éditions Gallimard et directeur de *La Nouvelle Revue française* de 1977 à 1987, un découvreur de talents aussi qui tour à tour contribuera à faire connaître Samuel Beckett et J.M.G. Le Clézio.

La date décisive a été celle de 1950, et le jour de cette année-là où une dame d'allure plutôt banale apporta à Lindon et à Lambrichs, dans un sac à provisions, trois manuscrits de son mari, qui était précisément Beckett. Tous les éditeurs pressentis les avaient refusés. Lindon ouvrit celui de *Molloy* : ce fut le coup de foudre et le déclic à la fois pour cet homme dont la gestion a pourtant toujours été d'une extrême austérité. La publication de ce roman, en 1951, fut un événement, même s'il n'eut rien de comparable à celui qu'allait constituer en janvier 1953 la première représentation de *En attendant Godot* au Théâtre de Babylone. Lindon devenait l'éditeur des refusés, et il accueillit ainsi *Roberte ce soir* (1954) de Pierre Klossowski[2], après *La Part maudite* (1949) et *L'Abbé C.* (1950) de Georges Bataille, et aussi après *Les Gommes* (1953), le premier roman publié d'Alain Robbe-Grillet. Ce dernier, qui ne venait pas non plus du monde des lettres, puisqu'il était ingénieur agronome, et qui allait devenir le chef de file du Nouveau Roman, succédait bientôt à Lambrichs comme conseiller littéraire auprès de Lindon. Il est resté fidèle à cette maison d'édition : il y a publié *La Reprise* en 2001, et c'est là que, la même année, Claude Simon a publié *Le Tramway*. Tour à tour, Beckett et Simon ont obtenu le prix Nobel de littérature, en 1969 et en 1985, et l'honneur en a rejailli sur les éditions de Minuit. De même quand un roman publié aux éditions de Minuit a obtenu le prix Goncourt : *L'Amant* de Marguerite Duras en 1984, *Les Champs d'honneur* de Jean Rouaud en 1990, *Je m'en vais* de Jean Echenoz en 1999. C'est, en un autre sens, la « loi des séries » sur laquelle s'ouvrent *Les Champs d'honneur*.

Nulle concession à la facilité dans tout cela, même avec *L'Amant*, qui est un livre d'une extrême gravité. Nul rejet du suc-

2. Pierre Klossowski (1905-2001) est le frère du peintre Balthus, disparu peu avant lui. De formation philosophique, préoccupé de théologie, il a publié une trilogie romanesque, *Les Lois de l'hospitalité*, composée de *Roberte ce soir* (1954), *La Révocation de l'édit de Nantes* (1959) et *Le Souffleur ou le Théâtre de société* (1960). Le personnage de Roberte, inspiré par la femme que Pierre Klossowski a épousée en 1947, est surpris par des inconnus et par ses propres désirs dans des scènes d'un érotisme fortement intellectualisé. Mireille Calle-Gruber, qui consacre une page très dense à Klossowski dans son *Histoire de la littérature française au XXe siècle, ou Les repentirs de la littérature*, Honoré Champion, Unichamp-Essentiel, 2001, p. 194-195, le caractérise entre autres traits par « la présentation de l'irreprésentable, l'énoncé dénoncé, l'érotisme comme principe de fabulation ».

cès commercial, quand il arrive. Nul refus de la pensée, qui s'exprime dans des essais de critique littéraire (à commencer par deux ouvrages de Maurice Blanchot refusés par Gallimard, *Lautréamont et Sade* en 1949, *Le Ressassement éternel* en 1951), des ouvrages de philosophie (Marcuse, Deleuze, Bourdieu). Une parfaite continuité aussi avec l'engagement qui fut celui des premières éditions de Minuit, même si l'Histoire présente d'autres causes : onze livres publiés par Lindon furent saisis au temps de la guerre d'Algérie, dont *La Question* (1958) d'Henri Alleg, brûlant témoignage sur la torture. On aurait tort de croire le Nouveau Roman aussi étranger à l'Histoire qu'on l'a dit. Jacques Leenhardt a pu faire une lecture politique de *La Jalousie* de Robbe-Grillet. On imagine mal qu'un pareil clivage eût pu être envisagé par les éditions de Minuit de Jérôme Lindon, héritières des éditions de Minuit de Vercors[3].

On aurait tort, bien sûr, de croire que toute modernité aujourd'hui n'élit domicile qu'aux éditions de Minuit, Irène Lindon continuant la mission que s'était fixée son père. C'est chez P.O.L. (Paul Otchakowsky-Laurens, directeur d'une maison d'édition fondée en 1983) par exemple que Christian Prigent a publié son essai *Salut les anciens, Salut les modernes* (2000), où il avance des noms nouveaux, Philippe Beck, Charles Pennequin, Christophe Tarkos, comme jalons exemplaires de cette attitude qui « résiste au déjà-vu, déjà-pensé, déjà-écrit », donc à l'inutile répétition du passé. Le temps n'est plus d'une Querelle des Anciens et des

3. D'où la nécessité de contester telle déclaration de Marc Lambron, l'auteur de *L'Œil du silence* (prix Femina, 1993) dans le numéro spécial de la *Revue des Deux Mondes,* mars 2001, *Que veulent les jeunes écrivains ?*, p. 13 : « Le roman français a commencé à divorcer de l'Histoire quinze ans après l'affaire de Vichy. À la place d'un inracontable, d'une honte, on a épilogué sur les structures, on a brodé sur l'"école du regard', qui est plutôt l'école de la cécité. *Le Voyeur* de Robbe-Grillet voyait tout, sauf les caves des paras à Alger. » Voir pour un point de vue opposé le livre de Jacques Leenhardt, *Lecture politique de "La Jalousie"*, édition de Minuit, 1993.

Modernes au sens où l'on entendait ces termes à la fin du XVIIe siècle et au début du XVIIIe : esprits tournés vers l'Antiquité, ou partisans d'un renouvellement des sujets. À dire vrai, aujourd'hui, l'Antiquité fait recette : on peut obtenir un prix, et un beau succès commercial, en intitulant un roman *Anchise,* comme l'a fait Maryline Desbiolles en 1999. Mais on aurait tort de s'en tenir à une vision superficielle des choses. Et Marc Fumaroli a montré, dans un essai remarquable, « Les abeilles et les araignées »[4], que « la Querelle des Anciens et des Modernes, à la fin du règne de Louis XIV [...] [s'est transformée] en un grand débat de l'art avec les techniques, du génie avec la méthode, de la vision poétique avec l'univocité de la déduction logique ».

Il n'est peut-être pas si facile de savoir aujourd'hui où se situe l'ancien, ou se situe le moderne[5]. On peut redécouvrir Dante, comme l'a fait Philippe Sollers (*La Divine Comédie*, 2000). Ou on peut aussi chercher ailleurs, tel Denis Roche, affirmant, dans le numéro 295 de la revue *Lire*, en mai 2001, que « passer de la littérature à la photo, c'est passer à l'acte magique. C'est un bienfait »[6].

Le salut est-il dans la photographie ? La littérature n'est-elle, comme le dit encore Denis Roche, « qu'un commentaire interminable de la littérature elle-même » ? Quelle fascination peuvent encore aujourd'hui exercer les mots ? Samuel Beckett les dénonçait après Hamlet et d'après Hamlet, dans sa pièce intitulée *Words*, où le nommé Words n'est qu'un piteux personnage. Sartre a vécu avec eux une longue histoire, racontée précisément

---

4. Placé en préface au volume *La Querelle des Anciens et des Modernes*, Gallimard, Folio n° 3414, 2001.
5. Voir plus bas, chapitre II.
6. Au même moment, Edmonde Charles-Roux (prix Goncourt en 1966 pour *Oublier Palerme)* lance la « photobiographie » avec *L'Homme de Marseille* (Grasset, 2001), volume consacré à son mari défunt, l'homme politique Gaston Defferre, qui fut longtemps maire de Marseille. Marguerite Duras avait déjà eu l'idée d'une photo-autobiographie. C'est le point de départ de *L'Amant*, en 1984.

dans *Les Mots*, le livre qui lui a valu en 1964 un prix Nobel refusé, un livre curieux aussi, puisque, comme l'a écrit Alain Buisine, c'est un « adieu à la littérature, mais adieu paradoxal puisque ce livre constitue son texte le plus littéraire »[7]. Les mots donc sont-ils en question, sont-ils même en procès ? Telle est la question à laquelle je voudrais répondre en essayant d'envisager tour à tour la Lettre, le Mot, le Texte dans notre littérature française d'aujourd'hui.

Entre silence et parole

Le vertige de la page blanche n'a pas troublé le seul Mallarmé. Il saisit quiconque tente d'écrire en ayant conscience que tout a été dit, et que l'on vient trop tard. Plus l'écrivain est avancé dans le temps, plus il redoute, selon la formule de Valéry, que son cerveau ne soit fait de la pâte grise des livres. Cette surcharge, cet héritage étouffant sont à l'origine d'une traversée du désert, d'un désert qui n'est pas le vide, mais le trop-plein.

Le vide, J.M.G. Le Clézio semble le redouter encore, quand il écrit dans *Le Livre des fuites*, en 1969 :

> Je voudrais que cesse un jour le mince rempart de papier blanc qui me protège, qui me sépare [...]. La grande hypocrisie de l'écriture [...], c'est donc cette matière qui s'interpose, entre moi et moi, ce chemin détourné par lequel je m'adresse[8].

Ce vide est virtuellement riche de ce qui devrait être un plein, de ce qui va être écrit. Or, comme l'a noté Estelle Mariotte, « si la page non écrite peut être assimilée à un désert mental, c'est qu'elle contient virtuellement toutes les pensées, tous les mots pour les exprimer, mais qu'elle n'en livre rien, obstacle rétif à la

---

7. « Sartre », dans le *Dictionnaire des Lettres françaises. — Le XXe siècle*, dirigé par Martine Bercot et André Guyaux, Librairie générale française, La Pochothèque, 1998, p. 1010.
8. *Le Livre des fuites*, Gallimard, 1969, réédition coll. L'Imaginaire, p. 58.

phrase tâtonnante, qui s'arrête avant d'avoir cerné la globalité de l'expansion du discours »[9].

Autre source de déception, ou de frustration, pour Le Clézio : la divergence entre un imaginaire sans limites et un matériau linguistique inadéquat. « Il n'y a pas de papier blanc, ni de tortillon noir qui avance en tressautant sur lui-même », écrit-il. « Il n'y a pas *tout ça*. Il n'y a que le vide épouvantable que je mesure sans cesse, l'infini que j'arpente avec mon mètre pliant à la fin. »[10] Pour lui faire place, et aussi pour rappeler la limite qu'il constitue sur la page même, Le Clézio, en 1980, a choisi de ménager, pour le texte imprimé de *Désert*, une marge d'une largeur inhabituelle qui correspond à près de la moitié de la page. En 2000, franchissant le cap de la soixantaine, il reste pourtant l'un des écrivains français les plus productifs, et assurément la liste déjà longue de ses œuvres se prolongera au XXIe siècle, comme déjà celle de Philippe Sollers ou de Patrick Modiano[11].

Après maintes métamorphoses, Philippe Sollers a évolué vers une manière apparemment plus facile (*Passion fixe*, en 2000), séduisante comme son *Casanova* de 1998, avec un appétit d'écriture qui va de pair avec une médiatisation croissante, mais aussi le souci de rassembler une œuvre véritable. Patrick Modiano, au contraire, publie des livres plus rares, plus brefs, et, son naturel timide aidant, il se montre d'une discrétion extrême sur les ondes ou sur le petit écran. J.M.G. Le Clézio, lui, a choisi l'ailleurs et c'est de loin que nous parviennent ses messages, parfaitement relayés, il est vrai, par les éditions Gallimard. À Sollers dont la parole est comme l'accompagnement obligé de l'écrit, on opposerait volontiers des écrivains du silence, comme Louis-René des Forêts (1918-2001), dont *Ostinato*, « *work in progress* » promis à l'inachè-

---

9. *Imaginaire et mémoire du désert chez Le Clézio, Paul Bowles et T.E. Lawrence*, thèse, université Blaise Pascal de Clermont-Ferrand, 2000, p. 288.
10. *Le Livre des fuites*, p. 237.
11. *Éloge de l'infini*, du premier, *La Petite Bijou*, du second, ont paru en 2001.

vement comme la *Troisième Sonate* pour piano de Pierre Boulez, a été le plus beau livre de 1997 et sans doute de la dernière décennie du XXe siècle. L'éditeur présente comme un recueil de fragments ce volume de 232 pages, publié au Mercure de France, « son état provisoire excluant toute possibilité d'organisation et sa nature même la perspective d'un aboutissement ». *Ostinato*, fruit d'un effort obstiné, était ouvert comme désespérément sur un XXIe siècle que son auteur a à peine connu. C'est, souligne l'épigraphe empruntée au chant XXVI de l'*Inferno* de Dante, « comme une langue en peine de parole [qui] jette le bruit de sa voix au dehors », et Louis-René des Forêts se présente comme « celui qui cherche dans le tourment des mots à traduire le secret que sa mémoire lui refuse »[12].

Entre silence et parole, il y a ce tourment des mots, et peut-être aussi la tourmente des mots. C'est sur elle que je voudrais attirer l'attention, au tournant du XXe et du XXIe siècle, en cherchant des exemples, non dans la production courante, qui encombre des librairies devenues fonds de commerce, mais dans une littérature qui se situe délibérément en avant. Elle n'est pas nécessairement l'œuvre d'écrivains nouveaux, mais de ceux qui, déjà nommés pour la plupart, ont été des figures de proue dans les dernières décennies.

L'écriture se rompt quand le silence vient briser le langage ou quand ce langage même se brise. On entre alors dans ce qu'Estelle Mariotte a appelé « la parole fracturée ». « Avec ses limites attestées », écrit-elle, « la parole cherche à composer avec le silence dans le temps même de sa profération ». « La notion de fracture », note-t-elle encore, « dépasse l'idée de pause silencieuse »[13]. C'est cette parole fracturée que je voudrais étudier en passant de la lettre au mot, et du mot au texte.

12. Louis-René des Forêts, *Ostinato*, Mercure de France, 1997, p. 13.
13. *Imaginaire et mémoire du désert*, p. 293-294.

La lettre

La fracture, sous sa forme suprême, est l'explosion du langage qui disperse ses composantes les plus simples, les lettres. L'idée d'une attention à la lettre est ancienne (Plutarque et l'*epsilon* de Delphes). Elle a ouvert l'une des voies de la modernité poétique, aboutissant par exemple au recueil poétique de Jacques Roubaud, *ε*, en 1965. Cet *epsilon*, il est vrai, est celui de l'algèbre plus que celui du temple grec. Roubaud, mathématicien et poète, et à cause de cela doublement à sa place dans l'OuLiPo, a voulu marquer par ce titre la relation avec la théorie des ensembles. Familier des échecs et du jeu de go, il a multiplié des sonnets en vers blancs ou rimés ou en prose, les numérotant, faisant de chacun d'eux un pion sur une table de jeu, de jeu ultra-sophistiqué. Ce jeu ne recouvre pas du vide, bien au contraire. Comme le fait observer Marie-Claire Bancquart, « le caractère ludique de l'entreprise est aussi un exercice pour “prendre distance surveiller tenir loin être/ordre être calme devenu”. La précision mathématique, qui permet aussi un grand nombre de combinaisons, enserre et traduit le mouvement de la vie, comme quand Roubaud dit la perte des “éblouissantes fougères de l'enfance” (dans le GO 33) »[14].

Le nom de Roubaud fait penser à Rimbaud, moins au trouvère du Moyen Âge qu'au génial adolescent dont Hugo Friedrich a fait, avec Mallarmé, l'un des deux pères fondateurs de la modernité dans la poésie européenne[15]. Au cœur de l'explosion qui correspond aux deux lettres dites « du Voyant », en mai 1871, et particulièrement dans la seconde, la plus longue, le 15 mai, le poète désireux de « souffle[r] sur [l]es rimes », de « brouille[r] [l]es hémistiches », d'en finir avec le jeu moisi du vers, invitait à

14. Marie-Claire Bancquart, *La Poésie en France du surréalisme à nos jours*, Ellipses, 1996, p. 85.
15. *Die Struktur der modernen Lyrik*, 1955, traduction française *Structure de la poésie moderne*, Librairie générale française, 1999.

« trouver une langue », à aller peut-être vers le temps d'un « langage universel ». Ce qui suit n'est pas tant un appel à privilégier la lettre qu'une mise en garde pour ceux qui sont hantés par les dictionnaires :

> Il faut être académicien, — plus mort qu'un fossile, — pour parfaire un dictionnaire, de quelque langue que ce soit. Des faibles se mettraient *à penser* sur la première lettre de l'alphabet, qui pourraient vite ruer dans la folie ![16].

Mais peu de temps après, Rimbaud écrivait le sonnet des « Voyelles », une série de mystérieuses variations sur chacune des voyelles de notre alphabet. Si l'*e* n'allait pas vers l'*epsilon,* l'*o* tendait *in fine* vers l'oméga, celui de l'Apocalypse, « suprême Clairon plein des strideurs étranges,/Silences traversés des Mondes et des Anges », mais aussi « rayon violet de Ses Yeux »[17]. Le second vingtième siècle a été très attentif à ce texte devenu illustre, depuis l'essai piquant d'Étiemble, *Le Sonnet des voyelles*[18] jusqu'à l'habile reprise faite par l'ami de Jacques Roubaud, Georges Perec, dans son roman de 1969, *La Disparition.* Il tenait la gageure, dans ce roman de quelque trois cents pages dont il faisait disparaître la lettre *e,* de récrire « Voyelles » sous le titre de « Vocalisations ». À *e* il substituait « un blanc », c'est-à-dire qu'il pratiquait une fracture tout en donnant l'apparence de ne pas rompre le *continuum* du langage.

Il y a bien eu une théorie de la lettre dans la poétique de Rimbaud, à un moment qui se situe entre mai 1871 et l'été 1873, celui d'*Une saison en enfer*, quand, au début de « Délires II. — Alchimie du verbe », de « l'histoire d'une de ses folies », il racontait : « J'inventai la couleur des voyelles ! *A* noir, *E* blanc, *I* rouge, *O* bleu, *U* vert. — Je réglai la forme et le mouvement de

16. Arthur Rimbaud, *Œuvres complètes,* éd. de Pierre Brunel, Librairie générale française, La Pochothèque, 1999, p. 246.
17. Éd. citée, p. 280.
18. Gallimard, coll. Les Essais, 1968.

chaque consonne »[19]. Lui-même avait alors renoncé à cette entreprise mais, au-delà de lui, il ouvrait la voie à l'instrumentalisme d'un René Ghil et à son *Traité du verbe* (six éditions successives de 1885 à 1906) ou au sonnet en *-yx* de Mallarmé (« Ses purs ongles très haut dédiant leur onyx »). Il laissait pressentir aussi le lettrisme d'Isidore Isou, mouvement fondé en 1946 par cet écrivain d'origine roumaine, né en 1925, qui voulait isoler les lettres comme matériaux ultimes de la langue, et jouer avec elles sans tenir compte des règles lexicales et syntaxiques. Dans un manifeste, « Qu'est-ce que le lettrisme ? » publié en 1947 par la revue *Fontaine*, Isou définissait la « lettrie » comme « l'art qui accepte la matière des lettres réduites et devenues simplement elles-mêmes ». En voici un exemple, le début de « Larmes d'une jeune fille », dans les *Poèmes graves* de 1947[20] :

> M dngoun, m diahl hna îou
> hsn îoun înlianhl M pna iou
> vgaîn set i ouf ! saî iaf.

Isidore Isou ne produit plus guère. Étiemble, dans *Hygiène des lettres*, l'avait ridiculisé et humilié[21]. Pourtant il reste quelque chose de la fascination de la lettre chez les écrivains d'aujourd'hui, le lettrisme a évolué vers un « ultra-lettrisme » et il n'est pas impossible qu'on assiste à de nouvelles poussées de lettrisme ou de paralettrisme au XXIe siècle. En voici quelques signes, précurseurs ou non.

Le premier est la tentation alphabétique. Je ne pense pas ici au goût de nos contemporains pour le dictionnaire, à cette *Dicomania* à laquelle la revue *Critique*, sous la direction de Philippe Roger,

19. *Ibid.*, p. 428. On remarque que Rimbaud rétablit alors l'ordre alphabétique des voyelles, alors que, dans les deux versions connues du sonnet proprement dit, il évoque dans l'ordre A, E, I, U, O.
20. Voir Marie-Claire Bancquart, *op. cit.*, p. 50
21. *Hygiène des lettres*, série de cinq volumes, publiés aux éditions Gallimard à partir de 1952 et traitant de sujets divers. Sur le lettrisme et son évolution, voir l'article de Michèle Aquien dans le remarquable *Dictionnaire de poésie de Baudelaire à nos jours* dirigé par Michel Jarrety et publié aux P.U.F. en 2001.

consacrait l'un de ses numéros en janvier-février 1998. Mais à l'organisation d'un ouvrage littéraire en suivant l'ordre alphabétique. Paul Valéry avait fait, à partir de 1924, une tentative en ce sens, sans jamais aboutir à un résultat complet. Il s'agissait de composer vingt-quatre poèmes en prose à partir des 24 lettres, en laissant de côté K et W considérés comme inexploitables, une cosmochronie et aussi un cycle érotique inspiré par Catherine Pozzi[22]. Je trouve significatif que cet *Alphabet* ait été publié en 1999 par Michel Jarrety dans une collection à grande diffusion, Le Livre de poche, alors que la première édition, chez Auguste Blaizot en 1976, était passée inaperçue sauf des bibliophiles clients de ce libraire hyperspécialisé. Valéry a eu des continuateurs en poésie, comme Michel Butor, toujours séduit par des formes d'organisation rigoureuses. *Conditionnement*, en 1967, en constituait un parfait exemple. Butor y procédait par séquences alphabétiques véritablement suivies ou récurrentes (z, y, x, w, v, u, t, puis t, u, v, w, x, y, z) ou par la mise en valeur d'une lettre isolée (v, l). Les séquences alphabétiques se poursuivent par des séquences chiffrées. Significativement, ce texte continu d'une dizaine de pages commence sous le double signe de la « cassure », de la « déchirure » et de la « suture ». À la faveur de cette tension des contraires, la lettre pure s'isole sur le blanc de la page :

arrêtez
une goutte d'alcool
gris chrome fêlure
rupture
je ne le supporte pas
une goutte de teinture
violet mourir v
cassure [23].

---

22. Catherine Pozzi (1882-1934), l'ex-femme du dramaturge Édouard Bourdet, la poétesse d' *Ave*.

23. *Conditionnement,* sur des peintures d'Edmund Alleyn, Paris éd. Gabriel Blumenthal Mommaton, 1967, Montréal, éd. Galerie Soixante, 1967, et dans *Opus international* n° 3, octobre 1967. Le texte a été repris dans le livre de François Aubral, *Michel Butor*, Seghers, coll. Poètes d'aujourd'hui n° 209, 1973, p. 118-124.

Le poème de Butor est resté suspendu sur la lettre w, dont s'est saisi Georges Perec pour son livre de 1975, *W ou le souvenir d'enfance*, qu'on introduit dans les programmes scolaires et universitaires au tournant de l'an 2000. Il tient la gageure que n'avait pas voulu tenir Valéry, en choisissant l'une des deux lettres que l'auteur d'*Alphabet* disait « les plus embarrassantes et d'ailleurs les plus rares en français »[24]. L'autre lettre, Kafka aidant, est devenue un phare, ou un soleil noir, pour le XXe siècle finissant, puisque la série de la revue *Autrement* consacrée aux mythes lui a récemment réservé un numéro entier. C'était aussi le nom d'une maison d'édition, sise à Saint-Germain-des-Prés, qui a vécu de 1945 à 1949, et qui publiait *K, revue de poésie*. Dans la double autobiographie de Perec, tour à tour indirecte et directe, W est le nom d'une île utopique, puis contre-utopique. C'est aussi un résidu du nom de la mère polonaise disparue et du camp d'extermination d'Auschwitz où elle a sans doute péri et auquel l'île W finit par ressembler étrangement.

L'attention soutenue à une lettre est aussi pour l'écrivain d'aujourd'hui un point de départ. L'un des plus beaux exemples en est *La Jalousie*, troisième roman publié d'Alain Robbe-Grillet en 1957. En 1954 avait paru, sous le pseudonyme de Pauline Réage, un roman érotique superbe et vite devenu célèbre, *Histoire d'O* (on sait aujourd'hui que l'auteur en était Dominique Aury, collaboratrice de Jean Paulhan et toute-puissante à la NRF). *La Jalousie* pourrait être l'histoire d'A. Le personnage féminin et central, véritable point de focalisation dans le roman puisqu'elle est observée à travers la jalousie de la maison coloniale par un mari jaloux, n'est désigné que par cette initiale tout au long du livre, et encore en 1961 dans le film réalisé par Alain Resnais sur un scénario d'Alain Robbe-Grillet, *L'Année dernière à*

24. Paul Valéry, *Alphabet*, éd. de Michel Jarrety, Librairie générale française, Le Livre de poche, 1999, p. 41.

Marienbad. *A* d'Alain, des deux Alains ? *A* de la mythique Arachné [25] ? *A* initial, qui veut être au commencement du texte et au commencement de tout ?

La spéculation sur la lettre reste importante dans la littérature d'aujourd'hui. L'exemple d'*A* prouve qu'elle n'est pas le fantasme obsédant de candidats à la folie, le signal planté et mobile à la fois autour de l'abîme. On assiste plutôt à un minimalisme en littérature comparable au minimalisme en musique (celui du compositeur estonien Arvo Pärt, par exemple). Ce minimalisme n'est pas exclusif d'une ambition de totalité quand on passe de la lettre, ou de la séquence de lettres, à l'alphabet tout entier. En veut-on un dernier exemple ? Au moment où la littérature féminine occupe en France le devant de la scène, et ne recule pas devant l'expression crue des désirs et des perversités, Catherine Cusset propose un roman, *Jouir* (1998), où se multiplient, autour d'une héroïne qui lui ressemble, des partenaires masculins ou féminins, homosexuels ou hétérosexuels, vieux ou jeunes, beaux ou laids, qui ne sont désignés que par les lettres dansantes d'un alphabet en désordre, *lista numerosa* d'un nouveau genre autour d'un Don Juan au féminin.

Le mot

La littérature contemporaine accorde un statut important au mot. Jean-Paul Sartre en a dit l'importance, pour le jeune Poulou, et pour ce qu'il est devenu, — lui-même. Sans doute se contente-t-on dans les cas ordinaires, les plus fréquents, de laisser s'écouler le flux verbal, qu'il soit normalement organisé ou non. Mais plusieurs types de brisures peuvent se produire, d'inégale fréquence ou d'inégale importance.

25. Ayant défié Athéna dans l'art du filage et du tissage, Arachné fut transformée par elle en araignée. Cette figure mythique a été souvent sollicitée dans la littérature moderne et jusque dans la littérature d'aujourd'hui. Sylvie Ballestra-Puech lui a consacré un immense travail, soutenu en Sorbonne en novembre 2001.

1. La moins audacieuse, et la moins originale, est l'arrêt sur un mot qui, dans la phrase ou dans le texte tout entier, retient l'attention et l'esprit du lecteur. Mallarmé ne procédait pas autrement dans « Je dis une fleur », montant vers un substantif qui, ensuite, commande tout. Et l'un des critiques les plus inventifs de notre temps, Jean Paris, a bien montré comment, chez James Joyce, « la clé de *Dubliners* est livrée dès la première page, par les trois mots qui intriguent tant le narrateur : *paralysie, gnomon* et *simonie.* Paralysie : perte totale ou partielle de l'aptitude aux mouvements volontaires. Gnomon : ancêtre du cadran solaire, instrument dont se servaient les anciens pour déduire de l'ombre portée d'un petit style la hauteur du soleil et, par suite, l'heure approximative. Simonie : crime qui consiste à trafiquer des choses spirituelles et sacrées »[26].

Sans doute le mot accentué, quelquefois le mot butoir ne doit-il pas seulement son relief à son aspect incongru, mystérieux ou simplement sonore. Comme l'écrit l'essayiste suisse Georges Haldas, l'auteur de *L'État de poésie* (1977-1992), un livre qui se présente comme une longue suite de carnets, « le mot enferme, la suggestion rayonne »[27]. Ainsi, avant même d'écrire et de publier *Désert* en 1980, J.M.G. Le Clézio expliquait au journaliste Pierre Lhoste en 1971 que « le mot *sable*, c'est le désert, la mer minérale, la pierre devenue mer, et c'est fascinant »[28]. Image du désert, mais aussi du temps, le mot « sable » est riche d'harmoniques dans *La Chevelure de Bérénice* (1983) de Claude Simon, comme si, à lui seul, il évoquait, tel l'Antiochus de Racine, « l'Orient » laissé « désert » par le départ pour Rome d'une autre Bérénice :

---

26. Jean Paris, *James Joyce par lui-même* (réduit par la suite à *James Joyce*), éd. du Seuil, coll. Écrivains de toujours, 1957, p. 95.
27. *Carnets du désert*, Lausanne, L'Âge d'homme, 1990, p. 27.
28. Pierre Lhoste, *Conversations avec J.M.G. Le Clézio*, Mercure de France, 1971, p. 42.

> Sur le flanc lisse de la dune le vent avait dessiné des stries parallèles dans le sable sinueuses comme les veines d'une planche[29].

L'évocation est si forte, ou plutôt si pénétrante, que la phrase, l'alinéa restent suspendus dans une absence de toute ponctuation comme la fleur mallarméenne est l'absente de tous bouquets.

Le mot-titre a un rôle essentiel à jouer. Il est franchement déclencheur dans *Désert* de Le Clézio, ou si c'est un nom propre, — dans *Méroé* d'Olivier Rolin (1998), évocateur d'un autre désert, présent en 1991 dans un autre roman de Le Clézio, *Onitsha*, celui du Soudan (et c'est le mot Soudan qui lance le texte tout entier de Rolin, suspendu à la fin sur « Cause toujours »). Mais il peut disparaître du corps du livre, comme c'est le cas dans *Archipel* de Michel Rio, un livre qui passa presque inaperçu lors de sa première publication, en 1987, et qui, réédité en 1997, a bénéficié de la vogue nouvelle, et internationale, de cet écrivain. Rien n'est moins archipélique, en apparence, que cette école anglaise, Hamilton School, où se déroule l'action du roman. C'est une sorte de « *hortus conclusus* » où la maîtresse du lieu, Alexandra Hamilton, ferait figure de Sulamite. Mais autour d'elle gravitent ceux dont elle fascine le regard de voyeur, — le narrateur, un adolescent de seize ans, un sexagénaire, physiquement monstrueux, Leonard Wilde, le bibliothécaire, encyclopédiste à ses heures. L'école se trouve, il est vrai, à Jersey, dans l'archipel anglo-normand. Mais surtout Michel Rio veut suggérer que « ces gens » qui sont là, dans ce lieu protégé, « s'observent, se parlent, s'aiment sans s'atteindre, semblables à ces îles à la fois réunies et isolées par l'eau, solidaires et solitaires, qu'il est convenu d'appeler archipel »[30].

29. Claude Simon, *La Chevelure de Bérénice*, éd. de Minuit, 1983, p. 8.
30. Présentation du livre dans la réédition Points, p. 578, d'*Archipel*, éd. du Seuil, 1997.

2. Pour dire les éléments, peut-être faudrait-il substituer l'onomatopée au mot. Dans *Désert* de Le Clézio, Lalla utilise des appellations fondées sur une harmonie imitative. Ainsi le vent s'appelle Wooooohhhh, comme cela, en sifflant.[31] Et cette désignation nouvelle, sauvage si l'on veut, est puissamment expressive[32].

L'invention d'un nouveau langage se fait ici à partir d'un assemblage nouveau de lettres. Elle peut aussi procéder de la mutilation du mot. Raymond Queneau, en 1947, en donnait quelques plaisants exemples dans ses *Exercices de style* (« Aphérèses », « Apocopes », « Syncopes »). Avec *Progénitures* de Pierre Guyotat, en l'an 2000, c'est une véritable tempête qui souffle sur les mots. Il ne faut pas moins de 810 pages à cet écrivain isolé, mais protégé par Antoine Gallimard, pour aller, après *Eden, Eden, Eden* (1970) et *Prostitution* (1975), au terme provisoire de son entreprise : un livre illisible pour tout autre que lui-même, qui d'ailleurs lit à haute voix les premières pages sur un disque compact de 34 minutes joint au volume. Patrick Kéchichian, présentant *Progénitures* dans *Le Monde des livres* du 31 mars 2000, reconnaît que c'est, « dans l'acception courante et les limites du mot », un livre « illisible ». À titre d'exemple, cet échantillon, prélevé sur la page 506 :

> La corn'l'poang son maîtr', flechir son gienou au tas, e va-t-y, patt'mandibul'ventr'bondé d'chié d'homm', detaler l'poil l'con la femell'.

Écoutant l'enregistrement, le critique croit pourtant pouvoir constater « que quelque chose se produit, qu'un texte est là, qu'il vit comme voix, corps, monde et rythme. Que ce texte est un système logique, un organisme cohérent, avec ses lois propres, doué d'une dynamique théâtrale, d'un mouvement musical, et même d'un sens. Qu'une syntaxe, une ponctuation, une respiration ont

31. *Désert*, Gallimard, 1980, réédition Folio n° 1670, p. 80.
32. Estelle Mariotte, *Imaginaire et mémoire du désert*, thèse citée, p. 232.

été inventées. Que la langue employée, enfin, est bien le français, un français certes détourné, déconstruit, mais inspiré, maintenu vivant au-delà de ce qu'on pouvait imaginer ».

L'exemple donné plus haut permet en effet de reconnaître des mots de notre lexique *(maître, ventre, mandibule)*, avec un recours fréquent à l'apocope, à l'élision et en particulier à la suppression du *e* muet, avec le mélange des registres, avec aussi des déformations (*poang* pour poing, *gienou* pour genou). Les mots sont mis à mal sans qu'on sache encore quel bien sortira de ce mal-là. Pierre Guyotat, dans ses entretiens avec Marianne Alphant publiés sous le titre *Explications*, classe *Progénitures* parmi les « livres des prophètes »[33]. Peut-on vraiment croire qu'il annonce ce que pourrait devenir la littérature au XXIe siècle ?

3. À dire vrai, tout est déjà dans l'œuvre de James Joyce. Et, avant Joyce lui-même, Lewis Carroll en Angleterre, Jules Laforgue en France avaient fait usage du mot-valise. À partir de là l'agglutination des mots, leur coalescence et tout aussi bien leur collusion ont permis un renouvellement, joyeux ou tragique, du vocabulaire. Joyeux chez Raymond Queneau, avec « l'hormosessualité » de l'oncle dans *Zazie dans le métro* (1959) ou les « trimelles »[34] des *Fleurs bleues* (1965), triste quand les poésies deviennent *Proèmes* chez Francis Ponge dès 1948, *Povrésies*, titre d'un recueil de Jude Stéfan publié en 1997.

Ce poète de qualité, ancien professeur de lettres classiques couronné par le Grand Prix de poésie de la Ville de Paris en 1999, n'a rien d'un pourfendeur des mots, comme Guyotat. Tel poème du recueil en question tend au contraire à juxtaposer des mots-thèmes, des mots déclencheurs d'impressions, à commencer encore une fois par le sable :

---

33. Pierre Guyotat, *Explications*, éd. Léo Schéer, 2000, p. 9.
34. Les jumelles plus une, donc les triplées.

de prés
baigneuse au beau train sur le sable
zébrée
tu fus là
bête assoupie qui se gratte nos
yeux sur ta nuque parmi passants
nuages
de loin réduite à un point. chien.
parasol. voile. robe. fumée. rocher.
puis la fenêtre d'hôtel se referma
pour le plaisir de se brosser les
dents avant de rebraquer ses jumelles
le vert vieillard
sur ton chignon[35]

Il n'y a aucun mot déformé, aucun assemblage de termes dans ce poème. Séparés par des points, les mots tendent à devenir, sinon des vocables purs comme en rêva Mallarmé, du moins des mots solitaires comme leur auteur même, négligeant Paris au profit de sa campagne normande, autre « moine écrivain »[36], d'autant plus isolé qu'il se sent gagné par la vieillesse (il a donné le titre de *Senilia* à son journal), exerçant son esprit acerbe sur lui-même comme sur les autres. « *Ainsi Nérée...* », « l'Ode de la Crémation » sur laquelle s'achève le recueil de ces poésies qui se disent pauvres, les *Povrésies*, prend des allures de Testament à la manière de François Villon, petit testament plutôt que grand testament, testament d'une vie modeste, testament d'un siècle riche (si l'on peut dire) en atrocités. Le catalogue final, solde d'une effrayante liquidation, ressemble à la liste des objets découverts dans les camps de concentration ou dans la forteresse de l'île W. Le poème n'est que le premier de ces misérables objets. La parole en archipel qui avait été proposée par René Char devient paroles en débris. Quel démiurge parviendra à lui redonner substance et vie ?

---

35. Jude Stéfan, *Povrésies ou 65 poèmes autant d'années*, Gallimard, 1997, p. 35.
36. C'est le titre dont Patrick Kéchichian décorait Pierre Guyotat dans l'article cité du *Monde des Livres*.

Le texte

Par-delà le cataclysme qui a bouleversé les mots, il est pourtant aujourd'hui des écrivains en France qui veulent être des conservateurs au meilleur sens du terme. Philippe Delaveau est de ceux-là. Remarqué dès 1989 pour son premier recueil, *Eucharis*, d'une fraîcheur et d'une profondeur inhabituelles en notre temps, il a publié en 1999 *Petites gloires ordinaires*, dont le titre dit bien la modestie et l'ambition à la fois. *Infinis brefs avec leurs ombres* (2001) fait surgir le thème du « Désastre » et va vers une parole d'adieu. Pas de pauvreté ici, pas de « povrésie », mais le rejet d'un mauvais usage du mot, du caractère dérisoire des petites annonces et des journaux en général (« Words »), au profit de la recherche du mot dans sa plénitude, donc dans son pouvoir d'engendrement du texte. Tel est le véritable « Trésor » :

> les mots sans oubli, la langue de justesse.
> Où le paysage sans alarme, la pérenne été [37]

L'interrogation à la manière de Villon est remplacée ici par une affirmation, le regret cède la place à l'espoir, et le doute à la certitude. La ponctuation est significative à cet égard. Le retour au mot s'accompagne d'un retour au texte. Dans le poème final, « Dédicaces », le poète, d'inspiration catholique, cherche à retrouver une *religio* qui relie tout ce qu'on a tenté de disjoindre et de fracturer. Il s'adresse

> À la mémoire qui disperse et rassemble dans ses vergers l'aile des fleurs, les routes qui s'entortillent, les noms et les silhouettes silencieuses,
> le renouvellement de l'alliance pour le salut,
> Au salut qui accomplit alpha en oméga, commence et récapitule, offre
> son chant,

37. Philippe Delaveau, *Petites gloires ordinaires*, poèmes, Gallimard, 1999, p. 91. Ce recueil a valu à son auteur le prix Max Jacob en 2000.

Pour célébrer le vent qui désassemble et le chant qui unit,
La beauté transitoire et la voix de l'eau,
L'instant rongé par le désir, la modestie des sources [38].

Ce pauvre texte ! Comme il a été mis à mal en effet dans la seconde moitié du XXe siècle ! Il a été en butte à ceux qui, à la manière de Denis Roche, ont voulu dénoncer dans l'écrit le *Mécrit,* ce qui serait l'équivalent de la mécréance en littérature. Sous ce titre était publié en 1972 dans la collection « Tel Quel » un texte provocateur, qui paraît aujourd'hui caractéristique des excès de ces années-là. Denis Roche s'en prenait aux « prête-noms de l'écroulletiqûre »[39], mais il contribuait sans nul doute à l'écroulement de cette écriture-là, à moins qu'il ne s'agît seulement d'une piqûre qui pouvait l'amener à resurgir et à se ressaisir. Celui pour qui la poésie est inadmissible, — d'ailleurs, ajoutait-il, elle n'existe pas —, a rassemblé en 1995 ses *Œuvres poétiques complètes*. Marie-Claire Bancquart relève dans ces textes d'invective et de dérision des « trouvailles verbales » et des « interrogations sur le rôle que peut jouer l'écriture dans l'érosion généralisée », et elle cite le critique Claude Bonnefoy décrivant comment, dans le *Mécrit,* « la poésie ordonne et célèbre sa propre mort, ensevelit dans la béance du livre, son corps ébloui, évanoui »[40].

Le livre ne contiendrait-il que l'ombre d'un texte, son *alias* en quelque sorte ? On pouvait le croire ainsi voué à la disparition. Il se trouait dans *Paysage de fantaisie,* le roman de Tony Duvert (prix Médicis 1973). Il se fracturait dans l'écriture poétique fragmentaire d'André du Bouchet (*Laisses,* 1979), « parole en silence » où, comme le note Marie-Claire Bancquart, « le blanc a autant d'importance que le mot, où les points de suspension et

38. *Ibid*, p. 147-148.
39. *Le Mécrit*, repris dans Denis Roche, *La poésie est inadmissible. — Œuvres poétiques complètes*, éd. du Seuil, 1995, p. 459.
40. *La Poésie en France du surréalisme à nos jours*, p. 83.

l'ellipse, figures de la réticence, jouent un grand rôle ».[41]. Il évoluait même vers le fractal. Pourtant, au même moment, on le chargeait plus que jamais d'intertextualité, et, après Julia Kristeva, et d'une autre manière, Gérard Genette faisait du texte un architexte, et attirait l'attention sur l'écriture palimpseste. Le texte n'était plus seulement fait de mots et de phrases, il accumulait, pour devenir un hypertexte, des éléments hypotextuels, il était constitué de strates, et surtout il jouait avec des éléments textuels préexistants. *Palimpsestes*, le livre consacré par Genette en 1982 à « la littérature au second degré », était consacré en grande partie au pastiche et à la parodie : « Lira bien qui lira le dernier ».

De fait, après 1980, quand le cours de l'évolution littéraire tend à s'assagir, l'écrit se fait volontiers ludique. Ce n'est plus du *mécrit*, mais une manière de *divertécrit*. Les romans de Jean Echenoz sont caractéristiques à cet égard. Le livre déjà cité de Michel Rio, *Archipel*, renvoie évidemment au Hugo du temps de l'exil à Guernesey, et son Wilde est un nouveau Quasimodo tout en ayant quelque chose d'Oscar.

À parcourir dans une librairie parisienne les romans récemment parus on est frappé par la compacité de la page plus que par la menace du blanc. Ce que Roland Barthes appelait la « structure phénoménale du texte » a bien quelque chose d'un « tissu fini »[42], même si ce tissu fini recouvre des vides, des tensions, des pulsions complexes et entrelacées. Le texte de Le Clézio, dans *Désert*, n'est pas fracturé, même s'il est scandé par le recours conjoint aux traits lexicaux « peut-être » et « comme si », — des modalisateurs tout au plus :

> C'était un pays hors du temps, loin de l'histoire des hommes, peut-être, un pays où plus rien ne pouvait apparaître ou mourir, comme s'il était déjà séparé des autres pays, au sommet de l'existence terrestre[43].

---

41. *Ibid.*, p. 88.
42. Roland Barthes, article « Texte » dans l'*Encyclopaedia Universalis*.
43. *Désert*, Folio, p. 11.

Même dans *Progénitures*, la folle tentative de Guyotat, on l'a vu, Patrick Kéchichian reconnaissait un texte, « un système logique, un organisme cohérent, avec ses lois propres ». Un tel texte est sans doute un autre texte, mais on est passé de ce qui pourrait être le degré zéro de l'écriture, la lettre, à une prolifération qui serait plutôt un infini de l'écriture, d'ailleurs tout aussi menaçant, même si c'est d'une autre manière.

Au moment où l'on aborde le XXIe siècle, pèse sur la littérature un ensemble de menaces : concurrence, désaffection, et, à l'intérieur d'elle-même, anémie ou cancérisation. Ce sont autant de signes de ce que Maurice Blanchot appelait, dès 1980, *L'Écriture du désastre*[44]. Cependant le désastre ne s'est pas produit, et tout est en place pour le conjurer.

La menace d'ailleurs n'est pas nouvelle. Dès 1881, Paul Bourget la dénonçait dans son article sur Charles Baudelaire[45] qui allait devenir en 1883 l'un des *Essais de psychologie contemporaine*. Il présentait, sans complaisance aucune, une « théorie de la décadence » :

> Un style de décadence est celui où l'unité du livre se décompose pour laisser la place à l'indépendance de la page, où la page se décompose pour laisser place à l'indépendance de la phrase, et la phrase pour laisser place à l'indépendance du mot[46].

44. Ed. Gallimard. Voir plus bas, p. 166. Le livre se présente comme une longue série d'aphorismes, parfois développés, parfois réduits à des citations, telle celle-ci, du philosophe Emmanuel Lévinas : «… sauver un texte de son malheur de livre » (p. 157).
45. On ne saurait oublier que Bourget a d'abord été poète, et que Jules Laforgue avait une immense admiration pour son recueil *Les Aveux* (1882).
46. *Essais de psychologie contemporaine*, réédition d'André Guyaux, Gallimard, Tel, 1993, p. 14. Dans sa préface, Guyaux note que ces quatre lignes « ont contribué plus que tout le reste du livre à la réputation des *Essais de psychologie contemporaine* ». Il conviendrait d'ajouter qu'elles ont aujourd'hui une résonance toute particulière. Leur réédition même, plus d'un siècle après, le prouve.

Notre nouvelle décadence, en cette autre fin de siècle, va jusqu'à l'indépendance de la lettre. Mais il est frappant aussi de voir comment tout ceci se recompose. Tout trouve sa justification, et le silence même.

Car il y a, à l'époque contemporaine, toute une littérature qui fait l'éloge du silence. Cela a l'allure d'un paradoxe à la Blanchot, et c'est en effet l'un des paradoxes de Maurice Blanchot. On le trouve exprimé tout aussi bien par Edmond Jabès en 1987 dans *le Livre du partage* :

> Le silence n'est pas faiblesse du langage.
> Il est, tout au contraire, force.
> La faiblesse de la parole est de l'ignorer[47].

47. *Le Livre du partage*, Gallimard, 1987, p. 45.

Chapitre 2

« Explosante-fixe »

« Et si les modernes se trompaient ? s'ils n'avaient pas de talent ? » Roland Barthes posait cette autre question en 1979, à quelques mois de sa mort accidentelle. On imagine difficilement qu'il ait pu éprouver un doute, lui qui n'avait cessé de défendre et la modernité de la pensée et la modernité de l'écriture.

La question de la modernité reste au centre des préoccupations littéraires d'aujourd'hui. Mais elle n'est plus une modernité à conquérir, comme au temps de Baudelaire. Elle peut être encore une modernité à défendre, à moins qu'on n'ait parfois le désir ou le besoin de se défendre contre elle. *Modernité modernité*[1] : Henri Meschonnic semble en 1994 peser le pour et le contre, ou répéter en bougonnant le mot prétendu phare. On n'a peut-être pas, pour la littérature, l'équivalent de ce qu'a été pour la musique le *Requiem pour une avant-garde* de Benoît Duteurtre, un livre de 1995 devenu livre de poche en 2000. Mais ce jeune critique musical est aussi écrivain. Il a même obtenu le prix Médicis en 2001 pour *Voyage en France.* Il a publié en 1982 son premier texte dans la revue *Minuit*, sous le patronage de Samuel Beckett. Il a été tour à tour romancier *(Gaieté parisienne)*, nouvelliste *(Drôle de temps)*, et dans tous les cas un observateur au regard perçant et à l'esprit caustique, plus profond qu'on ne pourrait le croire sous des dehors de gamin. Il reproche aux écrivains d'aujourd'hui de « témoign(er) quotidiennement de la mort, de la maladie, du divorce, de l'anorexie ».

1. Essai publié aux éditions Gallimard, coll. Folio essais.

Voici pour les thèmes. Et pour l'écriture : selon lui, « dans les années suivant la Seconde Guerre mondiale, les écrivains [...], comme les compositeurs, ont succombé au mysticisme d'une *forme* affranchie de tous les usages : forme pure, savante, censée rejeter dans le passé tous les modes traditionnels du récit et de la représentation romanesque ».

Duteurtre rejette le Nouveau Roman, et avec lui « tout un pan de la littérature française dite élevée ». À la sophistication qu'il reproche à Robbe-Grillet, il préfère la « géniale simplicité » de Milan Kundera, son second protecteur[2], et il fait un éloge appuyé de Michel Houellebecq, qui a montré « combien, en France même, un romancier doué d'un véritable talent, attentif aux soubresauts de l'époque, peut encore bouleverser le petit train-train littéraire ».

Par un étrange paradoxe, Houellebecq, poète plutôt conformiste, racontant dans un cadre romanesque sans surprise l'histoire du biologiste Michel Djerzinski, passe, à partir des *Particules élémentaires*, pour un écrivain subversif. Par un autre paradoxe, un romancier plus jeune encore, Laurent Mauvignier, obtient en une seule année une vente de plus de cent mille exemplaires pour un roman publié aux éditions de Minuit et proche des techniques néo-romanesques, *Apprendre à finir* (2000). *Le Figaro* du 3 juillet 2001 décrit à son propos l'« itinéraire d'un romancier gâté », dont un grand aîné, Patrick Grainville, a salué le talent et « l'art de rendre universels ses drames situés dans les couches les plus pâles de notre société. Des gens sans pouvoir, sans fric, au ras du réel, cernés par le quotidien le plus fade ».

---

2. Le grand écrivain d'origine tchèque a préfacé la réédition de *Drôle de temps* dans la collection Folio, en soulignant la place qu'occupe chez Duteurtre « le comique de l'insignifiant ». Anthony Palou, dans *Le Figaro littéraire* du 15 février 2001, rapprochait le monde de Duteurtre de celui du dessinateur Sempé : « drôle, sensible et vache ».

Le deuxième roman de Houellebecq se veut piquant, et il a été perçu comme tel[3]. L'un des personnages des *Particules élémentaires*, Bruno, rêve de devenir écrivain : « il noircissait des pages et se masturbait beaucoup... » Mais une telle phrase peut être écrite au passé, car cela sent son Guyotat d'une lieue. Le lent naufrage d'un couple se laisse deviner dans *Apprendre à finir*. Mais dès les premières phrases, l'écriture est d'une neutralité absolue :

> « Il y aura toujours quelqu'un pour repeindre les plinthes. Toujours quelqu'un pour colmater les brèches et enduire les plâtres qui se fendent. »

Même quand ils sont en pointe, ces romanciers replâtrent toujours, et on est en droit de se demander : où se situe la tradition ? Où se situe l'invention ? L'idéal n'est-il pas à chercher dans un minimalisme littéraire qui serait l'équivalent du minimalisme musical auquel Benoît Duteurtre accorde sa préférence, celui de Steve Reich ou de John Adams ?

Tradition et explosion

Se posant la question de la modernité, Guillaume Apollinaire en avait fixé d'une manière apparemment définitive les termes en mars 1918 dans le dernier poème de *Calligrammes*, souvent considéré comme son testament poétique. Avant d'évoquer

3. Le premier de ses romans, *Extension du domaine de la lutte*, a paru en 1994 aux éditions Maurice Nadeau et a été réédité en 2001 aux éditions J'ai lu, coll. Pocket. Le « je » était celui d'un informaticien entre deux âges à qui un voyage professionnel en province valait d'assez médiocres aventures et mésaventures. Hanté par la folie de Maupassant, parce qu'il se trouve en Normandie, il est en proie à des obsessions qui le conduisent dans une clinique psychiatrique. Ce livre où repasse p. 126 la formule sanscrite chère à Schopenhauer, « Tat twan asi » [« Cette chose vivante, c'est toi »], aboutit à un constat de vieillissement précoce à trente ans d'existence aux côtés d'un fantôme, d'un double, qui vit dans un « paradis théorique » et qu'on ne rejoindra jamais (p. 156).

admirablement « La Jolie Rousse », son infirmière Jacqueline Kolb qui deux mois plus tard allait devenir son épouse, et de la célébrer comme une image du temps nouveau de la « Raison ardente », il se posait en juge dans

> « [...] cette longue querelle de la tradition et de l'invention
> De l'Ordre et de l'Aventure ».

Julien Gracq, né en 1910, fait aujourd'hui figure de vétéran et de gloire de nos lettres françaises[4]. Il avait vingt-neuf ans quand il rencontra pour la première fois André Breton après lui avoir adressé son premier récit, *Au château d'Argol* (1938). Il a publié en 1948 un livre sur lui. Il a entretenu avec le pape du surréalisme, jusqu'à la mort de ce dernier, en septembre 1966, un rapport d'admiration fidèle et d'amitié, sans jamais adhérer au groupe ou à ce qui en restait. Apollinaire conduisait au surréalisme, et il avait inventé le mot avant la naissance du mouvement et le *Manifeste* de Breton en 1924. Gracq hérite du surréalisme, sans y avoir jamais appartenu, avec cette réserve qui est un trait essentiel de sa personnalité. Il n'est donc pas étonnant qu'il ait repris en des termes nouveaux la distinction établie dans « La Jolie Rousse ».

En 1950, dans un bref essai aux allures de pamphlet, *La littérature à l'estomac*, il s'en prenait à l'aliénation de la littérature quand elle est subordonnée aux idéologies ou à la « dictature de la métaphysique », mais aussi quand elle est l'objet d'un trafic et d'une commercialisation. Opposant aux écrivains qui ont une *situation*, comme Georges Duhamel, ceux qui ont une *audience* véritable, comme Henri Michaux, il constate que les premiers se sont installés, précisément, dans une rente de situation. « Les arrangements d'un éditeur et d'un auteur », écrit-il, « ressemblent chez nous étrangement à la constitution d'une rente viagère ». Dès lors l'homme de lettres qui a une situation risque de devenir un écrivain-fonctionnaire.

---

4. Sur cet écrivain, voir le livre de Michel Murat, *Julien Gracq*, Belfond, 1992.

Louis Poirier (telle est son identité pour l'état civil) ne sera pas de ceux qui jouent sur leur nom, et il ne prendra aucune distance critique à son égard (malgré Lewis Carroll et *Alice au pays des merveilles*, où on fait le poirier). Il sera professeur d'histoire et géographie dans divers lycées, et surtout au lycée Claude Bernard à Paris, de 1947 à sa retraite, en 1970. Il sera fonctionnaire. C'est Julien Gracq qui est l'écrivain à part entière, et séparée, pas plus soucieux de forts tirages et de succès financiers que son éditeur, l'un des plus exigeants, et écrivain lui-même à ses heures, José Corti.

Dix ans après *La littérature à l'estomac*, Gracq réunissait un certain nombre de ses textes critiques sous le titre de *Préférences*. Entre-temps, il s'était vu décerner malgré lui le prix Goncourt en 1951 pour son roman *Le Rivage des Syrtes*, et il l'avait refusé. Il voulait témoigner ainsi qu'il évitait d'entrer dans le circuit de commercialisation de la littérature qu'il avait dénoncé. Il se voulait en marge, comme son roman même, et le lieu où l'action en est située, Orsenna, reste, « détaché », précisait-il, « de toute localisation et de toute chronologie précise ». Il est curieux de voir qu'un écrivain beaucoup plus jeune, Érik Arnoult, va prendre pour pseudonyme le nom de la Seigneurie d'Orsenna proche de la mer des Syrtes, et, haut fonctionnaire lui-même, se montrer beaucoup moins dédaigneux des campagnes publicitaires médiatiques et des forts tirages. Erik Orsenna a obtenu le prix Goncourt en 1988 pour *L'Exposition coloniale*. Il a vécu une étrange aventure, qui pour d'autres aurait pu être source de schizophrénie : être pendant trois ans conseiller de François Mitterrand à l'Élysée, rédiger des projets de discours pour le président de la République française, et parallèlement poursuivre son œuvre personnelle d'écrivain. Le point de convergence est le livre de 1993, *Grand Amour*, où Gabriel O. (il y perd son nom, qui resurgit pourtant quelquefois dans le texte), sous couleur de faire son autobiographie, présente celle d'Orsenna lui-même, ou de celui qui se masque derrière le souvenir de Gracq. On pénètre à l'intérieur du palais de l'Élysée, dans le « petit entresol à rideaux vieux rose » qui va servir de laboratoire aux discours, — l'hommage présidentiel au moment de la mort d'Henri Michaux par exemple, en 1984. Mais l'homme de lettres sait qu'il existe aussi des « États du Livre », qui ont leur autonomie, que « malgré leur exiguïté (quelques hectares), on peut y vivre sans jamais sortir et pourtant sans jamais manquer de rien ». N'est-il pour autant qu'un « écrivain fantôme », comme le lui dit un jour le président de la République, conversant exceptionnellement avec lui sur la mort dans la voiture blindée ? Ou sont-ce les habitants et les hôtes de l'Élysée qui sont des fantômes ? « Des nuques, des nuques innombrables, une forêt de nuques devant moi : voilà mon paysage. » Et plus loin dans le livre, en pensant surtout à la place des hommes dans cette population : « [...] des fantômes. Oui, des fantômes. » L'écrivain fantôme sait qu'il lui faudra un jour laisser la place à un « successeur scribe ». Mais n'aura-t-il pas perdu de longues heures, et bien des pages, à raconter d'une façon monotone et lassante les besognes de ce scribe-là ?

Comme littérateur même, se considère-t-il comme un écrivain ou comme un scribe ? Le portrait qu'il brosse du « Grand Écrivain », Michel Tournier, est gentiment féroce : le président Mitterrand a tenu à rendre visite en sa compagnie à l'auteur de *Vendredi ou les Limbes du Pacifique* dans son presbytère de Choisel, au cœur de la vallée de Chevreuse, le temps d'une conversation sur Zola avec un « spécialiste de l'école réaliste ». La France de Mitterrand devait-elle se mettre à l'heure d'un réalisme socialiste dont Paul Guimard, ami personnel du président, avait exploité sans raideur la formule dans *Les Choses de la vie* (1967) ? Fallait-il être au nombre des favoris du président pour faire figure de « grand écrivain » ? Et, à dire vrai, pour les écrivains d'aujourd'hui, la distinction entre les grands écrivains et ceux qui ne le sont pas a-t-elle un sens ?

Dans *Préférences*, en 1960, Gracq expliquait qu'« il existe sans doute à chaque époque deux littératures simultanées — mais ce sont des littératures qu'on peut appeler sans hésiter la haute et la basse littérature : une littérature de créateurs et une littérature de monnayeurs, qui vulgarisent pour les lecteurs attardés la production au ton d'avant-hier ». Le phénomène nouveau, dans la seconde moitié du XIXe siècle et la première moitié du XXe, est « l'existence simultanée de deux littératures de qualité — disons d'un côté une littérature de *rupture*, au sens où on parle d'un obus de rupture, [...] — et de l'autre une littérature de tradition ou de continuité ou d'alignement ». Du côté de la rupture : Rimbaud, Lautréamont, Mallarmé, Jarry, le surréalisme et — sans doute plus inattendu dans cette liste — Claudel. Du côté de l'alignement : Flaubert, Anatole France, Gide, Mauriac, Montherlant.

Variante, toujours sous la plume de Julien Gracq, qui ne fait qu'aller au bout de sa première métaphore : les œuvres de *tradition* et les œuvres d'*explosion*. La distinction conserve aujourd'hui toute sa pertinence. Il est aisé de montrer, par exemple, qu'en 1989 le roman de Jean Vautrin qui a obtenu le prix Goncourt, *Un pas vers le bon Dieu*, reste une œuvre de tradition, malgré le recours (d'ailleurs non sans intermédiaire) au lexique de la langue des Cajùns : ce roman historique, dont l'action se situe en Louisiane entre 1893 et 1920, tient en haleine le lecteur comme *Autant en emporte le vent* (1936) de Margaret Mitchell et le film qui en a été tiré. Au contraire, la même année, *L'Acacia* de Claude Simon superpose et mêle plusieurs intrigues en bouleversant la chronologie, avec de perpétuels retours en arrière de la Seconde Guerre mondiale vers la Première et jusqu'au temps de l'enfance près de l'acacia. La structure romanesque habituelle s'y trouve assurément bouleversée.

À cette date de 1989, pourtant, Claude Simon, à peine moins âgé que Gracq (il est né en 1913), prix Nobel de littérature en

1985, ne fait pas figure de trublion. Il ne met pas plus le feu à l'obus qu'il ne met un bonnet rouge au vieux dictionnaire. L'épigraphe de son livre est empruntée aux *Quatre Quatuors (Four Quartets*, 1936-1942) de T.S. Eliot, l'un des écrivains étrangers les plus admirés du XXe siècle, et prix Nobel lui-même en 1948. À bien des égards la recherche de Claude Simon est une autre recherche du temps perdu, de « la maison et l'été quand [l'écrivain] travaillai[t] tard dans la nuit assis devant la fenêtre ouverte » (*Histoire*, 1967). Il n'est pas jusqu'à sa longue phrase qui, en plus inarticulée, ponctuée ou non, ne rappelle la longue phrase de Marcel Proust :

> Un soir il s'assit à sa table devant une feuille de papier blanc. C'était le printemps maintenant. La fenêtre de la chambre était ouverte sur la nuit tiède. L'une des branches du grand acacia qui poussait dans le jardin touchait presque le mur, et il pouvait voir les plus proches rameaux éclairés par la lampe, avec leurs feuilles semblables à des plumes palpitant faiblement sur le fond de ténèbres, les folioles ovales teintées d'un vert cru par la lumière électrique remuant par moments comme des aigrettes, comme animées soudain d'un mouvement propre, comme si l'arbre tout entier se réveillait, s'ébrouait, se secouait, après quoi tout s'apaisait et elles reprenaient leur immobilité. *(L'Acacia)*

La rupture, dans l'œuvre de Claude Simon, se situe en 1960, au moment de *La Route des Flandres*, laissant derrière elle la manière encore traditionnelle de son premier roman, *Le Tricheur* (1945), et les audaces modérées de ceux qui ont suivi : *Le Sacre du printemps* (1954), au titre stravinskien et à la construction sur deux niveaux narratifs, *Le Vent* (1957) et *L'Herbe* (1968), avec la découverte de « l'incompatibilité entre la discontinuité du monde perçu et la continuité de l'écriture ». Mais depuis 1960, précisément, la technique et la thématique de Claude Simon sont d'une étonnante stabilité. Il procède toujours par plongée dans la mémoire, par remontée vers l'enfance et par exploration du passé familial. Ainsi se retrouve dans *L'Acacia* le motif des cartes postales sur lequel avait été fondé *Histoire*, vingt ans plus tôt. La guerre de 1939-1940, la débâcle, sujet même de *La Route des Flandres*, reviennent hanter la mémoire du Narrateur volontairement neutre, que ce soit dans le roman de 1960, dans celui de 1989, ou, entre les deux, dans l'œuvre qui a sans doute fait le plus pour établir la renommée de l'auteur, *Les Géorgiques*, en 1981. On est surpris, sans l'être, par « la rapidité cataclysmique avec laquelle tout se déroulera, l'agression inouïe du bruit, l'absence d'ordre, la carence de commandement, le manque de ce minimum de cohésion qui peut unir les membres d'une collectivité partageant les mêmes dangers, la pagaille, le désordre tout de suite instauré, si bien que chacun aura dès le premier moment le sentiment d'être seul, perdu [...] ». Car l'avant-la-débâcle était déjà une débâcle.

Disposant d'une audience, Claude Simon jouit depuis le prix Nobel d'une situation dont ce propriétaire viticole dans le Roussillon n'avait sans doute pas besoin. Considéré comme un homme de progrès en littérature, il se rattache pourtant à certaines traditions, et en tout cas à certaines valeurs reconnues dans la moderne République des Lettres. Mieux, d'un livre à l'autre, on constate qu'il s'est créé pour lui-même sa propre tradition.

Pour l'auteur des nouvelles *Géorgiques*, écrire équivaut à semer et labourer — à cultiver la terre à distance, mais aussi à léguer à la postérité des documents précis, des archives familiales (Claude Simon a pris soin de préciser que ces pièces étaient authentiques). Le romancier laisse provigner du texte, celui dont le livre est fait, celui sur lequel ce livre se greffe à son tour. Il est l'inventeur d'une tradition qui, paradoxalement, explose pour s'imposer à lui — une *Explosante-fixe*, oxymore d'André Breton, dans *L'Amour fou*, qui est devenu le titre d'une œuvre pour ensemble instrumental et dispositif électro-acoustique (1971) de Pierre Boulez, chef de file de la musique contemporaine en France et prodigieux animateur du « Domaine Musical ».

Que faire de la tradition ?

« En art », écrivait Thomas Mann dans *Doktor Faustus* (1947), « tout nouveau venu s'efforce vers une forme inédite et se voit toujours imposer les directives d'une maîtrise qui lui est déjà à moitié étrangère en raison de la différence de générations ». Désireux de progrès, le nouvel écrivain est soumis au poids de la tradition, et il est plusieurs façons pour lui de s'en dégager.

La première est celle qui est adoptée par Adrian Leverkühn, le compositeur dont Thomas Mann a écrit la biographie imaginaire : la distance parodique, finement analysée par Gérard Genette dans *Palimpsestes* (1982). Cela se produit d'une manière exemplaire dans *Zazie dans le métro* (1959), quand Raymond Queneau fait dire à tonton Gabriel, un danseur travesti qui a accompagné la fillette à la tour Eiffel : « L'être ou le néant, voilà le problème » (double parodie de Sartre et de Shakespeare). L'écrivain nouveau peut gratter le manuscrit d'un texte, en prenant des distances par rapport à lui. S'il est vrai que le premier roman publié d'Alain Robbe-Grillet, *Les Gommes* (1953), se situe au point de départ de ce qu'il est convenu de nommer le Nouveau Roman, la nouveauté réside bien dans l'agencement par un horloger minutieux d'éléments empruntés aux traditions les plus éprouvées, classiques (le mythe d'Œdipe, l'unité de temps dans la tragédie classique dont les 24 heures sont scrupuleusement respectées) ou modernes (la technique du roman policier). L'OuLiPo (Ouvroir de Littérature Potentielle), fondé en 1960 par Raymond Queneau et le mathématicien François Le Lionnais, utilise lui aussi ce qu'on pourrait appeler des matériaux de récupération avec fantaisie et humour — quand Queneau, par exemple, récrit « La Cigale et la Fourmi » de La Fontaine et obtient « La Cimaise et la Fraction » en appliquant la méthode 5 + 7, c'est-à-dire en remplaçant chaque mot important d'une phrase par le septième qui le suit dans le dictionnaire. Ainsi « La cigale, ayant chanté tout l'été » devient « La cimaise ayant chaponné tout l'éternueur » (*OuLiPo, La littérature potentielle*, ouvrage collectif, 1973).

La deuxième réaction est l'explosion, la rupture, la volonté rimbaldienne dans les *Illuminations* de tout mettre à bas pour reconstruire ou pour présenter le chaos comme un nouveau mode de création. Jean Genet est certainement la figure la plus marquante à cet égard, par sa vie errante et marginale, ses prisons, son apologie d'une transgression systématique de la loi, la violence de son écriture romanesque, dont le film de R.W. Fassbinder *Querelle*, d'après *Querelle de Brest* (1947), n'a rendu compte que maladroitement. Genet s'est voulu aux côtés des gauchistes de mai 68, des Black Panthers américains en 1970, des terroristes prisonniers appartenant à la Fraction armée rouge allemande en 1977, des victimes des camps palestiniens de Sabra et de Chatila en 1982. La férocité, y compris celle des mots, n'interdit pas une transparence de l'écriture qui fait de lui un de nos plus grands artistes contemporains en matière de langage. Sa poésie étonne par l'alliage d'une forme racinienne et d'un contenu subversif (*Le condamné à mort*, dédié à Maurice Pilorge, assassin de vingt ans). Son théâtre, qui fit scandale (*Les Bonnes*, 1947 ; *Les Nègres*, 1958 ; *Les Paravents*, 1961) pour des raisons surtout idéologiques (le rejet des maîtres, des colons, des adversaires de l'indépendance algérienne), apparaît aujourd'hui, sinon comme classique, du moins comme l'illustration rare d'un baroque moderne, qui a ses règles propres et sa poésie. S'il fallait lui trouver des continuateurs, c'est sans doute du côté de Marc-Édouard Nabe qu'il faudrait aller, génie en moins.

La troisième attitude est la plus oblique, la plus rusée. Elle consiste à se couler dans le moule d'une certaine tradition, celui en tout cas de formes ou de formules ordinaires, pour les exploiter jusqu'à leur faire rendre gorge et obliger le lecteur, peut-être, à demander grâce, ou du moins « pouce ».

Ce serait la seule vertu du ressassement. André Malraux a parlé des arts d'assouvissement, en soulignant la contradiction entre les deux termes. Une littérature d'assouvissement peut obtenir un effet involontaire de mise à distance, quand la prolifération de romans de série B crée un effet de lassitude ou de dégoût. Une littérature de satiété envahit notre société. Après le temps des Simenon vient celui des Denuzière, après la fabrication en série des Delly, voici celle des Harlequin. Avec les distinctions d'usage, s'entend (Georges Simenon est un écrivain de grande qualité et on aurait tort de réduire son œuvre à la série – d'ailleurs excellente – des Maigret). La marque de la collection finit par l'emporter sur le nom de l'auteur. L'effort obstinément renouvelé chaque année par certains écrivains (et plus encore par leurs éditeurs) pour tenter de décrocher, sans changer de formule, la timbale d'un des grands prix annuels ne fait que confirmer la malignité du processus.

L'effort est beaucoup plus intéressant quand la formule commercialement éprouvée est reprise, imitée, pour être d'une façon ou de l'autre subvertie. Tout n'est peut-être pas pur dans le concert d'éloges qui a salué en 1979 la publication du roman de Vladimir Volkoff, *Le Retournement*. La presse de droite a saisi l'occasion d'exprimer son anticommunisme à propos d'une représentation caricaturale du bolchevik type, Igor Maksimovitch Popov, « guébiste », c'est-à-dire espion soviétique du KGB à Paris. Dans le chapitre XVI, il fait l'apologie de ce qu'il a voulu être, le bolchevik pur et dur.

Dans le long chapitre XXVII, confession de Popov qu'il faudrait mettre en parallèle avec la confession de Stavroguine dans *Les Démons* de Dostoïevski, le cynisme apparaît encore quand le conseiller d'ambassade explique la volupté de sa première dénonciation, de son premier meurtre, de la manière dont, à peine sorti de l'enfance, il a fait prendre au piège ses parents dans une église secrète. Car un anticléricalisme violent domine toute la conduite passée de Popov. En fait, les livres de Volkoff se situent, comme l'a écrit justement Henry Bouillier[5], « à un niveau qui exclut toute propagande ou tout conformisme étroitement politique ». La satire n'épargne ni les services du contre-espionnage français, « un bric-à-brac du renseignement, constitué d'une douzaine d'équipes de semi-amateurs », ni son chef suprême, le président de la République, qui n'est jamais nommé, mais en qui l'on reconnaît aisément le général de Gaulle.

Qu'est-ce qu'un « retournement » ? L'auteur du projet « Couleuvrine », le lieutenant Kiril Volsky, le narrateur lui-même, l'explique très clairement à Marina, qui doit séduire Popov et être ainsi l'instrument de son retournement : une fois retourné, l'ex-espion soviétique « resterait en place, feindrait de continuer à travailler pour le Guébé, mais travaillerait en réalité pour nous ». Pour cela, il n'existe qu'un moyen : « affemmer *(sic)* le Popov ». Veuf d'une militante qu'il n'a considérée que comme l'instrument de son plaisir, et qui est morte à la tâche, il semble qu'il ait fait sa pâture de ses secrétaires successives. C'est même ce détail dans la biographie de Popov, communiqué à Volsky pour son homologue américain, Lester, qui lui a mis la puce à l'oreille et qui lui a donné l'idée de « Couleuvrine ».

L'opération « Couleuvrine » est conduite de main de maître, par quelqu'un qui n'est pourtant qu'un apprenti. Marina, une actrice d'origine russe, aussi sensible au mâle qu'elle est hostile au régime soviétique, éveille la méfiance de Popov tout en suscitant en lui le

5. Dans l'ouvrage dirigé par Jacques Robichez, *Précis de littérature française du XXe siècle*, Presses universitaires de France, 1985, p. 374. H. Bouillier, qui signa du nom d'Henry Amer dans *La Nouvelle Revue française* et est le spécialiste de l'œuvre de Victor Segalen, considère *Le Retournement* comme « une sorte de chef-d'œuvre dont l'auteur n'avait pas hésité à s'attaquer au plus haut des sujets : le cheminement obscur de la grâce dans les cœurs les plus endurcis, la conquête par la puissance divine des âmes les plus rebelles, celles qui hésitent entre le salut et la damnation. On peut distinguer dans ce livre quelque chose de Dostoïevski et de Bernanos ». Cette dernière phrase est prudente, mais elle peut justifier la longueur du développement consacrée ici à cette œuvre.

désir. La séduction prend un tour inattendu au cours d'un périple dans Paris où Volsky et ses acolytes ont bien du mal à filer. Marina a conduit Popov dans une église orthodoxe, la Dormition de la Très Pure. Popov, troublé par cet amour (sentiment qu'il éprouve peut-être pour la première fois), l'est davantage encore par la cérémonie à laquelle il assiste. Il revient dans l'église, demande à communier, et ne peut le faire qu'après une longue confession devant le père Vladimir (confession que capte évidemment un magnétophone branché par les soins des artisans de « Couleuvrine »). La messe a éveillé en Popov des souvenirs de son enfance chrétienne. Sans éprouver de remords (puisque tout ce qu'il a accompli étant bolchevik ne l'était que dans le cadre de ce système), il a décidé d'opérer un changement radical dans son existence. C'est du moins ce qu'il explique au père Vladimir dans une scène très ambiguë où l'on se demande s'il s'agit de la dernière fourberie de Scapin ou d'un bouleversement d'âme à la manière de Dostoïevski ou de Bernanos. Au moment où le retournement semble près de s'accomplir, « Couleuvrine » est sacrifiée, sur ordre venu directement d'en haut, à une autre opération, « Feu grégeois ». Il ne reste plus qu'une solution : abattre Popov, à la sortie de l'église de la Dormition.

Volsky, dépossédé de son projet, ne cache pas son dépit. L'opération « Feu grégeois » est conduite par le capitaine Tolstoï, et lorsque celui-ci la décrit, on a l'impression que « c'était Balzac contemplant la Comédie humaine étalée à ses pieds ». Volkoff joue sur le nom des personnages. Il a choisi celui de Tolstoï à dessein, et on comprend aussi très vite pourquoi il a fait d'un autre membre du bureau, l'interprète Pouzo, un auteur de romans pornographiques sous le pseudonyme de Quatre-Étoiles. C'est que non seulement « Moustache foireux tourne en gens de lettres », comme aime à le dire le capitaine Tolstoï, mais encore tout scénario de contre-espionnage est déjà de la littérature. « Couleuvrine » en est la meilleure illustration. L'idée a jailli dans le cerveau fertile de Volsky au moment où le patron, le général Silbert, s'apprêtait à le renvoyer pour rendement nul. Il lui a fallu ensuite, avec la complicité de son supérieur, le lieutenant-colonel Rat et l'ancien chef de la mission, le général Poirier, prouver que l'opération était engagée avant la venue de Silbert. « Couleuvrine » est une gigantesque mystification, et le cocasse, c'est qu'elle aboutirait mieux que des opérations soigneusement montées.

On voit alors quel est le véritable retournement opéré par Vladimir Volkoff. Au traditionnel roman de contre-espionnage (celui de Graham Greene, à qui le livre est dédié, ou de John Le Carré) se trouve substitué le contre-espionnage comme roman. Le corollaire est que tout membre d'un service de contre-espionnage est plus ou moins romancier. La machine à écrire, « attribut indispensable de sa fonction, canal privilégié de sa puissance » est « un signe de plus de la vocation double du "romancier" » (chapitre VI). Volsky, au moment où il lance l'opération « Couleuvrine », sait que « l'essentiel, comme dans tout "roman", c'était le rapport entre l'auteur (en l'occurrence, [lui]) et le personnage principal, [c'est-à-dire Popov] ». Il doit l'imaginer avant de l'observer et d'agir. Il « jou[e] à la marelle entre renseignement et littérature » (chapitre VII). De même Marina est pour lui un personnage en or, car « il n'y a pas, pour un "romancier", de femme plus attachante qu'une comédienne » (chapitre XXVI). Il en tire de cette façon la jouissance qu'il n'a pu obtenir en tant qu'amant brusquement impuissant.

> J'étais un « romancier ». Si Stendhal avait pu entendre ce que disait Mathilde en dehors de sa présence, s'imagine-t-on qu'il n'aurait pas collé son oreille au trou de la serrure ? Peut-être pressentais-je déjà l'emploi que je ferais de Marina, cette possession seconde par laquelle je m'emparerais finalement d'elle. (chapitre XXIII)

Dépossédé de « Couleuvrine », Volsky entend pourtant ne pas perdre le contrôle de ses personnages. C'est pourquoi il décide de quitter sa fonction et de devenir romancier. Il racontera « Couleuvrine », et il obtient même du capitaine Tolstoï l'autorisation de transposer l'aventure dans un livre. L'autorisation est assortie de ce commentaire, qui est la dernière phrase du roman comme elle avait été la première :

> Moustache foireux tourne en gens de lettres.

Mais entre-temps, Volsky est devenu Volkoff.

La trajectoire de Philippe Sollers permet assez bien de retrouver les trois modes précédemment définis, qui deviennent les trois temps de sa carrière — ce qu'on n'ose appeler, en raison des précédents glorieux, ses trois périodes ou ses trois manières.

À ses débuts il fut tour à tour une sorte de nouveau Radiguet, salué à la fois par Mauriac et par Aragon (*Une curieuse solitude*, 1958) et l'épigone brillant des nouveaux romanciers *(Le Parc*, 1961), non sans prendre vis-à-vis d'eux une distance secrète, et en utilisant déjà des éléments empruntés comme les pièces d'un puzzle. Il s'alimentait aux deux sources de la tradition : la tradition traditionnelle, si je puis dire, des romans de l'adolescence, et la nouvelle tradition que venait d'imposer le roman des années 1950.

Mais bientôt l'aventure de *Tel Quel* dans ses trois phases (1960-1965, pour une subversion généralisée ; 1965-1968, parti pris formaliste ; 1968-1975, du marxisme au maoïsme), les événements de mai 1968, le voyage en Chine de 1974 allaient entraîner Sollers dans des écrits de type contestataire, où la littérature même se trouvait mise en question. Ce fut le temps d'œuvres difficiles, hermétiques même, passionnantes par leur mystère même (*Nombres*, 1968 ; *Lois*, 1972 ; *H*, 1973, la lettre dont Rimbaud dans les *Illuminations* avait fait l'emblème de l'hermétisme plutôt que de l'homosexualité). Ces œuvres, qui débouchent sur la formule du « polylogue intérieur », sont tout à fait caractéristiques de la littérature d'avant-garde des années 1970.

Au-delà de l'inclassable *Paradis* (achevé en 1981), dont Roland Barthes avait fait l'éloge appuyé, poursuivi dans *Paradis II* en 1985, Sollers inaugurait avec *Femmes*, en 1983, sa nouvelle, sa troisième manière. S'il ne renonçait ni à surprendre ni à choquer, par des scènes pornographiques et de vives satires du féminisme ou de l'intelligentsia parisienne, il cherchait à devenir plus accessible au public. Jacqueline Piatier, dans *Le Monde* du 18 janvier 1985, titrait « Le retour au bercail de Philippe Sollers » à propos de *Portrait du joueur*, récemment publié alors chez Gallimard (car cette manière était la manière Gallimard de Sollers, après sa manière Seuil). Le dernier roman de Sollers à cette date apparaissait alors à la journaliste comme étant de « la même veine » que *Femmes*, « et jusque dans sa forme ». « On y voit », signalait-elle, « comme dans *Femmes*, un écrivain en train de composer le livre qu'on lit et qui est un journal intime, structure commode pour qui veut mêler, dans un continuel changement de registre, vie privée et chronique du monde contemporain, réflexions personnelles et citations de lectures, faits divers et fines analyses de sensations ». Le narrateur, Philippe Diamant, retrouvait sa famille, celle des Joyaux et, à l'arrière-fond, celle des Mauriac, ou cette famille Frontenac qui en fut la transposition. Mais Sollers écrivain retrouvait surtout sa famille romanesque d'origine. Et, si Diamant se pose en *joueur*, à la recherche d'un art de vivre, Sollers fait plus que jamais figure d'écrivain-joueur. D'où le caractère excessif, fracassant, surabondant, ce « foisonnement baroque », bien différent du baroque de Jean Genet, qu'y découvrait Jacqueline Piatier[6].

Mémoire et oubli

Mais la vocation d'un écrivain français, en cette fin du XXe siècle, est-elle seulement d'être un joueur ? Certes, on peut jouer, avec

6. Sur cet écrivain et l'avant-garde qu'il a pu représenter voir les ouvrages de Philippe Forest, *Philippe Sollers*, éd. du Seuil, 1992, *Histoire de "Tel Quel"*, Seuil, 1995. Dans son essai sur ce qu'il appelle "l'ego-littérature", *Le roman, le je* (Nantes, éd. Pleins Feux, 2001, p. 15), Philippe Forest classe le Sollers troisième manière parmi les « extelqueliens passant de l'expérimentation textuelle à la figuration littéraire ou photographique ».

Maurice Blanchot, au jeu des paradoxes — dans ses essais, d'ailleurs, c'est loin d'être simplement un jeu —, qu'on admette avec lui que « Qui veut se souvenir doit se confier à l'oubli ». Mais il est remarquable que Jorge Semprún ait choisi de placer cette proposition en épigraphe à l'un de ses livres les plus bouleversants : non pas un simple témoignage, comme on le croirait trop vite, mais un livre qui engage, au sens le plus fort du terme, la littérature même, *L'Écriture ou la Vie* (1994).

Semprún est espagnol, il a même été le ministre de la Culture de Felipe Gonzales, de 1988 à 1991. Et l'Académie française lui a fait comprendre qu'elle lui ouvrirait difficilement ses portes, si bien qu'il a préféré retirer sa candidature. Et alors ? Académicien Goncourt en 1996 — et ce n'était pas seulement un lot de consolation —, il a écrit toute son œuvre en français, à l'exception de *L'Autobiographie de Federico Sanchez*, pour laquelle il obtint dans son pays en 1977 le prix Planeta, qui vaut bien le Goncourt. Fils d'un Premier ministre du roi d'Espagne, il a fait ses études au lycée Henri IV et à la Sorbonne, de seize à dix-neuf ans, avant de s'engager dans la Résistance, d'être arrêté par la Gestapo sur le territoire français, en Bourgogne, en septembre 1943 et d'être déporté à Buchenwald jusqu'en avril 1945.

Au point de départ, chez Semprún, se trouve le même événement que chez Claude Simon, la débâcle de 1940 : « [...] les derniers soldats réguliers de l'armée française, ce fut en juin 1940, dans les rues de Redon. Ils étaient misérables, se repliant en désordre, dans le malheur, la honte, gris de poussière et de défaite, défaits ».

Nous ne sommes pas si loin d'un certain Malraux, celui qui évoquait le camp de Chartres dans *Les Noyers de l'Altenburg* (1943). Et ce n'est d'ailleurs pas un hasard si l'autre épigraphe choisie par Semprún pour *L'Écriture ou la Vie* est de Malraux : « [...] je cherche la région cruciale de l'âme où le Mal absolu s'oppose à la fraternité ».

Il y a du manichéisme, dans tout cela, qu'on fasse pencher la balance du côté du Mal, ou qu'on soit plus sensible à *La Force du bien* (c'est le titre d'un livre émouvant de Marek Halter, publié en 1995, la version littéraire de son film *Les Justes*, réalisé au terme d'une vaste enquête auprès d'humbles héros du temps de la chasse aux Juifs). Et il est frappant de constater que Semprún ou Halter vont chercher la note grave, plus de cinquante ans en arrière, au fond d'une mémoire que la littérature française d'aujourd'hui ne peut pas vouer à l'oubli sinon — et il faut aller cette fois jusqu'au bout du paradoxe de Blanchot —, « à ce risque qu'est l'oubli absolu et à ce beau hasard que devient alors le souvenir ».

Car voilà bien ce qui balaie les jeux, et les « balivernes », et les « bonheurs insignifiants », et aussi « l'opacité chatoyante des choses de la vie » dans laquelle voudrait nous enfermer une certaine poésie contemporaine en nous laissant espérer la transparence : le souvenir de l'odeur des fours crématoires, qui obsédait même Léon Blum, ancien prisonnier de luxe à Buchenwald.

Nos journaux, nos cerveaux sont pleins d'une autre odeur nauséabonde, celle des révisionnistes, et on ne fera place ici ni à Robert Faurisson, d'ailleurs médiocre commentateur de Rimbaud et de Lautréamont, ni à Roger Garaudy, dans le dernier terme, surprenant, de son évolution. Mais on est en droit de s'interroger sur une autre attitude des écrivains, qui a consisté soit à recouvrir la mémoire par le fracas du jeu, un peu comme les enfants aux hoquetons d'Apollinaire dans le pré aux colchiques, soit à vouloir retrouver dans la terre gaste de notre monde contemporain une Arcadie perdue. D'où cette constatation, qui sera le titre d'un des prochains chapitres : « Nous n'avons pas notre Celan. »

La littérature française d'aujourd'hui est moins prise entre la tradition et l'explosive invention, qu'entre un ludisme et un idyllisme, l'un et l'autre séduisants, l'un et l'autre dangereux. C'est entre eux qu'elle cherche sa voie, et ce qu'il faut bien appeler son *sens* — dans les deux acceptions principales du terme : sa direction et sa signification, la signification qu'elle peut encore avoir pour nous. Yves Mabin Chennevière exprime en deux vers faussement réguliers ce tremblement du sens, qui n'exclut pas une certitude intérieure :

> comme en l'histoire du temps la naissance du doute,
> en l'histoire de la mort le battement du cœur[7].

7. *Mémoire d'un temps éventuel*, éditions de la Différence, 2001. Ce haut fonctionnaire est par ailleurs l'auteur de huit recueils poétiques, allant de *Mortelles mers* (1974) à *L'Invention du silence* (2000) et aussi de neuf romans, de *L'Usurpé* (1969) à *La Tristesse de Touraco* (1998).

Chapitre 3

La fin des Hussards, ou les enfants de Stendhal

André Fraigneau, « le général des Hussards »

« Je rêvais d'écrire comme les gens que je fréquentais, Morand, Drieu, Cocteau ou Malraux. Chez Stendhal, j'admirais déjà la vivacité du style, le feu sous la glace » : cette déclaration date de 1985[1]. Elle est d'André Fraigneau, un écrivain méconnu qui s'étonnait qu'on le redécouvrît tous les vingt ans, sans qu'il réclamât rien. Cela s'est produit encore en 2001, avec la publication de son *Journal*.

Après des récits courts *(Val-de-Grâce, Les Voyageurs transfigurés)*, la trilogie de Francœur (*L'Irrésistible*, 1935 : la vie d'étudiant ; *Camp-Volant*, 1937 : le service militaire ; *La Fleur de l'âge*, 1942 : les voyages) avait été saluée comme un événement par de grands critiques comme Maurice Blanchot, Ramon Fernandez, Robert Brasillach et Edmond Jaloux. Mais il fallut attendre les années 1950 pour que Fraigneau redevînt d'actualité. Quatre jeunes écrivains, qui allaient faire parler d'eux, Michel Déon, Roger Nimier, Antoine Blondin et Jacques Laurent, donnaient chacun une préface à *L'Amour vagabond* en 1956. Le livre venait

1. Entretien avec Raphaël Sorin dans *Le Monde*, « André Fraigneau, le général des "Hussards" ».

après trois remarquables biographies imaginaires à la manière de Walter Pater, *Journal profane d'un solitaire* (M. de Ponchâteau), ·*Le Songe de l'empereur* (Julien l'Apostat) et *Le Livre de raison d'un roi fou* (Louis II de Bavière). En 1985, ces trois derniers ouvrages furent réédités, ainsi que *Les Étonnements de Guillaume Francœur* (1956) ; *La Nouvelle Revue de Paris*, sous l'impulsion de Michel Bulteau, lui consacrait une partie de son numéro 2 ; et Jean-Louis Curtis faisait son éloge dans *Une éducation d'écrivain*. André Fraigneau se félicitait alors que « les nouveaux hussards, [...] après la génération intermédiaire de Michel Mourlet et de Bernard Georges, [...] [l]e retrouvent aujourd'hui ». Mais il insérait cette réserve : « s'il y en a ».

Cette réserve peut étonner. Car si Roger Nimier, l'auteur du *Hussard bleu* (1950), a disparu prématurément en 1962, dans un accident de voiture, ses dévots lui rendent encore un culte (il existe un prix Roger Nimier, décerné annuellement, des *Cahiers Roger Nimier*, dirigés par Marc Dambre, qui lui a consacré sa remarquable thèse[2] et qui s'emploie à révéler ses inédits). Antoine Blondin, rongé par l'alcool, est mort en 1991 ; Jacques Laurent, inconsolable après la disparition de son épouse, en 2000. Mais Michel Déon est toujours heureusement vivant et productif. Laurent et Déon sont entrés à l'Académie française. Ont-ils été pour autant infidèles à leur idéal d'autrefois ?

Choisir Fraigneau, c'était choisir ses admirations, Gabriele D'Annunzio, Jean Cocteau (auquel il a consacré un essai, *Cocteau par lui-même*, en 1957), Barrès (Déon a été journaliste à l'*Action française* et familier de Maurras), Stendhal. C'était, pour les Hussards, rejeter Sartre et l'existentialisme. C'était adopter un genre que Fraigneau avait repris à Goethe : le roman d'apprentissage (*Bildungsroman*), dont l'écrivain a fait le miroir de ses premières années. C'était élire la désinvolture de Guillaume Francœur, mais

2. Marc Dambre, *Roger Nimier, hussard du demi-siècle*, Flammarion, 1989.

aussi son culte de la grandeur. C'était vouloir être, à leur tour, les romanciers du bonheur. Francœur était « un enfant de l'entre-deux-guerres, dandy d'une époque crépusculaire, quand l'individualisme forcené qu'il prêche se brise sur la menace de toutes les brutalités de l'histoire et ses vulgarités », une « âme adolescente », une « figure d'élégance sauvage, de raffinement cérébral », mise en valeur par un verbe magnifique, comme l'écrivait Jean-Jacques Lévêque dans *Le Quotidien de Paris*, le 28 mai 1985.

Les Bêtises, de Jacques Laurent

Jacques Laurent a fait figure d'ennemi numéro un de Sartre. En 1951 il a publié un essai aux allures de pamphlet, *Paul et Jean-Paul*. Vingt ans plus tard, il a profité d'une conversation dans son roman *Les Bêtises* pour l'attaquer de nouveau, et pour défendre la littérature. Au cours d'une conversation entre le narrateur, sa maîtresse Gabrièle, une Irlandaise, et leur ami Petr, un Tchèque émigré, un débat s'organise sur un vieux sujet : littérature ou philosophie ? Pourquoi, au lieu de s'épuiser à un roman qu'il ne publiera peut-être jamais, l'auteur des « Bêtises de Cambrai » n'écrirait-il pas plutôt un traité de philosophie, d'autant plus que sa formation est celle d'un philosophe ? Après avoir avancé un paradoxe — la philosophie se nourrissant de tout, écrire un roman est le dernier recours d'un philosophe de la seconde moitié du XXe siècle —, il éclate :

> Attention ! Je ne suis pas Sartre ! Si vous entrez tous les deux dans mon roman, vous n'incarnerez aucune abstraction, rassurez-vous, vous y figurerez comme dans la vie, incomparables, incommensurables, uniques, vus par un regard également unique et frénétiquement subjectif. [...] Il n'y a de science que du général mais de littérature que du particulier.

L'ennui, avec Jacques Laurent, c'est que son information, comme ses jugements, restait sommaire. On sourit aujourd'hui de sa présentation extrêmement schématique de Husserl dans ce même livre. La page contre la Nouvelle Critique[3] qui ouvre la quatrième partie, « Le fin fond », n'est pas seulement caricaturale (au moins, ce serait drôle) ; elle paraît datée et dévalue avec elle le roman qui a eu l'imprudence de l'admettre. Goldman *(sic)*, qui perd un *n* dans la bagarre (on aura reconnu Lucien Goldmann, l'auteur du *Dieu caché*, 1959, et le fondateur de la sociocritique), n'y est pas mieux traité que Taine ou Sainte-Beuve, qui sont mis dans le même sac — et le même sac que lui. La psychocritique de Charles Mauron n'userait que du complexe d'Œdipe pour expliquer le théâtre de Racine. Le *Sur Racine* de Barthes ne serait qu'« un roman sur Barthes ». Quant au « pur structuralisme » (mais qu'entend-il par là ?), il n'offrirait que « la décomposition d'une œuvre en nœuds, jointures, circonstances qui, si exacte qu'elle fût, ne perme[t] que de prendre connaissance d'une seule dimension de l'œuvre, celle de l'intrigue ». L'auteur des « Bêtises de Cambrai » refuse ce traitement pour son œuvre,

3. Les années 1964-1966 avaient été celles où la tension fut la plus vive entre les partisans de la critique traditionnelle (fondée sur l'histoire littéraire) et ceux de la critique dite « nouvelle », elle-même multiforme et hâtivement présentée comme « structuraliste ». Attaque de Raymond Picard, le biographe de Racine : *Nouvelle critique, nouvelle imposture* (1964) ; réponse de Roland Barthes : *Critique et vérité* (1966) ; tentatives pour se tenir au-dessus de la mêlée par la réflexion (Serge Doubrovsky, *Pourquoi la Nouvelle Critique ?*, 1966) et le dialogue (colloque de Cerisy-la-Salle en septembre 1966, sous la direction de Georges Poulet, aboutissant en 1968 à un livre, *Les Chemins actuels de la critique*, avec une post-face de Dominique Noguez). 1971, l'année des *Bêtises*, suit celle du *S/Z* de Barthes (1970), tentative d'analyse sémiologique d'un récit de Balzac, *Sarrasine*. Voir Michel Jarrety, *La Critique littéraire française au XXe siècle*, 1998, et Pierre Brunel, *La Critique littéraire*, 2001, les deux volumes aux PUF, dans la collection « Que sais-je ? ». Aujourd'hui, le temps de l'apaisement est venu, même si les pratiques sont multiples et si le débat reste ouvert (*La Critique aujourd'hui*, sous la direction de Béatrice Didier, n° 23 de la revue *Corps écrit*, 1987 ; Jérôme Roger, *La Critique littéraire*, 2001). Une œuvre comme celle d'Antoine Compagnon, de *La Seconde Main* (1978) au *Démon de la théorie* (1998), correspond à un bel effort de synthèse entre deux tendances qui passèrent trop longtemps pour ennemies.

comme pour celles d'un Racine ou d'un Flaubert. Il a voulu écrire à l'avance contre la Nouvelle Critique, se prémunir contre elle, et montrer que « [s]on *moi* profond n'avait pas été déterminé par la pression d'une société ou d'un complexe ». « Pour cela », ajoute-t-il, « il me fallait d'abord situer ce moi ».

La question est importante, et d'abord à cause de cela : l'auteur des « Bêtises de Cambrai » peut-il être confondu avec celui des *Bêtises* ? Si l'analogie soulignée, à propos de Sartre, entre le pamphlet de 1951 et le roman de 1971, incite à établir l'équation, on se sent retenu par l'interdiction raisonnable qui est faite de confondre l'auteur et son personnage principal, fût-il le narrateur unique. Certes il est difficile d'être dupe de la composition encadrée, elle aussi extrêmement démodée, usagée même : A. B. rassemble, annote légèrement et publie l'ouvrage que son ancien camarade de khâgne a laissé avant de périr dans un accident d'avion. Mais il est vrai que Jacques Laurent peut être à la fois A. B., le narrateur défunt, et Bénin, un autre de leurs camarades, proche des milieux de droite tout en sachant opérer un rétablissement salutaire de l'autre côté quand il le faut. C'est une autre illustration de cette trinité que le narrateur des « Bêtises de Cambrai » découvre en lui-même quand, en disciple de Maurice Barrès, il procède à l'« Examen » de son moi.

Barrès est plusieurs fois invoqué dans *Les Bêtises*, ainsi que d'autres « diaristes », Maine de Biran, Benjamin Constant, Amiel ou Gide (avec, devant ce dernier, un mouvement de recul). Mais la référence la plus fréquente reste Stendhal. Elle a toujours été celle des « Hussards », dont le nouveau personnage de Jacques Laurent est encore un représentant. Dès le récit initial, le soldat Gustin, tyrannisé comme ses camarades par le capitaine de La Hure, en zone libre, se demande ce qu'à sa place ferait Julien Sorel. Depuis un mois, il « lisait Stendhal avec emportement ». Mis en prison, il lui suffit de visages féminins pour être diverti de son sort, comme Fabrice del Dongo, et Mariette, la blanchisseuse du village chez qui il trouve refuge, porte le même nom que la petite actrice de Parme, la Marietta. Dans l'« Examen », le narrateur montre que la libre transposition de quelques éléments vécus dans un précédent récit reste à la manière de Stendhal (et dans cet « Examen », comme il l'avouera plus tard, il cède encore à cette tentation quand il s'imagine déguisé en fille au moment où il a franchi la ligne de démarcation en compagnie de Jeanne). Le journal qui constitue la troisième partie, « Le Vin quotidien ou : l'arrière-pensée » est celui d'un égotiste, d'un éternel voyageur, d'un séducteur impénitent, comme Stendhal. Dans l'essai final, « Le fin fond », il s'interroge, toujours comme lui, sur le bonheur, qui « éclate à un moment privilégié pendant l'office de la passion ou des plaisirs ». S'il avait écrit autre chose après cela, ç'aurait été la relation, en trois cents pages, d'une rencontre de Maine de Biran et de Stendhal au cours de laquelle tous deux s'affrontèrent sur le sens de la passion.

Tout, dans *Les Bêtises*, se définit par rapport au beylisme : la désinvolture, qui est la caractéristique majeure du héros, sa « poursuite de l'adolescence obtenue par l'imposture face aux adultes » ; la façon qu'il a de humer l'air de la bataille, comme Fabrice au début de *La Chartreuse de Parme*, de traverser les événements sans vouloir bien les comprendre. Il n'y manque même pas, pour définir l'art romanesque, la fameuse image du miroir (qui d'ailleurs n'est elle-même qu'un emprunt fait par Stendhal à Saint-Réal) :

> [...] le miroir où se reflètent les événements et les états n'est pas un miroir en soi, un homme le tient et le tient plus ou moins haut au-dessus du chemin et le promène plus ou moins vite.

Que manque-t-il donc au livre pour qu'il soit authentiquement stendhalien ? Au héros fait défaut l'énergie, à laquelle se substitue une certaine instabilité. D'où la quasi-gratitude avec laquelle il accueille les missions qui lui sont confiées par le commandant

Derides à Marseille (faire passer un important courrier à Paris ; faire disparaître Romain Romain) ou par Deul en Suisse (aller rechercher l'or qu'il a laissé dans sa maison auvergnate). D'où aussi le besoin qui le prend, dix ans après une guerre qu'il n'a pas faite, d'aller combattre en Indochine. D'où surtout la docilité avec laquelle il suit qui il rencontre : par exemple Gabriële et son frère dans l'interminable voyage en Afrique. Don Juan, ou le moderne Thésée, ne traîne pas tous les cœurs après lui, il se laisse traîner par eux. Le roman tourne au catalogue de Leporello ; et après Jeanne et Françoise, Mado et Ketty, Gisèle et Odette, la Suédoise et l'Irlandaise, on a envie de demander grâce. Les regrets laissés par les deux premières ne sont pas éternels : l'une donne au séducteur un fils, l'autre un amour dont il a conscience après la rupture, quand tout est définitivement perdu. Mais pour les dernières on souhaite que s'abrègent la croisière érotique et le séjour au Ritz. Sans doute le héros ne s'engage-t-il pas, et il s'évade dès qu'il est menacé d'un lien plus fort. Mais il s'avilit, il engraisse, il est mûr pour le métier de P.-D.G. qu'il acceptera finalement, en renonçant à la littérature.

Le livre aussi a grossi et, avec ses quelque 800 pages, il est trop long, surtout pour une matière aussi mince. Le projet littéraire avoué de l'auteur l'explique moins que les exigences imaginaires d'un éditeur fictif : faire l'histoire d'un roman, comme l'avait fait Gide dans *Les Faux-Monnayeurs* en 1925 et bien d'autres après lui. *Les Bêtises* raconte les années d'apprentissage d'un romancier qui ne sera jamais un maître — et en même temps ses années de voyage. À un récit, prétendument inachevé, « Les Bêtises de Cambrai », succède une histoire de ce récit, « Examen », où le fantasme se glisse dans la chronique. Puis vient un Journal qui permet à la fois de revenir sur l'intention romanesque et de poursuivre le roman d'aventures, l'existence véritablement picaresque de l'auteur. Assagi, il cherche finalement une méthode d'analyse pour parvenir, par la réflexion, à l'« effet de fin fond ». « Dans les

BDC, je m'étais rêvé », nous confie-t-il ; « dans *L'Examen*, après avoir voulu m'expliquer, je m'étais raconté en substituant, à une temporalité que je ne savais pas atteindre, une illusoire causalité. Le procédé du *Vin quotidien* m'avait permis de me cerner de plus près, mais de trop près : l'œil écrasé contre la cible [...]. Aujourd'hui, je me décide à attaquer le quatrième [chapitre] qui aura pour thème : la vision de ma vision. »

L'inconvénient n'est pas la complication grandissante d'un ensemble qui reste clair. Il n'est pas non plus l'affaiblissement de la narrativité, — car le récit jusqu'au bout, comme inépuisable, resurgit. Il est l'épuisement d'un matériau romanesque devenu diffus. Au lieu d'éprouver le sentiment d'un affinement progressif, qui était voulu par Jacques Laurent et qu'annonce A. B., le lecteur éprouve celui d'une déperdition. Il a envie de remonter vers le récit si allègre qui servait de point de départ, les *BDC*, le plus purement narratif, le plus apte à procurer le plaisir romanesque.

Le Jeune Homme vert

Stendhal nous attend encore au détour d'un livre plaisant de Michel Déon, *Le Jeune Homme vert*, 1975 — avec un titre qui, bien évidemment, souligne l'intention de renouer avec *Le Hussard bleu*. Il faut attendre la fin du roman pour savoir de qui Jacques Arnaud est le fils. Un jour de 1919 (c'est aussi l'année de la naissance de Déon), à Grangeville en Normandie, Jeanne et Albert Arnaud, les gardiens du domaine appartenant à la famille du Courseau, ont recueilli cet enfant abandonné, qui venait de voir le jour. Il a grandi dans l'intimité, tantôt bienveillante et parfois malveillante, de la famille du Courseau sans savoir qu'il avait pour mère la fille aînée, Geneviève, alors soignée à Menton de la tuberculose, et vivant ensuite une existence brillante dans le sillage de son protecteur, « Monseigneur », un prince oriental.

Pour l'instant Jean ignore son origine, et ce secret ne le tourmente pas encore. C'est un adolescent équilibré, dont la grande joie est la bicyclette. Il est allé à Londres avec sa machine. Il y a été logé dans l'hôtel particulier qu'occupe Geneviève — sans d'ailleurs parvenir à la voir. Il est maintenant en Italie, et il pédale aux côtés d'un jeune Allemand, Ernst, qu'il a rencontré, et dont il est devenu l'ami. Ernst aurait bien voulu emporter dans ses bagages *Mein Kampf*, car il est fasciné par Hitler et le nazisme. Son père a préféré substituer à ce livre le *Voyage en Italie* de Goethe. Quant à Jean, il a avec lui *Rome*, *Naples* et *Florence*, de Stendhal, car un ami libraire, Joseph Outen, avec qui il a travaillé quelque temps et qui lui a révélé la littérature, lui a parlé d'« Arrigo Beyle, Milanese » et lui a suggéré de suivre ses traces ultramontaines.

Si Jean a du mal à retrouver en Milan la ville qu'Henri Beyle avait tant aimée, du moins a-t-il le temps de vivre avec Ernst une de ces rencontres inattendues que décrit la phrase de Stendhal placée en épigraphe pour le chapitre italien :

> Sûrs de nous quitter demain, nous nous hâtons, mon colonel et moi, de nous dire, en peu de mots, tout ce que nous avons de plus intéressant.

Le dialogue entre Jean et Ernst ne se réduit pas à une comparaison entre l'Allemagne et la France, la pureté anonyme et le refus du racisme, la guerre et la paix. Il est, à travers eux, un dialogue entre Stendhal et Goethe. Sans doute sont-ils décevants l'un et l'autre dans leur jugement sur Bologne, sur Florence ou même sur Rome. Mais à l'universalité de Goethe, attentif à des détails infimes, s'oppose la légèreté de Stendhal. L'un, « poussé par une inspiration subite, s'informait pour noircir des pages sur Iphigénie à Delphes » ; l'autre « courait la poste pour entendre chanter des cantatrices de dix-huit ans et discuter sans fin avec des mélomanes ». Et Michel Déon laisse deviner que sa préférence va à cette légèreté-là, qui n'est pas un pur divertissement, mais une recherche de soi à travers les autres.

La légèreté de Stendhal, elle est celle des Hussards, elle est encore celle du jeune homme vert (vert, comme peut l'être un fruit avant d'être mûr). S'il arrive que Jean s'inquiète du plaisir de Stendhal, c'est qu'il s'aperçoit qu'il est semblable au sien, ce plaisir qu'il cueille auprès d'Antoinette et de Chantal, et aussi de la dévorante Mireille Cece dans son auberge de la haute corniche. Mais, « plus sûr de lui-même, il eût reconnu, dans le petit consul de Civitavecchia méchamment caricaturé par le crayon d'Alfred de Musset, un égal en sensibilité, un frère en enthousiasmes ».

Les références se multiplient dans le second volume de ce roman d'apprentissage de Michel Déon, *Les Vingt Ans du jeune homme vert* (1977), qui n'a pas la fraîcheur du précédent parce que Jean Arnaud ne sort pas aussi indemne de la guerre, de l'Occupation et de l'épuration au moment de la Libération que le héros des *Bêtises*. On relèverait d'ailleurs bien des analogies entre le roman de Jacques Laurent et celui de Michel Déon (le déguisement en femme, par exemple), la plus frappante étant sans doute le caractère tardif de ces romans des années 1970 qui reviennent à des sujets plus proches du public des années 1950.

Il est vrai que Déon peut se servir de Stendhal pour marquer une différence entre le comportement de Jean Arnaud et celui de Julien Sorel. Ainsi, quand il se trouve contraint par son ami Palfy de passer une soirée dans l'appartement somptueux de Julius Kapermeister, donc de se compromettre avec l'Occupant et de perdre une soirée qu'il aurait pu passer avec la femme aimée, Claude :

> Stendhal aurait jugé la situation désespérée pour un de ses héros dévoré par la soif du monde. Qu'aurait fait Julien Sorel en pareil cas ? Il est vrai que Julien en habit noir de futur ecclésiastique attirait l'attention par sa jolie mine beaucoup plus réservée que ses propos agressifs. Mais chez Jean, l'agressivité n'était pas naturelle. Le seul moyen de la provoquer en lui-même était de penser à Claude, à la soirée manquée avec elle.

Quand, à la fin du livre, Jean Arnaud tâte de la prison, pour avoir servi d'intermédiaire à Julius Kapermeister dans un trafic de fausse monnaie, des lectures et des souvenirs stendhaliens viennent le distraire :

> Il tournait en rond entre ses quatre murs et tentait de retrouver détail après détail la bataille de Waterloo telle que l'avait vécue Fabrice del Dongo ou la scène de Julien Sorel approchant la main de Mme de Rênal.

Curieusement, on ne trouve pas la tour Farnèse, qu'on attendait. C'est vers la *virtù*, ou plutôt, dans le carnet écrit à Fresnes, vers la *virtus*, la qualité d'être *vir*, le fait d'être devenu un homme, que nous conduit l'histoire du jeune homme vert. Jean Arnaud atteint l'âge de la maturité, mais avec ce sentiment d'une usure, d'une flétrissure qui apparaissait dans l'épilogue brusqué de *La Chartreuse de Parme*. Pour Stendhal et pour Déon, le roman d'apprentissage est celui de l'apprentissage déçu, celui qui incite à la retraite ou au départ pour un pays lointain.

Patrick Modiano, prix Roger Nimier

Il demeure en Patrick Modiano quelque chose des « Hussards », la désinvolture en moins. Il obtint d'ailleurs le prix Roger Nimier en 1968, pour son premier roman, *La Place de l'étoile*. Cette étoile, c'est l'étoile jaune que ne peut oublier un écrivain porteur de sang juif, même s'il est né en 1945. On s'est souvent étonné de la prédilection de Modiano pour l'époque de l'Occupation allemande — dans *La Ronde de nuit* (1969), ou dans *Les Boulevards de ceinture* (1972), dans *Dora Bruder* (1998) et aussi dans le scénario du film réalisé par Louis Malle, *Lacombe Lucien* (1975). Elle vient d'une volonté de fidélité à ses origines. Telle est la raison de la peur qu'éprouve Victor Chmura dans *Villa triste* (1975). Cette peur le pousse à s'installer tout près de la Suisse, ou à concevoir le projet d'un départ pour les États-Unis d'Amérique, comme André Maurois en 1940. Et au fond de sa mémoire, ce héros (à qui Modiano a ajouté quelques années par rapport à son âge) retrouve l'appartement familial à Paris, « lieux ternes, haltes précaires qu'il faut toujours évacuer avant l'arrivée des Allemands et qui ne gardent aucune trace de vous ». A-t-on d'ailleurs remarqué dans *Villa triste* la consonance germanique des noms les plus inquiétants, Kustiker, qui poursuit René Meinthe au téléphone, Meinthe lui-même (dont le père fut pourtant torturé par la Gestapo), et le titre allemand du film où doit jouer Yvonne, *Liebesbriefe auf dem Berg [Lettres d'amour écrites dans la montagne]* ?

La prédilection de Modiano pour cette époque pourrait s'expliquer par sa filiation avec les « Hussards ». Il n'y a, il est vrai, qu'une allusion à Stendhal dans *La Place de l'étoile*, au terme d'une évocation sommaire de la France :

> Nous étions né à Boulogne-sur-Seine, Île-de-France. Loin d'ici, Tuileries. Palais-Royal. Louvre. Châtelet. L'exquise Mme de La Fayette. Choderlos de Laclos. Benjamin Constant. Ce cher Stendhal.

Mais les héros de ces romans ont l'humeur voyageuse, et en tout cas une grande instabilité dans l'espace. Ils sont jeunes. Riches, ils vivent de perpétuelles vacances. Le seul métier qu'avoue Victor Chmura à l'oncle d'Yvonne, c'est celui de romancier. Voilà encore un trait commun avec Stendhal : la pénétration de l'autobiographie, de plus en plus profonde, dans *Livret de famille* (1977), dans *Une jeunesse* (1981), dans *Memory Lane* (1981), ou dans *Quartier perdu* (1985).

Il en résulte un mélange très particulier et très rare : de la gravité et de la frivolité. Il est si difficile à réaliser que Modiano a dû, en cours de route, changer de formule avant de trouver sa manière propre. *La Place de l'étoile* a pour narrateur un personnage à la fois blessé et bouffon, Raphaël Schlemilovitch. On y reconnaît le prénom du héros de *La Peau de chagrin* de Balzac et le Peter Schlemihl du romantique allemand Chamisso, l'homme qui a perdu son ombre, remis au goût du jour par Aragon dans *La Mise à mort* (1965). Devant répondre aux attaques des antisémites et des collaborateurs les plus notoires, Léon Rabatête (Lucien Rebatet), le docteur Louis-Ferdinand Bardamu (Céline), il se met de leur côté : il fréquente Maurice Sachs, — l'auteur du *Sabbat* (posthume, 1946), qui fut membre actif de la Gestapo —, il se voit camarade de Robert Brasillach à l'École normale (dix ans plus tôt !) ou membre de la petite bande de *Je suis partout*, son journal collaborationiste. Schlemilovitch provoque, non pas en se révoltant, mais en abondant violemment dans le sens de ses ennemis mortels. L'histoire de ses relations avec son professeur de khâgne, Adrien Debigorre, est exemplaire à cet égard : il prend en classe la défense de ce familier d'Abel Bonnard, lit Maurras et Béraud au début des cours, contribue à faire régner la « terreur juive ». Sans doute ne sont-ce là que des rôles successifs, et aussi les fantasmes d'un héros halluciné. Modiano nous a prévenus d'entrée de jeu, sachant que son livre pouvait choquer et être interprété à contresens : à travers Raphaël Schlemilovitch, « en trajets délirants, mille existences qui pourraient être les siennes passent et repassent dans une émouvante fanstasmagorie. Mille identités contradictoires le soumettent au mouvement de la folie verbale où le Juif est tantôt roi, tantôt martyr et où la tragédie se dissimule sous la bouffonnerie ».

Voilà Schlemilovitch devenu recruteur en Savoie ou en Normandie pour la traite des blanches. Les frasques du héros des *Bêtises* ou du jeune homme vert paraissent bien innocentes à côté de la capture de Loïtia ou de la marquise de Fougeire-Jusquiames. Mais il profite du séjour dans le château de cette dernière pour étrangler Gérard le Gestapiste. Ce pourrait être une parodie des Hussards, comme il y a dans le livre à plusieurs reprises une parodie de Marcel Proust — écrivain porteur de sang juif. Par exemple, quand il s'imagine expliquant à un commissaire SS qu'il a gâché sa jeunesse.

Les pages qui concernent le débarquement en Israël, l'arrestation de Schlemilovitch parce qu'il s'est déclaré « Juif français » laissent perplexe. Les policiers qui le malmènent, le panier à salade semblable à ceux que la police française utilisa pour la grande rafle des 16 et 17 juillet 1942 mettraient mal à l'aise si l'on ne se rendait compte qu'en fait c'est toujours la mémoire de son sang qui fonctionne dans le délire de Schlemilovitch, qu'il ne se libérera pas de l'étoile jaune, des arrestations au petit matin, des camps de concentration et des fours crématoires. Nulle Rébecca ne parviendra à le faire s'évader de cela, nul docteur Freud ne parviendra à le soigner, et nul livre ne suffira pour que ses hantises débondées le quittent enfin.

Comme la célèbre *Valse triste* de Sibelius, *Villa triste* enveloppe au contraire le lecteur dans le charme désuet d'une ville d'eaux (Aix-les-Bains ? Annecy, où Modiano a passé une partie de son adolescence ?), dans ces hôtels de luxe, comme l'Hermitage, dont les murs finissent par « dégag[er] la même tristesse que ceux des hôtels borgnes », dans ces villas cossues dont fait partie la maison du docteur René Meinthe. La tristesse ne vient pas seulement de la villa, du lieu, de la vanité de la vie qu'on y mène, de la lassitude qui vous y saisit. Elle naît du jeu du temps, qui renvoie toutes choses au passé défunt.

La technique romanesque de Modiano est ici fondée sur un va-et-vient entre trois moments : au centre, 1960, la rencontre d'Yvonne Jacquet, actrice en herbe, de Victor Chmura (le narrateur), romancier débutant, et du mystérieux docteur Meinthe dans la ville d'A*** ; la liaison d'Yvonne et de Chmura, sous le regard bienveillant de l'oncle Roland ; la Coupe de l'Élégance gagnée par Yvonne et Meinthe, avec la présence discrète de Chmura ; la préférence accordée par Yvonne à Daniel Hendrickx, ancien champion sportif et organisateur de la Coupe. Au-delà, 1972 : Heindrickx est mort dans un accident ; Yvonne a disparu et du film même où elle devait jouer il ne reste pas de trace,

Meinthe se suicide au gaz dans sa « villa triste ». En deçà, le passé mystérieux d'Yvonne et de Meinthe, les bandes de Juan-les-Pins ou du Cap-Ferrat (avec cette autre villa triste, celle de l'écrivain anglais Somerset Maugham), mais surtout le passé de Chmura lui-même, la mort accidentelle de ses parents, les origines de son père, l'errance du Juif partout menacé...

Le narrateur « tente de faire revivre les visages, la fragilité des instants, les atmosphères de cette saison déjà lointaine. Mais tout défile et se dérobe comme à travers la vitre d'un train, de sorte qu'il ne reste plus que le souvenir d'un mirage ou d'un décor de carton-pâte / Et une musique où s'entrecroisent plusieurs thèmes : le déraciné qui cherche vainement des attaches, le temps qui passe et la jeunesse perdue ».

Au fur et à mesure qu'on avance dans l'œuvre de Modiano, on a l'impression qu'il aspire de plus en plus à se déprendre de son passé, et surtout de sa douloureuse mémoire prénatale. « Je rêvais de me délivrer d'une mémoire empoisonnée. J'aurais tout donné pour devenir amnésique », écrit-il dans *Livret de famille*. Guy Roland sera en effet amnésique, détective privé à la recherche d'un passé oublié, dans *Rue des boutiques obscures*, roman qui valut à son auteur, au-delà du prix Roger Nimier, le prix Goncourt en 1978. Malgré le titre, *Vestiaire de l'enfance* (1989) éloigne l'enfance, et figure l'absence, le vide, plus qu'un véritable Temps retrouvé. *Voyage de noces* (1990) accentue l'emprise de la fiction romanesque, le suicide prenant presque des allures de mélodrame.

En 1996, *Du plus loin de l'oubli*, roman fin et discret, transmet de tout cela un écho considérablement affaibli. Moins encore : l'écho d'un écho. Le trio constitué dès le point de départ, Gérard Van Bever, sa compagne Jacqueline et le Narrateur, peut passer pour une variante de celui de *Voyage de noces*. La brève liaison du narrateur et de Jacqueline, le temps d'une après-midi, dans une chambre d'hôtel parisienne, est à peine évoquée dans le texte. Et le jeune homme se retrouve seul, avec « le sentiment d'être revenu au même point que la veille », comme s'il ne s'était rien passé. Du Quartier latin au boulevard Haussmann, de Paris à Londres, puis de quinze ans en quinze ans, Jacqueline, retrouvée ou perdue, sera de plus en plus l'ombre d'une autre, le « rien » pour lequel pourtant, quelque part, une veilleuse est allumée.

Qui est-elle d'ailleurs, cette Jacqueline qui est tout aussi bien Thérèse Caisley ? Et qui est-il, ce Narrateur, ce faux étudiant qui se sent mal à l'aise au milieu de tous les vrais étudiants du cinquième arrondissement, ce vendeur de livres à la sauvette qui griffonne des papiers comme s'il était destiné à devenir écrivain ? Il le sait si peu qu'il en vient à douter de sa propre identité alors qu'il a son acte de naissance dans la poche.

> J'étais dans un rêve dont il faudrait bien que je me réveille. Les liens qui me rattachaient au présent s'étiraient de plus en plus. Cela aurait été vraiment dommage de finir sur ce banc dans une sorte d'amnésie et de perte progressive d'identité et de ne pas pouvoir indiquer aux passants mon domicile...

Il a du mal à se retrouver dans la situation même qu'il vit dans l'instant. Jacqueline, les noms de ceux qui gravitent autour d'elle, les lieux où on la cherche et où on n'est jamais sûr de la retrouver (elle tient à la fois de Célimène et d'Albertine), tout cela n'est pour lui qu'un jeu de cartes qu'il brasse et qu'il étale sur sa table, pour un jeu de patience et de surprise à la fois. Il se fait les cartes pour savoir qui il est, et on peut avoir l'impression que Patrick Modiano se les fait lui aussi en se demandant si ce Narrateur, à qui il a cette fois donné son âge (son acte de naissance porte la date de1945) et prêté une de ses aventures, réelle ou imaginaire, vécue en 1995, est lui-même.

Tout pour ce Narrateur est labyrinthe, et pourtant l'écriture limpide de Modiano est aussi peu labyrinthique que possible. La mise en abyme reste fruste, dans *Du plus loin de l'oubli*, presque trop attendue, affaiblie elle aussi (le scénario de Michael Savoundra, que lit le Narrateur, et qui reflète sa propre fréquentation, au mois d'août, des bords de la Serpentine ; le roman qu'il écrit lui-même et qui transpose, même s'il s'en défend mollement auprès de Savoundra, son histoire avec Jacqueline). On ne sera pas étonné que le faux couple ait rencontré aussi à Londres un certain Peter Rachman, dont la finale du nom ne trompe pas. Acheteur et revendeur d'immeubles, organisateur de soirées dans sa garçonnière de Dolphin Square, au bord de la Tamise, ce quadragénaire corpulent, plus important qu'élégant, offrant le labyrinthe des nombreux appartements à la tête desquels il se trouve dans l'instant de ses transactions, ne sait probablement pas très bien non plus qui il est : « arrivé à Londres juste après la guerre parmi d'autres réfugiés qui venaient de l'Est, [...] né quelque part aux lisières confuses de l'Autriche-Hongrie, de la Pologne et de la Russie, dans l'une de ces petites villes de garnison qui ont changé plusieurs fois de nom », il pourrait être à lui seul un sujet de roman. Un roman certes qui ne serait pas plus que *Du plus loin de l'oubli* (le titre est une citation du poète allemand Stefan George[4]) un roman de hussards. Comme les autres personnages du livre, et comme le narrateur lui-même, Peter Rachman est une ombre et dans le souvenir qu'il a laissé, « une silhouette noire et massive, à contre-jour, au bord de la Serpentine ». Comme les guerriers d'Homère, les personnages de Modiano ne sont plus que des apparences qui errent dans l'Hadès urbain et que le lecteur ne parviendra pas à embrasser quand bien même il croirait parfois les saisir[5].

4. « *Aus dem vergessen lockst der Träume* », cinquième vers du poème intitulé *Juli-Schwermut*, « Mélancolie de juillet » dans le recueil de 1899, *Der Teppich des Lebens und die Lieder von Traum und Tod* (Le Tapis de la vie et Chants du rêve et de la mort). La traduction est de Maurice Boucher (Aubier, 1941) et a pu être autorisée au temps de l'Occupation allemande. Ont été rétablies les majuscules à l'initiale des substantifs dont Stefan George tendait à vouloir se passer.

5. Sur cet écrivain, voir le livre de Thierry Laurent, *L'Œuvre de Modiano : une autofiction*, Presses universitaires de Lyon, 1997, avec une lettre inédite de l'auteur.

Un écho : *Avant-guerre*, de Jean-Marie Rouart

On trouve une seule allusion à Stendhal, très fugitive, dans le roman de Jean-Marie Rouart, *Avant-guerre* (prix Renaudot, 1983), qui a établi la réputation de cet écrivain distingué et fécond (son roman de 1997, *L'Invention de l'amour*, tente, dit-il, « d'éclairer les domaines obscurs que n'éclaire pas l'intelligence »), aujourd'hui rédacteur en chef du *Figaro littéraire* et académicien. Roland de Neuville, combattant dans le maquis de Dordogne, rencontre un jeune lieutenant commandant le FTP : « C'était un tout jeune homme d'une vingtaine d'années, un étudiant qui avait interrompu sa thèse sur Stendhal pour rejoindre le maquis. » Roland est séduit par son impétuosité, son idéal, sa culture. Il souhaiterait s'en faire un ami, mais ne sait comment s'y prendre, d'autant plus qu'il existe entre eux une différence de classe. Le regard que jette dans la nuit sur Roland le jeune homme aux yeux clairs ne nous permettra pas de pénétrer plus avant dans le secret de celui qui est à peine un personnage épisodique : une apparition, le héros possible d'un roman de hussards.

Comme Patrick Modiano, Jean-Marie Rouart, à peine plus âgé (il est né en 1943), tient la gageure d'écrire un roman sur une période de l'histoire qu'il n'a pu connaître : l'avant-guerre et la guerre jusqu'à l'installation du gouvernement provisoire à Alger. Mais, après tout, Balzac n'avait pas connu davantage l'époque des *Chouans*, ni Victor Hugo celle de *Quatrevingt-treize*. Ce n'est pas tant l'expérience directe qui manque à Rouart (celle des Hussards était de toute façon si détachée...) que la désinvolture. Et c'est alors qu'il apparaîtra comme beaucoup plus éloigné de Stendhal.

Le prologue introduit un élément de tension, une ombre qui pèsera sur l'ensemble du livre dont il rejoint la fin : l'exécution de Pierre Lenhart à Alger, le 8 avril 1944. Il était l'un de ces jeunes gens qu'avaient réunis Roland de Neuville en 1933 dans sa villa

Artéa, près de la côte basque. Jeunes, riches, heureux, ils ne l'étaient pas tous. C'était vrai de Roland, mais non de Roger Lanche, qui est laid, et devient l'amant de sa mère, ni de Pierre, qui est d'origine modeste et abandonne pour cette raison Rose Dollfus au profit de la volage Antonia. Pierre Lenhart remplirait les conditions pour être un hussard bleu ou un jeune homme vert s'il n'était possédé par l'esprit de sérieux. Il n'a même pas besoin d'être arriviste pour arriver : à la Banque, au ministère de l'Intérieur qui lui est confié à Vichy dans le cabinet Darlan. Quand, sur les instances d'Antonia, il s'enfuira avec elle par la frontière pyrénéenne et l'Espagne pour rejoindre Alger, ce sera encore avec l'ambition de commander. Roland de Neuville, engagé très tôt dans la Résistance, est aussi un homme d'action qui place au-dessus de tout les responsabilités dont il est chargé.

Même en amour, ces personnages manquaient de désinvolture. Pierre est jusqu'à la fin passionnément attaché à Antonia et lui fait l'amour avec violence dans sa prison. Sa pire souffrance est de la voir deux fois, à Paris puis à Alger, reprendre ses relations avec celui qu'il avait cru éclipser, Éric de Spam. Roland de Neuville, dès la deuxième partie du roman (« La vie adultère »), mène une double vie : époux comblé de Rose Dollfus, il devient l'amant éperdu de Solange Corbin, et s'il ne tenait qu'à lui, ces deux relations s'additionneraient dans un équilibre satisfaisant. « L'amour qu'il continuait de porter à Solange ne l'empêchait pas d'aimer toujours Rose, de souffrir de leur rupture. “ Quel drôle de cœur que le mien, songeait Roland, capable d'un amour double, aussi inséparable que l'avers et l'envers d'une même pièce ! ” » Pour aucun des protagonistes, l'amour n'est chose légère, plaisir qu'on cueille au vol et qui laisse un souvenir heureux.

Enfin *Avant-guerre* est fort éloigné de la technique picaresque chère à Nimier, à Blondin, à Laurent ou à Déon. La composition par étapes est celle du roman d'apprentissage. Roland atteint l'âge adulte, à près de quarante ans, par le dégoût et l'amertume. Roger Lanche, Éric de Spam obtiennent le pouvoir. Wiso meurt dans une opération de résistance, sans avoir le temps de connaître l'État d'Israël où la volonté posthume de son père et l'intelligence de l'histoire du peuple juif l'eussent conduit. Avant d'être exécuté, Pierre Lenhart est passé de l'amour d'Antonia à l'amour de Dieu. Le fil de chacune de ces destinées individuelles est repris puis abandonné dans des chapitres courts et juxtaposés. Cette technique rappellerait de loin celle de John Dos Passos, si Jean-Marie Rouart ne maintenait la priorité des protagonistes qui se détachent sur l'Histoire comme sur une toile de fond.

« À travers les personnages de ce grand roman », précise le prière d'insérer, Jean-Marie Rouart tente de répondre à la question qui le hante : « Qu'aurais-je fait si j'avais eu vingt ans en 1933 ? » Après avoir lu le livre, on serait en droit de se demander plutôt : lequel de ses personnages aurait-il choisi ? Pierre Lenhart qui, comme Pierre Bezoukhov de Tolstoï dans *Guerre et Paix*, découvre la véritable liberté au fond de sa prison, ou Roland de Neuville qui se rend compte, au moment où il atteint l'âge adulte, qu'il n'a été qu'« un adolescent attardé qui dessine la réalité selon ses rêves » ? C'est ce reste d'adolescence qui rend le livre attachant, c'est lui qui nous fait entendre comme un écho lointain des Hussards.

Une histoire de hussard à la hussarde

Le dernier hussard de Jacques Laurent pourrait bien être une hussarde. Dans son roman de 1994, *L'Inconnu du temps qui passe*, le protagoniste est un quinquagénaire encore sexuellement vert, Philippe, qui, comme le précise le texte, « avait eu, à vingt ans, sa période Stendhal ». Il en avait surtout retenu la théorie de la cristallisation, dans *De l'amour*, et il se la rappelle à un moment où, las des débordements d'une partenaire particulièrement exigeante, il vit plutôt la « décristallisation ». Pour qu'il puisse être pleinement séducteur, il manque à Philippe d'avoir l'initiative complète de ses actes. Jacques Laurent l'explique avec brutalité, avec vulgarité même : « Quand il couchait avec une femme il savait qu'elle en avait eu le projet la première ; ce n'était pas un dragueur, mais un dragué. » Aussi les modèles ont beau se multiplier dans le livre — Valmont ou Don Juan, Swann (« faire catleya ») ou Stendhal lui-même (l'amour, rappelle Philippe, fut « la grande affaire dc sa vie ») —, le héros vieillissant ne parvient finalement à en éviter aucun. Jeune, il a été victime d'Aphrodite, une femme au prénom terrifiant, et sous prétexte de jouer le rôle de garde-chasse auprès de Lady Chatterley, il a poussé la passivité jusqu'à devenir, lui qui est diplômé de Sciences Po et qui a passé le concours de l'ENA, le chauffeur de son riche mari. Virginie, leur fille, le possède de la même façon, profitant d'une mission qui a été confiée au chauffeur, chargé de la ramener de son école suisse à Florence où devaient être ses parents. Quand l'inévitable explication a lieu avec Aphrodite, et qu'elle l'accuse d'être ce « beau salaud » qu'il voudrait être (comme le Dom Juan de Molière) et qu'il ne parvient pas à être, il explique que « ce n'était pas lui mais Virginie qui avait créé cette situation, et si elle s'était conduite en hussarde c'est parce qu'elle souhaitait venger son père ».

Mais, sans que le terme soit employé cette fois pour la désigner, la hussarde la plus décidée est Louise, venue du Canada avec l'autorisation de son fiancé stérile, Arsène (qu'elle surnomme Lupin, à défaut de lapin), pour se faire faire un enfant par un Français. Rencontrant Philippe à l'aéroport de Roissy un jour de grève, elle jette son dévolu sur cet étalon fort à son goût. Elle refuse les fioritures et elle est tout à sa mission. Pourtant, une fois enceinte, elle resterait bien en France avec Philippe devenu veuf, si celui-ci avait envie de vivre (il a fait une tentative de suicide, et mettra fin à ses jours dans la chapelle de Roissy) et s'il n'était désormais ennuyé par ce qu'il appelle de manière assez méprisante le « ludisme sexuel ». Resterait tout au plus à Louise le « mamamouchi », le vieux Van der Enden, créature de l'ombre, parrain officiel et en réalité père de Virginie, sensible à la santé de la jeune femme qui pourrait ranimer ses propres ardeurs : il tient les cordons de la bourse, et il tire les ficelles — image en cela du romancier vieillissant, mais à la plume toujours alerte.

Sans doute Jacques Laurent a-t-il introduit dans *L'Inconnu du temps qui passe* de nombreux jeux de doubles. On peut même penser qu'ils y sont trop nombreux. Dès les premières pages le chauffeur de taxi qui conduit Philippe à Roissy a connu une aventure parallèle à celle de son client — qui a été lui aussi chauffeur : il a eu une liaison avec sa belle-mère avant d'épouser sa femme. Louise était en principe attendue à Roissy par une « copine », qui s'appelle aussi Louise, et c'est dans l'appartement des deux Louise qu'ont lieu les ébats amoureux. Quant à Virginie, non contente d'être le double de sa mère, elle devient le médium de Marianne Van der Enden, une ancêtre du mamamouchi, une Hollandaise venue à Versailles et mêlée, ainsi que son père, à une sombre histoire de complot éventé contre Louis XIV. Le lecteur peut être désorienté par cette double identité. Il a envie de dire à l'héroïne, comme Philippe lui-même :

> Choisis, ou bien tu es Virginie qui a été élevée à Paris et qui n'a jamais mis les pieds à Amsterdam, ou bien tu es Marianne, mais si tu es Marianne tu sais monter un cheval en amazone et tu ne sais pas conduire une voiture automobile.

Il a envie de demander à Jacques Laurent de lui raconter plus complètement l'une ou l'autre histoire sans user de tant de détours. Et n'y en est-il pas de nombreux dans son écriture même, quand il ne peut s'empêcher, par exemple, de faire un clin d'œil à son ami Michel Déon et de faire disparaître Virginie « dans un taxi mauve » que Philippe prend en chasse ?

Malgré tous ces raffinements, *L'Inconnu du temps qui passe* paraît écrit à la hussarde. Le brio habituel de Jacques Laurent a du mal à triompher d'une intrigue assez lourde, d'une surabondance et d'une surenchère de récits. Il n'y parvient que par une certaine rudesse de la langue dans le registre érotique et par la reprise systématique de formules détournées ou retournées (« Le rire est le sale de l'homme »), commentées (« Quand on dit qu'on cherche la clé, qu'on a trouvé la clé, on pense toujours qu'elle va servir à ouvrir alors qu'elle peut servir à fermer ») ou lucides : « La destinée est un moule et jc suis une bonne pâte », constate Philippe. Jacques Laurent s'est peut-être lui aussi trop aisément coulé dans le moule du roman, tout en se donnant, comme ses personnages, l'illusion qu'il laissait faire l'imprévu.

Derniers prolongements

En guise d'histoire de hussards, c'est celle du Cosaque Zaporogue et du Tcherkesse qui passe dans le roman de Michel Déon, *Taisez-vous... j'entends venir un ange* (2001), œuvre d'un allègre vieillard de 82 ans. À la technique du récit suivi succède celle de la conversation. Dans l'île de Corfou, pendant toute une nuit, « des amis se parlent, s'écoutent parfois, divaguent souvent ». Le voyage se réduit à cela, et pourtant il permet de faire le tour du monde, de rassembler des personnages qui devraient parler des langues diverses et qui, grâce à la fiction romanesque, n'en parlent qu'une, le français. L'un d'eux, Douglas, s'écrie, avec un feu qui pourrait démentir ses propos : « La jeunesse n'existe pas. Elle n'en a pas le temps. La maladie de vieillir la dévore. Tous les signes l'y condamnent ! » Ensemble ils résistent à l'envie de vieillir et, dans cette île qui peu à peu devient celle de *La Tempête* de Shakespeare, il est un homme qui cherche à écarter les caricatures et les fantômes pour trouver la clé du grand mystère.

La jeunesse, telle est bien la question qui ne cesse de hanter Jean-Marie Rouart après son entrée dans l'âge mûr. *Le Voleur de jeunesse* (1990) porte à cet égard un titre hautement significatif. Et, même si l'écrivain en quête de ses origines privilégie la figure d'un peintre mélancolique du début du XIXe siècle, Léopold Robert (le peintre des ruines, comme Volney put en être l'écrivain), il montre dans *Une jeunesse à l'ombre de la lumière* (2000) « une jeunesse sous le signe des contradictions » : pauvre dans une famille riche, vivant dans un décor de tableaux mais allergique à la peinture, le Narrateur a-t-il encore quelque chose d'un hussard ? Certes, il court après la passion à Venise, et ce roman est un roman vagabond, où l'on passe d'île en île. Mais un séjour à Samos ne fait qu'« ensanglant[er] [s]on mal », le roman qu'il publie lui apparaît comme un « objet étrange, imprimé sur du papier mais tissé de l'étoffe de [s]es rêves », il a l'impression de descendre dans un labyrinthe vertigineux. Il voudrait chercher une consolation dans la phrase de Montherlant : « Vive qui m'abandonne, il me rend à moi-même. » Or elle ne lui est que d'un médiocre secours. Va-t-il fuir, finir dans le désert comme Alceste, le misanthrope de Molière ? Mais ce désert prend la forme d'Ibiza, tout se termine dans une boîte de nuit, aux Baléares, avec « une jeune et pulpeuse Hollandaise qui n'avait rien de neurasthénique ». À l'aube, sous un petit nuage rose, le névrosé retrouve, comme les Hussards, l'élan et les couleurs de la vie.

On aurait tort de croire que l'esprit des Hussards n'est présent que dans le seul survivant ou chez des héritiers directs. Il y a chez certains jeunes écrivains d'aujourd'hui une alacrité de plume, une désinvolture apparente, une rage de vivre et d'attaquer qui n'excluent ni l'humour ni le goût du jeu. Christophe Ono-dit-Biot en a donné un parfait exemple avec son premier roman, *Désagrégé(e)* (2000, Prix Edmée de La Rochefoucauld, 2001), une tentative d'écriture « énervée » : l'aventure à Cuba s'organise à partir d'un échec et du personnage de Gabriel, qui n'a rien d'un ange sans avoir le panache du Satan adolescent imaginé par Verlaine dans « *Crimen amoris* ».

Chapitre 4

Le Nouveau Roman, ou l'avant-garde en question

La tradition du nouveau

Il est difficile de prendre Patrick Modiano en flagrant délit de malignité. Pourtant un détail peut intriguer dans *Du plus loin de l'oubli*. Il est question dans le début du livre d'un personnage somme toute secondaire, sur lequel on hésite à s'attarder : Pierre Cartaud, un quatrième homme qui pourrait venir augmenter le trio initial. Il rejoint Jacqueline comme tant d'autres, mais il est finalement aussi évanescent que les autres, et il cède en effet la place dans le cortège d'ombres. Ce Pierre Cartaud est d'autant plus difficile à cerner que, pour le Narrateur, l'orthographe de son nom n'est pas fixée (Cartau, Cartaud, Cartault, Cartaux, Carteau, Carteaud, Carteaux), qu'il travaille dans un cabinet de chirurgien-dentiste sans être lui-même dentiste (son nom est ajouté sur la plaque), qu'il occupe temporairement l'appartement du praticien absent, le docteur Robbes. « Le fantomatique docteur Robbes » — plus fantomatique encore que les personnages « ordinaires » de Modiano —, ce docteur Robbes qui joue les abonnés absents, les médecins en villégiature ne laissant qu'un remplaçant, peut-il porter ce nom sans que le lecteur soit invité à entendre la première partie du nom d'Alain Robbe-Grillet ? Inscrit sur un papier parmi ceux qui sont épars sur la table de l'écrivain-narrateur, le nom du docteur Robbes fait partie de son jeu de cartes, le jeu de cartes de Patrick Modiano.

La publication des *Gommes*, en 1953, avait fait « très peu de bruit », comme le rappelle Robbe-Grillet quand il entreprend son autobiographie en 1984. Il fallut attendre le printemps de 1955 et *Le Voyeur* pour que ce qu'on appelait déjà le « Nouveau Roman » déclenchât « un petit scandale ». Le livre avait obtenu le Prix des Critiques. Le fin du fin en matière de critique littéraire, Georges Bataille, Jean Paulhan, Maurice Blanchot s'étaient engagés en prenant parti pour lui, tandis que, du côté des traditionalistes, Henri Clouard démissionnait du jury et Émile Henriot menaçait l'auteur de l'asile de fous ou de la correctionnelle. *La Jalousie*, en 1957, fut un nouveau pas en avant. Comme Pierre Boulez, en musique, comme Francis Bacon, en peinture, Robbe-Grillet était décidément à l'avant-garde.

Or, curieusement, il commence un article intitulé « Sur quelques notions périmées », la même année 1957, en contestant « le mot *avant-garde* » qui, « malgré son air d'impartialité, sert le plus souvent pour se débarrasser — comme d'un haussement d'épaules — de toute œuvre risquant de donner mauvaise conscience à la littérature de grande consommation ». On lit ce texte, aujourd'hui, dans *Pour un nouveau roman* (1963), étrange livre-manifeste où le drapeau n'est guère brandi que dans le titre et où l'objet nouveau est lui-même constamment exposé à la critique.

On pourrait poursuivre l'enquête en comparatiste. La technique faulknérienne de l'abolition du temps est décisive pour la première mutation que subit la production romanesque de Claude Simon à partir du *Sacre du printemps* (1954), et surtout dans *Le Vent* (1957) et dans *L'Herbe* (1958). Quant à Robert Pinget, il a cité parmi ses lectures fondatrices Claudel, Giraudoux, Cocteau, Supervielle et, pour étudier ce *Mahu, ou le matériau* (1952) que saluait Robbe-Grillet, il faut remonter jusqu'au *Tristram Shandy* de Laurence Sterne au XVIIIe siècle.

Faussement avant-gardiste, le Nouveau Roman se chercherait donc une (ou des) tradition(s) avant d'en constituer une à son tour. Le paradoxe n'est qu'apparent. Il est, si l'on en croit Octavio Paz, celui de toute avant-garde et même de toute *modernité. Los hijos del limo* (« Les enfants du limon », mais le livre est connu dans sa traduction française sous le titre *Point de convergence*[1]) s'ouvre sur une grande méditation à partir de ces concepts et de l'idée d'une « tradition moderne ». La négation de la tradition peut, à la longue, devenir une tradition. Elle est celle de ces novateurs qui tendent à constituer une chaîne : Joyce, Kafka, Faulkner, Robbe-Grillet ou Nathalie Sarraute. La tradition de la rupture, explique encore Paz, n'implique pas seulement la négation de la tradition, mais également celle de la rupture. Se démarquant de Pierre Benoit comme d'André Gide, les nouveaux romanciers croient à une continuité de la modernité romanesque, à condition, bien sûr, qu'elle soit *leur* modernité. Harold Rosenberg, théoricien de la littérature aux États-Unis, n'a-t-il pas parlé dans un livre de *La Tradition du nouveau* (1959) ?

Une devinette infinie

L'énigme n'est pas seulement le privilège d'Apollon Loxias ou de la Sphinx. Il est le droit de l'écrivain quand ce qu'il dit est « oracle » (Rimbaud, *Une saison en enfer*) ou quand il se plaît à jouer avec nous au jeu de la devinette. Le grand médiéviste Paul Zumthor a rappelé que le plus ancien poème de langue romane qui nous soit resté est une énigme, tracée dans la marge d'un livre de prières copié à Vérone vers 800, et dont l'objet est l'écriture même de qui le nota :

1. Le livre a paru à Mexico en 1974, la traduction de Roger Munier chez Gallimard en 1976. Octavio Paz (1914-1998) est parti à la recherche de l'« intersection des temps » et a découvert que « la fin de la modernité, le déclin du futur se manifestent dans l'art et dans la poésie comme une accélération qui dissout la notion de futur autant que celle de changement ». Diplomate à Paris, il s'était lié d'amitié avec André Breton en 1945.

Il attelait ses bœufs (les doigts)
labourait une terre blanche (le parchemin)
poussant la charrue blanche (la plume)
et semait une semence noire (l'encre).

On voit comment la devinette est le principe même de cette substitution qu'est la métaphore. D'où, par exemple, cette règle de l'art scaldique, fondé lui aussi sur l'énigme : il est interdit, dans certaines compositions, d'appeler choses ou êtres par leur nom ; il faut leur substituer des manières de synonymes ou *heiti*, ou des périphrases, circonlocutions, métaphores longuement filées appelées *kenningar*.

Mais peut-être faut-il d'abord s'interroger sur le principe même de la devinette, sur sa « forme simple ». Le théoricien allemand André Jolles, l'inventeur de cette notion (*Einfache Formen*, 1930), l'a fait selon une démarche exemplaire, mieux connue à partir de la traduction de son livre en français, *Formes simples*, et de sa publication dans la collection « Poétique » des éditions du Seuil en 1972. Dans la devinette, « il y a un homme qui questionne un autre homme, et de telle sorte que la question force l'autre à un savoir. L'un des deux possède le savoir, il est un individu qui sait, le savant, le sage ; un interlocuteur lui fait face, qu'il amène par sa question à mettre en jeu ses forces et sa vie pour arriver à posséder lui aussi ce savoir et à se montrer comme lui sage ». Dans un livre, l'auteur peut obliger son lecteur à interroger ou à s'interroger. Mais il arrive qu'il lui pose des questions, que son mode d'écrire soit l'interrogation.

Quand, dans *Ulysse* (1922), s'amorce le retour vers « Ithaque », Joyce adopte pendant tout un épisode la formule de l'interrogation, comme au catéchisme :

> « *What parallel courses did Bloom and Stephen follow returning ?* [...]
>
> *Of what did the duumvirate deliberate during their itinerary ?* », etc.
>
> Quel itinéraire de retour suivirent parallèlement Bloom et Stephen ? [...]
>
> De quoi devisait le duumvirat pendant qu'il déambulait ?

Mais à chaque fois la question est suivie d'une réponse : ils ont quitté ensemble Beresford Place et ensemble ils ont traversé le rond-point de l'église Saint-Georges. Ils ont parlé de musique, de littérature, de l'Irlande, de Dublin, de Paris, de l'amitié, des femmes, de la syncope de Stephen, etc.

Cette interrogation catéchétique est le modèle qu'a reconnu Pinget lui-même pour son roman majeur, *L'Inquisitoire* (1962). Les questions, sans point d'interrogation, vont se multipliant, de la première « Était-il aussi à leur service ? » jusqu'à la dernière « Vous est-il arrivé de vous endormir au café ? », et le livre est fort gros. Dès les premiers mots, « Oui ou non répondez », l'interrogatoire prend une autre dimension : c'est, mis en forme joycienne, un interrogatoire à la manière de Kafka. Mais qui dit « Oui ou non répondez » ? Est-ce le policier qui interroge un personnage romanesque (le domestique, par exemple) ? Est-ce ce personnage lui-même ? Est-ce le narrateur, ou du moins le locuteur, qui alors nous enjoint de répondre ? Le « Je suis fatigué » final peut être un signe de lassitude du lecteur, il peut être aussi un signe de lassitude chez le personnage interrogé, ou chez le locuteur à bout de souffle.

Comme beaucoup de nouveaux romans, *L'Inquisitoire* se présente à la manière d'une enquête policière. Mais la réponse ne nous est jamais donnée. L'enquête piétine. Nous ne saurons jamais quelle est la raison du départ du secrétaire, et il ne reparaît à la fin que pour marquer le bouclage du livre. Nous ne savons pas davantage qui a voulu tuer, en fonçant sur lui au volant d'une Morris noire, George Burton, lui-même auteur de romans policiers, dans *L'Emploi du temps* (1956) de Michel Butor. Nous n'avons pas la certitude que Mathias, le voyageur de commerce, soit l'assassin dans *Le Voyeur* de Robbe-Grillet. Et si, dans *Les Gommes*, il est clair que Garinati a voulu tuer le professeur Daniel Dupont la veille et que le détective Wallas l'a tué le lendemain, nous ne saurons jamais si Wallas est Garinati (thème du double) ou si Wallas est bien le fils de Dupont (motif œdipien).

On comprend mieux, dans ces conditions, les variations que Robbe-Grillet a écrites sur l'énigme de la Sphinx. Ce sont d'abord les questions apparemment saugrenues de l'ivrogne (venu, lui aussi, de la tragédie de Sophocle, *Œdipe roi*), questions qui pourtant devraient mettre Wallas sur la piste œdipienne. La question peut être abrégée, suspendue : « Quel est l'animal qui, le matin ?... » Elle peut être à côté : « Quelle est la différence entre un chemin de fer... un chemin de fer et une bouteille de blanc ? » Elle peut admettre tour à tour deux présentations inverses : « Quel est l'animal qui est parricide le matin, inceste à midi, et aveugle le soir. Non... Aveugle le matin, inceste à midi, parricide le soir ? » Admettons qu'en dessinant ainsi le parcours d'Œdipe ou du nouvel Œdipe, en mêlant « enfant trouvé » à ses propos brumeux, l'ivrogne donne des éléments de réponse, cette réponse ne suffira pas. Avec *Les Gommes*, on assiste au triomphe de la Sphinx qu'on voit figurée par les détritus sur l'eau du canal :

> Les miettes éparses, les deux bouchons, le petit morceau de bois noirci : on dirait à présent comme une figure humaine, avec le bout de pelure d'orange qui fait la bouche. Les reflets du mazout complètent un visage grotesque de clown, une poupée de jeu de massacre.
>
> Ou bien c'est un animal fabuleux : la tête, le cou, la poitrine, les pattes de devant, un corps de lion avec sa grande queue, et des ailes d'aigle. La bête s'avance d'un air gourmand vers une proie informe étendue un peu plus loin.

Une tradition se crée à l'intérieur du Nouveau Roman. Claude Simon nous propose un avatar de cette Sphinx aquatique dans l'un des épisodes espagnols des *Géorgiques* (1981), quand deux personnages, cherchant à passer la frontière, se trouvent dans un port de mer :

> Ils achetèrent les journaux et lurent que l'on annonçait l'arrestation de l'un d'eux (cette fois la bête avait été plus vite

qu'elle-même), puis ils cessèrent de lire les journaux, ils cessèrent même de parler, restèrent assis sur la plage de galets à regarder monter et descendre sur l'eau une faible écume grise charriant un mélange de têtes de sardines coupées, de déchets, d'épluchures de légumes, d'entrailles de poissons, de menus fragments d'algues et de liège. »

La sphinx des ordures est là encore la figure d'un avenir incertain, d'un destin sans dessin.

Il n'est pas d'autre sphinx dans *Tropismes* (1939), de Nathalie Sarraute, que l'eau de la baignoire dont un personnage prostré craint le bruit soudain dans le silence suspendu, « comme de toucher avec la pointe d'une baguette une méduse et puis d'attendre avec dégoût qu'elle tressaille tout à coup, se soulève et se replie » (V). Mais le livre tout entier se place sous le signe de la question. Sa démarche est constamment interrogeante. C'est en cela que, malgré sa date, il peut être considéré comme un point de départ pour le Nouveau Roman, que la seconde édition (1957) a fortement marqué.

Les vingt-quatre proses de ces *Tropismes* bien tempérés se présentent comme une série de devinettes, même si le plus souvent elles évitent la forme interrogative. Il suffit de reprendre le début du premier texte :

> Ils semblaient sourdre de partout, éclos dans la tiédeur un peu moite de l'air, ils s'écoulaient doucement comme s'ils suintaient des murs, des arbres grillagés, des bancs, des trottoirs sales, de squares.

Qui sont ces cafards qui brusquement envahissent tout ? Qui sont ces « ils » ? La suite du texte laisse deviner des badauds tout ébaubis devant les vitrines illuminées comme au temps de Noël. Et il arrive ceci d'étrange que le regard des enfants semble se lasser avant celui de leurs parents. C'est l'inverse des « Effarés » de Rimbaud : ici, ce ne sont pas les enfants, mais les adultes qui restent fascinés devant le « trou clair », le « trou chaud » de la boutique de leurs désirs.

On ne sait pas davantage qui sont les « ils », ou le « il », ou le « elle » de la deuxième prose. Nathalie Sarraute use systématiquement du pronom personnel de la troisième personne comme d'un impersonnel. « Ils s'arrachaient à leurs armoires à glace où ils étaient en train de scruter leurs visages » : les enfants, peut-être, d'une certaine famille. « Elle » serait alors, comme dans « Mémoire » de Rimbaud, la mère, la *« mother »* à la fois affairée et malveillante à l'égard de tout ce qui vient de l'extérieur. « Il » pourrait être l'enfant très intelligent, « su[ant] d'obéissance » (« Les Poètes de sept ans »). Son point de vue l'emporte, ce regard bleu qui est aussi le sien. Tout est rapporté à lui. Tout dépend de sa relation avec « eux » — les autres, ceux qui sont proches de lui par habitude ou par hasard.

Il est possible de comprendre certaines de ces proses comme les souvenirs d'une lecture rimbaldienne. Mais la technique de Nathalie Sarraute rappelle davantage Rilke et *Les Cahiers de Malte Laurids Brigge* (*Die Aufzeichnungen von Malte Laurids Brigge*, 1910), dont le titre figure d'ailleurs, avec *Ulysse*, dans la onzième prose, celle de « l'intellectualité ». Malte voit des gens, qui meurent ou vont mourir ; il voit un homme, qui porte une béquille ; il en voit un autre, dont le sautillement l'intrigue. Parce qu'il est étonné, il cherche, il donne parfois des réponses. Nathalie Sarraute veut rester dans l'incertitude de son étonnement premier. Et elle continue de nous interroger à propos de ces choses vues, ou plutôt de ces gens vus qu'elle décrit.

Les locataires de la troisième prose, qui sont « venus se loger dans des petites rues tranquilles, derrière le Panthéon, du côté de la rue Gay-Lussac ou de la rue Saint-Jacques, dans des appartements donnant sur des cours sombres » font d'ailleurs penser à Malte, ou à Rilke, vivant rue Toulier. Mais qui sont encore ces « ils » ? Des réfugiés ? Des transfuges de la campagne ? Des intoxiqués de la ville qui savent pourtant regarder encore les enfants ?

Le « sautillement », il est ici celui du « il » qui, dans la quatrième prose, croit diriger le ballet des femmes qui le harcèlent.

La neuvième prose laisse affleurer la question. C'est le face-à-face terrible d'une « elle » prête à exploser et d'un « il » qui déploie des trésors de patience, de ruse, de comédie pour l'en empêcher. « Mais quoi donc ? Qu'était-ce ? Il avait peur [...] » Les questions, il se les pose. Or le texte les pose aussi à son lecteur. Il rend communicative une peur dont l'objet reste énigmatique. On a dit du Nouveau Roman que c'était une littérature de l'objet. *Tropismes* serait plutôt le livre du sans objet. Ou s'il en a un, vaguement deviné, c'est cette *Enfance* que Nathalie Sarraute s'efforcera, en 1983, de faire surgir d'un dialogue avec son double, d'un jeu de questions et de réponses qui rappelle à la fois l'interrogation catéchétique de Joyce ou de Pinget et les dialogues de la romancière anglaise Ivy Compton-Burnett[2]. On l'a dit : les *Tropismes* n'ont rien de nouveau, littéralement parlant et pourtant, comme *Portrait d'un inconnu* (1948), du même auteur, et comme *L'Emploi du temps* de Butor, ils fondent un autre roman, se distinguant sans possibilité d'erreur de *Qui j'ose aimer* (1956) d'Hervé Bazin et des *Racines du ciel* (la même année) de Romain Gary.

Dix-sept ans séparent la publication de *Tropismes* de celle de *L'Emploi du temps*. Mais le livre de Michel Butor, contemporain de la naissance officielle du Nouveau Roman, s'achève sur une devinette. Le journal de Jacques Revel, tenu seulement à partir du septième mois de son séjour à Bleston, s'efforce de cerner la

2. Voir le commentaire d'*Enfance* par Monique Gosselin dans le volume de la Foliothèque (n° 57, Gallimard, 1996) consacré à ce livre. Elle conclut : « Faisant résonner la double voix d'une instance narrative qui revit et interprète, l'écrivain ressuscite son enfance pour la préserver de l'oubli et cependant la congédier, lui rendre justice et grâce, d'une certaine manière pour la sauver et la sauvegarder par une forme d'universalisation » (p. 179-180).

période d'octobre à mai, les deux mois de février et de mars constituant la zone lacunaire, pour une raison qu'il nous est donné de rechercher. Nous comprenons que l'incertitude sentimentale de Jacques entre les deux sœurs Bailey, Ann et Rose, est pour beaucoup dans le malaise qu'il ressent dès lors qu'il cherche à évoquer les jours de ces mois-là. Nous saisissons aussi que l'arrivée à Bleston d'un autre jeune Français, Lucien Blaise, le futur fiancé de Rose, a dérangé l'ordre qui s'était installé dans la monotonie. Jacques a aperçu Lucien pour la première fois le samedi 1er mars, « dans un snack-bar d'Alexandra Place », près de la gare. Ce 1er mars est le dernier jour qu'il parviendra à retrouver. Le journal de Jacques Revel reste suspendu sur une incertitude et une impossibilité :

> [...] et je n'ai même plus le temps de noter ce qui s'était passé le soir du 29 février, et qui va s'effacer de plus en plus de ma mémoire, tandis que je m'éloignerai de toi, Bleston, l'agonisante, Bleston toute pleine de braises que j'attise, ce qui me paraissait si important à propos du 29 février, puisque la grande aiguille est devenue verticale, et que maintenant mon départ termine cette dernière phrase.

Mais y eut-il un 29 février cette année-là ? Le calendrier du journal de Jacques Revel l'interdit. Le vide, l'absence, pourrait être la chose importante définitivement tue.

Il convient alors de revenir à l'analyse de la « forme simple » de la devinette par Jolles. Si « la devinette est la forme qui montre la question », il est nécessaire que « la réponse [soit] présente dans la devinette et par la devinette ». Jolles ajoute qu'une devinette insoluble n'est pas une devinette *(« ein unlösbares Rätsel ist eben kein Rätsel »)*. L'intrigue policière non résolue, l'incertitude planant sur l'identité de Wallas, sur « l'accident » de George Burton, sur le 29 février à Bleston, sur les « ils » de Nathalie Sarraute devraient donc rejeter loin du domaine de la devinette le Nouveau Roman. Mais si la devinette semble infinie, c'est probablement parce que l'important est ailleurs, et qu'une autre méthode est à suivre pour rechercher la clef.

Degrés de l'innovation

En 1960, *Degrés* de Michel Butor semblait marquer un tournant dans l'œuvre de l'écrivain et dans le roman. Pour ceux qui avaient aimé *Passage de Milan* (1954), *L'Emploi du temps* (1956) et *La Modification* (1957), le nouveau livre de Butor pouvait paraître aride et décevant. L'action se dilue dans ces quelque quatre cents pages. D'une part elle s'atomise en une multitude d'histoires familiales (la maladie et la mort de Mme Bonnini, les disputes et la séparation de M. et Mme Bailly, la future naissance dans le foyer de M. Hubert, etc.). D'autre part l'histoire du protagoniste, Pierre Vernier, se réduit apparemment à peu de chose : à sa timidité dans une relation amoureuse avec Micheline Pavin (aussi grande que celle de Jacques Revel à l'égard d'Ann et de Rose Bailey dans *L'Emploi du temps*) s'ajoute l'effort démesuré d'une tentative absurde, dont Micheline Pavin est la confidente, et qui conduit le jeune professeur à l'hôpital et peut-être à la mort.

L'assombrissement du dénouement paraît brusquement hyper-romanesque dans un ensemble d'où le romanesque pourtant était presque absent. Si Pierre Vernier meurt d'écrire un livre, la crise qu'il a vécue est bien plus grave que celle qu'a connue Jacques Revel à Bleston. Il y a quelque romantisme dans cet écrasement de l'auteur par son œuvre et on serait tenté de dire que, comme Hölderlin, Apollon l'a frappé. Mais cet échec littéraire se double d'un échec humain. Échec d'abord auprès de Micheline Pavin : l'achèvement de l'œuvre était la condition qu'il avait fixée, sinon à leur union, du moins au passage du « vous » au « tu ». Échec, plus douloureux encore auprès de son neveu Pierre Eller, qui est en même temps son élève : alors qu'il l'a associé à son projet, qu'il l'a donc introduit au plus intime de lui-même, il le punit en classe pour un motif sans importance, et crée ainsi une situation de rupture.

Il est difficile d'être à la fois l'oncle et le professeur d'un adolescent de quinze ans. Cette situation est celle de Pierre Vernier, elle est aussi celle d'un autre oncle de Pierre Eller, Henri Jouret. L'un enseigne l'histoire et la géographie, l'autre les lettres classiques. On peut penser que Pierre Vernier, très proche des Eller, vivant même dans un studio qui jouxte le leur et qui leur appartient, a éprouvé une certaine angoisse à la pensée de cette situation. Or son attitude déjà est double : en classe, il feint de ne pas connaître par ailleurs le jeune garçon ; en dehors de la classe il lui fait part de sa préoccupation. Pour dépasser cette situation, il la multiplie autour de lui. Déjà il est rassurant pour lui de savoir que son collègue Jouret est, vis-à-vis de Pierre Eller, dans la même situation que lui. Mais il s'aperçoit que, de la même façon, M. Bailly, le professeur d'anglais, a en classe ses deux neveux plus éloignés d'un degré ; ou qu'il existe un lien de parenté, encore plus lâche, entre un redoublant, Denis Régnier, et MM. Hubert et Bonnini.

Un des premiers points, dans le projet de Pierre Vernier, est la constitution, dans le lycée Taine où il travaille à Paris, de triades analogues à celle dans laquelle il se trouve pris. Or la constitution de ces triades se révèle de plus en plus difficile et de plus en plus artificielle. On passe du rapport de parenté proche au rapport de parenté lointaine, puis au rapport de quasi-parenté, puis au simple rapport d'homonymie et enfin — puiqu'il faut bien trouver quelque chose — au rapport d'anti-parenté (la triade constituée par M. Moret, le professeur d'éducation physique, l'abbé Gollier, l'aumonier du lycée, et l'élève Maurice Tangala, un Noir qui vient des Caraïbes).

Peut-être faut-il encore faire la part, dans ce goût forcené pour la triade, d'une habitude scolaire. La formation qu'a reçue Pierre Vernier, les disciplines qu'il enseigne expliquent en effet son projet, pris cette fois dans son ensemble. Il est fasciné par la vie multiple d'un établissement comme le lycée Taine, et il voudrait en rendre compte en reconstituant et en transcrivant tout ce qui la constitue. L'expérience peut paraître modeste : rendre compte de « cette heure de trois à quatre, le mardi 12 octobre 1954 » où, dans la classe de seconde qui est celle de son neveu Pierre Eller, il a parlé du désir qui a amené Christophe Colomb à partir pour les Indes et où il a lu des citations de Marco Polo, mais où dans toutes les autres classes de l'établissement il y avait d'autres cours donnés par d'autres professeurs devant d'autres élèves. Déjà pourtant une telle tâche est impossible. Or celle que s'est fixée Pierre Vernier est plus vaste encore : il veut reconstituer les autres cours qui sont donnés à cette même classe de seconde par ses collègues, en particulier par Henri Jouret ; il veut reconnaître en détail tout le programme d'étude de cette classe (il a besoin de travailler toutes les matières, de réapprendre le grec, d'acquérir la totalité des manuels, etc.) ; il veut pénétrer dans la vie intime de chaque professeur, de chaque élève. Bref, il est à la recherche d'une somme lycéologique.

Butor a pris lui aussi pour modèle l'*Ulysse* de Joyce[3] et cette étonnante gageure, admirablement tenue : raconter vingt-quatre heures de la vie à Dublin, le 16 juin 1904. Mais on aurait tort de pousser plus loin l'analogie. Car *Degrés* ne se contente pas d'explorer une heure dans un lycée parisien. Cette heure n'est, comme l'écrit Vernier, qu'une « heure pivot » autour de laquelle tend à s'organiser ce qui précède (les vacances d'été, les premiers jours de la prochaine rentrée) et ce qui suit, au-delà de la

3. À propos de cette œuvre, phare et extrême à la fois, Jean-Michel Rabaté, dans son *James Joyce* de 1993 (Hachette Supérieur), a parlé à juste titre de tentative de « narration encyclopédique » et, après Hermann Broch, il a dégagé les questions fondamentales et radicales que pose *Ulysse* : « Est-il possible de reproduire l'univers ? » La littérature en soi est-elle possible ? » (p. 105)

Toussaint, au-delà même de la prochaine rentrée scolaire. En termes d'école, on pourrait dire que l'analyse synchronique ne suffit pas à Pierre Vernier. Il se trouve engagé dans une analyse diachronique. Ou, si l'on préfère, la diachronie déborde de toute part la synchronie. De même que de l'espace clos du lycée, on s'évade constamment vers les rues de Paris, les appartements des collègues et des parents d'élèves. N'est-il pas tout aussi ambitieux, tout aussi fou, de vouloir enseigner l'histoire de tous les temps, la géographie de toute la terre ? Le projet de Pierre Vernier s'enracine dans l'enseignement qui est le sien.

Il s'enracine aussi dans la manière passionnée qu'il a d'exercer son métier. Peut-être parce qu'il est célibataire, il existe un lien très fort entre chacun de ses élèves et lui, entre chacun de ses collègues et lui. Non content de vivre cette heure de trois à quatre, il voudrait la vivre à la place de chacun de ceux qui l'écoutent, de chacun de ceux qui parlent en chaire au même moment que lui. Passe-muraille du lycée Taine, il voudrait aussi se glisser dans chaque conscience, — comme le Fantasio de Musset qui voulait être « ce Monsieur qui passe ». En particulier, il voudrait être à la place de Pierre Eller, et il aurait besoin d'y être pour que son enquête soit plus complète, et pour que son tableau soit plus précis et plus profond.

Aussi demande-t-il à son neveu de parler devant lui, de lui faire part des impressions qu'il peut avoir de la classe d'histoire et géographie, des autres cours, des autres professeurs, des camarades, ou de lui raconter ce qu'il fait en dehors du lycée. Dans la deuxième partie du roman, se rendant compte que son propre champ de vision est inévitablement trop étroit, il cède la parole à Pierre Eller. Ou plutôt il feint de la lui céder, car il parle à sa place. N'est-ce pas pour lui en effet qu'il écrit ? « Pour t'aider à te représenter ce que tu as été toi-même », notait-il à la fin de la première partie, « donc d'où tu viens, donc dans quelle direction tu vas, quel est le secteur de ton présent, il me faudrait faire un grand effort d'imagination méthodique déjà, de reconstruction, d'hypothèse, que je me mette à ta place, que j'essaie de me voir moi-même par tes yeux, que je te donne la parole par conséquent, faisant basculer l'équilibre de ce récit ». Dans la deuxième partie, il avoue que cet effort supplémentaire, il l'a fait, que ce n'est pas Pierre Eller qui parle après lui. Butor ne se contente pas de reprendre le procédé gidien de *L'École des femmes* (1929-1936), une succession de récits d'un même fait par des narrateurs différents ; il en présente une imitation au second degré.

On doit donc aborder avec beaucoup de précautions la troisième partie. Tout se passe comme si, à la suite de la défaillance de Pierre Vernier, l'autre oncle, Henri Jouret, prenait le relais. Pendant la maladie du professeur d'histoire-géographie, il a prêté à son tour une chambre à Vernier, en froid avec les Eller, il a eu connaissance de son projet et de son manuscrit, il a pris conscience de l'intérêt de ce document futur pour Pierre Eller, même si celui-ci ne se prête plus au jeu (ne l'avait-on pas accusé, en le voyant recueillir partout des renseignements pour son oncle Vernier, d'être un « fouineur », un « indicateur », un « agent secret » ?). Mais il est trop évident que cette histoire d'un manuscrit inachevé à compléter par un autre est une fiction supplémentaire. C'est un degré de plus dans la fiction, dans celle peut-être qu'invente Vernier, désireux cette fois de se mettre à la place de l'autre oncle, Henri Jouret.

La question finale, qu'il est censé murmurer sur son lit d'hôpital (mais peut-être comme Scapin au bout de la table), « qui parle ? », est bien la question fondamentale de tout le livre. Est-ce Henri Jouret ou est-ce encore Pierre Vernier ? Est-ce un personnage de fiction ou Butor lui-même (qui a, quand il écrit *Degrés*, l'âge de Vernier en 1954, trente-cinq ans, le « milieu de la vie », *nell' mezzo del cammin*, dit le texte de Dante que fait étudier en classe M. Bonnini) ? Est-ce un individu ou une collectivité qui parvient à s'exprimer à travers lui ? Cette dernière préoccupation est devenue centrale pour Butor :

> Je suis de plus en plus fasciné par le pluriel. Ce n'est pas le singulier qui est premier pour moi, ce n'est pas l'individu, c'est le pluriel et c'est à l'intérieur du pluriel que le singulier va se condenser en quelque sorte.

Cette évolution entraîne Butor vers ce que Jean Roudaut va bientôt appeler, à son propos, le « livre futur »[4]. Elle lui suggère déjà un usage, qui va devenir proliférant, de la citation, du jeu sur l'intertextualité. Elle va dans le sens de la disparition de l'auteur au profit du langage, du « on ».

Pourtant, et malgré l'impression initiale laissée par cet audacieux exercice, *Degrés* vient bien compléter la précédente trilogie romanesque de Butor. C'est encore un roman de la ville — mais d'une ville, Paris, dont il est plus difficile que jamais de faire la somme. C'est la description d'un ensemble, d'un immeuble même, comme dans *Passage de Milan,* le premier roman de Butor, publié, précisément, en 1954. C'est une recherche méthodique sur un emploi du temps, comme pour Jacques Revel (et cet emploi du temps n'est pas seulement celui des professeurs et des élèves du lycée Taine). C'est le roman d'une modification. Comme pour Léon Delmont dans le train entre Paris et Rome, dans *La Modification*, Pierre Vernier a voyagé (c'est même en voyage qu'il a rencontré Micheline Pavin). Le choix, pour lui, n'est pas entre Henriette et Cécile, comme c'était le cas pour Delmont, mais entre le « travail harassant, tyrannique » qu'il a entrepris (avec les pages qui s'accumulent sur sa table comme elles s'accumulaient sur la table de Jacques Revel, dans la

4. Jean Roudaut, *Michel Butor ou le livre futur*, Gallimard, 1964. Voir aussi les études de Mireille Calle-Gruber, qui rendent bien compte de la modernité, de la diversité et du transformationisme de Butor, *La Création chez Michel Butor*, Nizet, 1991, *Les Métamorphoses Butor,* Presses universitaires de Grenoble, 1991.

chambre louée chez Madame Grosvenor) et le mariage avec Micheline. Mais la modification principale, elle est dans le déplacement du « foyer de l'objectif » vers Pierre Eller, tout d'abord, puis vers Henri Jouret. Chacun de ces déplacements est un nouveau degré. Mais ce ne sont là que des ruses de la fiction. Vernier continue d'avancer dans sa folle entreprise. Butor aussi, qui donne l'impression d'avoir écrit, cette fois, un roman manqué parce qu'il écrit un roman de l'échec ou plutôt de l'impossible réussite.

De la brièveté

Parmi les attaques qui ont été lancées contre le Nouveau Roman, l'une des plus vives et des plus complaisamment réitérées a visé sa sécheresse, sa brièveté même. Bon vulgarisateur, d'ordinaire, de la littérature contemporaine, Pierre de Boisdeffre intitulait *La cafetière est sur la table* (1967) un pamphlet où il partait de la première phrase, beaucoup moins prosaïque, beaucoup moins pauvre qu'il ne paraît, des *Instantanés* (1962), qui sont plutôt des nouvelles : car le mystère peut être ici présent comme dans une nature morte de Cézanne. Parlant de toute sa hauteur d'universitaire, Jean-Bertrand Barrère daubait sur *La Cure d'amaigrissement du roman* (1964).

Mais cette cure se faisait peut-être moins dans le Nouveau Roman que dans des formes beaucoup plus traditionnelles du roman contemporain. Ainsi le sujet du roman de François-Marie Banier, *Le Passé composé* (1971), est-il à peu près celui d'une nouvelle de jeunesse de Thomas Mann, *Wälsungenblut* (« Le Sang des Wälsungen » ; la traduction française a été publiée sous un titre très approximatif, *Sang défendu*). C'est toujours l'inceste d'un frère et d'une sœur adolescents, Siegmund et Sieglinde chez Mann, Olivier et Cécile chez Banier. Mais Thomas Mann avait, dans des dimensions brèves, donné une profondeur remarquable à son récit en le resserrant autour d'un mythe scandinave (les Wälsungen sont les enfants de Wotan ou d'Odin), de la représentation d'un drame wagnérien qui sert de révélateur *(La Walkyrie)* et d'un milieu juif (l'inceste permet de défendre la pureté du sang). Il n'en passe qu'un écho affaibli dans *Le Passé composé* : le spectacle où vont les parents de Cécile, M. et Mme Lasserre, son mari François de Chevigny et leurs amis le docteur et Mme Blanche, et où elle refuse de les accompagner, reste indéterminé, mais au cours du dîner qui précède Mme Blanche a le temps de dire qu'elle « aurai[t] tant aimé suivre Wagner jusqu'à Bayreuth ! Bayreuth c'est comme Salzbourg. C'est quand même autre chose que Pleyel ! ».

Platitude mondaine, platitude bourgeoise sans doute. Mais le roman, à l'évoquer, risque de se laisser prendre au piège. Le Grand Hôtel de Saint-Briac pour lequel Cécile a abandonné Olivier, sans deviner quelle serait la conséquence de sa futilité, le Bar américain où elle se réfugie et où elle appelle François au téléphone parce qu'elle y a rencontré un ami d'Olivier, la maison familiale de Neuilly-Saint-James où elle voudrait enfermer François-Olivier et où elle n'enferme que sa folie, constituent un décor tristement doré. Là se déroule une action toute mécanique, comme une impossible tentative de recommencement. Car non seulement Cécile essaie de recomposer le passé qui l'a meurtrie, en se le rappelant ou en retrouvant les journaux intimes tenus par Olivier enfant ou encore en jouant avec ses jouets d'autrefois, mais elle veut le composer en François, qui ne l'a ni connu ni vécu. L'échec est celui d'une transposition stérile. Il est aussi celui d'un jeune romancier qui reprend un sujet à Thomas Mann sans en comprendre toutes les implications. Le livre est d'ailleurs attachant, pudique en des temps où on ne l'est plus guère, d'une écriture presque sèche : la juxtaposition des phrases courtes est aussi, de nos jours, un des modes de l'amaigrissement du roman.

La manière brève est restée celle de Nathalie Sarraute, et l'on comprend qu'elle n'ait pas eu grand goût pour sa profession d'origine, celle d'avocat, qu'elle a laissée rapidement à son mari, ne plaidant elle-même, et de petites affaires, que jusqu'en 1940. Son œuvre romanesque reste fidèle à l'idéal de concision des *Tropismes* qui, réédités et augmentés de six textes nouveaux en 1957, eurent une influence décisive. À dire vrai, peut-on encore parler de romans, quand à l'intrigue, au personnage traditionnel, se substituent des gens qui conversent au sujet d'un roman (*Les Fruits d'or*, 1963), quand est décrit à travers divers regards le rituel du thé chez un écrivain (*Entre la vie et la mort*, 1968) ? Le texte de Sarraute, qui n'est jamais surabondant, épaissit à la faveur de glissements de regards, de glissements de paroles, de variantes d'une même scène (*Martereau*, 1953). Il n'est jamais bavard, il n'est jamais le roman du bavard, comme le récit-monologue de Louis-René des Forêts, *Le Bavard* (1946). Mais il est souvent le roman des bavards et des inutiles bavardages. En cela son œuvre peut apparaître comme une comédie de la parole humaine.

Le livre intitulé *« disent les imbéciles »* (1976) opère un retour, non tant vers les *Tropismes*, comme on l'a dit parfois, que vers *Portrait d'un inconnu*. Il n'est pas constitué, en effet, d'une série de petits textes brefs, qui étaient autant d'esquisses de récits. Il est plutôt le déploiement d'une grande forme, aérée par un double système de blancs, ceux qui correspondent à un changement de chapitre, ceux qui marquent une respiration à l'intérieur de chaque chapitre.

Tout commence autour d'un tableau touchant, une vieille dame entourée d'enfants, sans doute une grand-mère avec ses petits-enfants. Une première inquiétude naît, d'une épithète dont on la pare : « Elle est mignonne, n'est-ce pas ? » Mais qui est « on »[5], qui dit cela ? Les autres, les imbéciles. *Je* s'affirme dans

---

5. Cette question du « je » et du « on » est lourde d'implications depuis le freudisme et l'existentialisme. Il convient de remonter à Rimbaud substituant en 1871 « on me pense » à « je pense », réagissant contre le *cogito* de Descartes comme Nietzsche quelques années plus tard. Aujourd'hui, la tentative d'Olivier Cadiot passe par là : bribes de citations connues et de stéréotypes, usage ludique et antilyrique de *cut up*, minimalisme pouvant devenir « roman », par exemple dans *Futur, ancien, fugitif*, POL, 1993.

cette différence que, dès le langage même, il introduit entre les autres et lui. Or cette épithète nouvelle, « imbécile », est aussi suspecte que l'était la première, « mignonne ». Elle se retourne contre celui qui l'a proférée. Est-il vraiment supérieur aux autres, dans cette situation de différence où il s'est lui-même installé ? Ou bien, l'imbécile, est-ce lui ?

Parmi ces enfants, il en est un précisément qui n'est pas comme les autres. Il reste à part quand les autres s'agrippent à la « mignonne » grand-mère et la cajolent. On l'accuse d'être jaloux (« Jaloux », disent les imbéciles), haineux peut-être. Elle seule le connaît et le comprend, « son poussin, son petit Poucet », réservé, inquiet et scrupuleux. Elle voudrait lui redonner cette confiance dont il aura besoin pour vivre. Elle l'interroge, elle découvre cette peur de lui-même que lui inoculent les autres avec leurs épithètes, avec leurs étiquettes. « Comment peux-tu ? », lui dit-elle ; « a-t-on idée de se mettre dans de pareils états ?... hochant la tête, regardant devant soi, comme se parlant à lui-même... C'est tout de même insensé de se laisser impressionner à ce point par des petits imbéciles ». Alors il se réveille de sa honte, il se rue sur cette expression qui désigne les autres, grâce à elle il va pouvoir s'affirmer contre eux...

Ce livre pourrait être l'art d'être grand-mère de Nathalie Sarraute et elle savait bien, en l'écrivant, que la vieille dame, c'était elle. Mais l'anecdote n'est que le prétexte à l'analyse très fine des systèmes d'agression et de défense qui existent dans l'usage le plus banal de la parole. Il suffit d'une expression, d'une épithète ou d'une incise, pour qu'une situation se crée, d'infériorité ou de supériorité.

Au fur et à mesure qu'on avance dans le livre, le regard se déplace de l'enfant secret vers un adulte, un homme puissant, terrifiant même. Un peu comme le vieillard, dans *Portrait d'un inconnu*, mais dans un emploi plus public, plus officiel. D'où vient cette supériorité qu'on lui attribue, sinon des épithètes dont on le décore, du on-dit des imbéciles. « Un monstre d'orgueil... [...]. Remarquable.

Spirituel. Suprêmement intelligent. » L'apparence d'un homme n'est que ce que le langage des autres fait de lui. La puissance naît du culte, du conformisme et de la terreur. Et c'est pourquoi le prière d'insérer du livre peut indiquer que « ce qui s'agite ici sous nos yeux soulève des questions qui sont parmi les plus significatives et les plus lourdes de conséquences de notre temps ».

Ce prière d'insérer, après avoir hésité entre « roman » et « poème », tend à faire de *disent les imbéciles* un essai philosophique. Une double opposition s'y déploie :

> La première se fonde sur cette évidence — ou est-ce une folie ? — que chacun de nous est à lui seul l'univers entier, qu'il se sent infini, sans contours. En même temps, il voit tous les autres comme des personnages, qu'ils soient simplifiés à l'extrême ou à facettes multiples, et il sait que lui-même en est un pour eux : un personnage qu'on lui impose ou qu'il impose. Ce continuel « jeu des statues » comporte nécessairement des classements, des hiérarchies : les « suprêmement intelligents », les « imbéciles »...

Il n'est pas impossible qu'il existe une continuité du récit, que par exemple l'enfant timide, libéré par le « disent les imbéciles » de la grand-mère, devienne un homme puissant et respecté, entouré des dires de tous les imbéciles qui ont peur de lui. Mais un tel récit serait sans doute trop banal et trop facile. Il ternirait l'image fraîche de l'enfant que nous a donnée la « mignonne » grand-mère. On a l'impression que vers la fin du livre elle se tourne vers son petit-fils. Et elle ne lui conseille pas de devenir quelqu'un. Elle lui dirait plutôt, comme Socrate : « Connais-toi toi-même. » C'est la meilleure façon d'échapper aux imbéciles et à l'imbécillité[6].

6. Françoise Asso, qui est elle-même un écrivain d'une grande finesse (*Rien n'est perdu*, Champs Vallon, 2000), a fait observer dans *disent les imbéciles* l'inachèvement presque systématique de la phrase, certaines phrases se présentant comme une série d'interruptions. Et elle ajoute : « Comme l'inachèvement romanesque, l'inachèvement syntaxique est une manière de figurer en même temps l'ouverture et la simultanéité » (*Nathalie Sarraute – Une écriture de l'effraction*, PUF, 1995, p. 260-261).

Le mythe déraciné

Les nouveaux romanciers ont été frappés par la structure du retour qu'avait mise en valeur James Joyce dans la dernière phrase de son dernier livre, à la fois déconcertant et fascinant, *Finnegans Wake* (1939). Butor la commente dans son recueil d'essais *Répertoire* (1960) et dégage l'expression latine « *commodius vicus* » qui atteste, de façon cryptique, la présence de Giambattista Vico, philosophe italien du XVIIIe siècle, et de la théorie du retour, du *ricorso*. Le O dans les romans de Claude Simon (initiale ou degré zéro du nom du personnage), le double zéro, le 8 dans les romans de Robbe-Grillet (le Magasin Huit dans *Un régicide*, la ficelle en forme de huit dans *Le Voyeur*) ou de Butor (le grand Huit de Bleston dans *L'Emploi du temps*) sont des signes emblématiques de ce retour.

Le langage devrait donc, lui aussi, connaître des cycles. Michel Butor observait, à propos d'*Ulysse*, qu'« au milieu de l'étrangeté contemporaine, se réincarnent les anciens mythes et les rapports qu'ils expriment restent universels et éternels ». Si Vico a raison, et si les mythes forment une première et éternelle raison jamais complètement révélée, le recours au mythe dans l'écriture devrait apparaître à la fois comme une réalisation du devenir du langage contenu dans le langage originel et comme un retour vers ce langage premier. Dans ce crépuscule du langage que représente l'avant-garde se lisent les signes d'une aurore.

C'est probablement la langue de Claude Simon qui est la plus riche en affleurements mythiques. Chez lui, l'expression mythologique rend sensible une abolition du temps qui permet de bouleverser, non seulement le déroulement de l'histoire racontée (la fiction), mais encore le cours de l'Histoire. Ainsi, dans *La Route des Flandres*, la débâcle de mai 1940 est mise en correspondance avec les grandes migrations, aux premiers temps de la Grèce :

> Nous n'étions pas dans la boue de l'automne nous n'étions nulle part mille ans ou deux mille ans plus tôt ou plus tard en plein dans la folie le meurtre des Atrides, chevauchant à travers le temps la nuit ruisselante de pluie.

Dans *Les Géorgiques* les ordres donnés par le général de Saint-M... à son intendante, la fidèle Batti, renouent avec les conseils que prodiguait Virgile aux agriculteurs. Au cours de la campagne d'Italie, le général passe d'ailleurs par Mantoue, la ville natale de Virgile et, comme le poème latin s'achève sur la fable d'Orphée et d'Eurydice, le mythe d'Orphée s'insinue dans le roman de Claude Simon à la faveur de réminiscences des opéras de Monteverdi (lui aussi Mantouan) et de Gluck.

Avant *Les Gommes*, Robbe-Grillet a songé à « une intrigue qui aurait utilisé 108 éléments, par référence aux 108 écailles du corps de l'Ouroboros, le serpent occulte qui symbolise tantôt l'univers, tantôt le cycle répété des métamorphoses, ou encore le Temps ». Il a écrit aussi un premier roman, achevé en 1949, refusé par Gallimard et publié seulement en 1978, *Un régicide*. La référence à Joyce apparaît très tôt dans ce livre, avec le motif de la tour. La mer, *« a grey sweet mother, the snotgreen sea, the scrotumtightening sea »*[7], est là, et tout commence avec le rêve marin de quelque citadin qui se retourne sur son lit. *L'Odyssée* est encore derrière tout cela, et en particulier l'épisode des Sirènes dont Boris, le protagoniste du roman, invite Laura à venir entendre le chant nocturne. Le Solitaire de la tour, Malus, met en garde Boris contre ces ensorceleuses dont tantôt il nie l'existence et tantôt perçoit la présence. Sont-elles vraiment venues sur la plage, Aimone a-t-elle été aimée de Boris, sont-elles parties

7. « la grise et douce mère, la mer pituitaire, la mer contractilo-testiculaire », traduction par Auguste Morel, assisté de Stuart Gilbert, entièrement revue par Valery Larbaud et James Joyce, Maison des Amis du Livre, 1929, reprise dans le tome II des *Œuvres* de Joyce, sous la direction de Jacques Aubert, Gallimard, Bibliothèque de la Pléiade, 1995, p. 5.

un beau jour ? Ce sont là des histoires merveilleuses que Guilhem ou Peire racontent à la veillée…

Le roman serait oubliable si le motif mythologique des Sirènes ne revenait avec insistance dans toute l'œuvre romanesque de Robbe-Grillet, comme le motif du mannequin. Il peut s'agir seulement de sirènes artificielles, qui retentissent trois fois dans *Le Voyeur*, des sirènes-oiseaux (les mouettes). Mais la figure traditionnelle recouvre tous ses droits, par exemple dans *Topologie d'une cité fantôme* (1976). Dans ce livre, le mythe n'est explicite qu'une fois, et tardivement : il est alors question du corps du délit, un corps de femme violé à mort, la vision autour de laquelle s'organise le roman tout entier. Comme si un jugement devait intervenir, dans cet autre procès mystérieux, on retient deux pièces à conviction indiscutables, et « on peut apercevoir entre les mains des policiers montant la garde près de la porte fermée, l'un à droite et l'autre à gauche, à savoir le filet de pêcheur à larges mailles carrées dans lequel était emprisonné le corps gracieux de Vanessa, telle une sirène surprise, remontée ainsi à la surface des eaux par un dragueur de coquillages, et d'autre part la grosse quille en bois tourné, baguée de multiples anneaux en saillies plus ou moins cruelles, qui aurait servi à sa défloration ». Mais très tôt les Sirènes sont présentes, même si le motif n'est pas repris dans toute sa pureté : arrivée d'un navire inconnu, nageuses transpercées à coups de flèches par des soldats.

Dans *Souvenirs du triangle d'or* (1978), tous les avatars des Sirènes se trouveront rassemblés jusqu'au plus dérisoire : l'image d'une Sirène sur une boîte de saumon en conserve, sortie de l'usine dite « La Belle Sirène ». La dégradation du motif mythologique est flagrante. Elle se conçoit, si l'on veut bien observer qu'*Un régicide* paraît enfin en cette même année 1978, et que le dernier roman s'attache à parodier le premier. Mais dans l'ensemble de l'œuvre de Robbe-Grillet, jusqu'au début des années 1980, l'évolution reste nette dans le sens d'une dévaluation du mythe. Si l'on pouvait encore parler d'une transposition du mythe d'Œdipe, et même de la tragédie d'*Œdipe roi* dans *Les Gommes*, on hésite à mettre en valeur celle d'Œdipe à Colone, ou plutôt d'Œdipe à Cologne !, dans *Djinn* (1981), ce curieux roman conçu comme une initiation progressive aux difficultés de la langue française pour des étudiants américains.

Dès le début, le mythe avait dans les romans de Robbe-Grillet un statut ambigu. On comprendrait mal, sans cela, les attaques assez vigoureuses lancées par lui contre le mythe dans l'un des articles majeurs recueillis dans *Pour le nouveau roman* en 1963 : « Nature, humanisme, tragédie » (1958). On y sent l'écrivain irrité par les attaques dont il a été l'objet, mais aussi par certaines tentatives de récupération en faveur de l'« humanisme ».

L'ambiguïté du Nouveau Roman à sa naissance est là : il rejette les « vieux mythes de la profondeur », mais il se construit avec des mythes ; il se distingue de l'existentialisme, mais il en est issu (Sarraute, Simon, Butor lui-même), et peut-être finit-il par le rejoindre (Robbe-Grillet rend hommage à *L'Étranger* et à *La Nausée* dans *Le Miroir qui revient* en 1984). Dans un article de 1955 où il caractérisait le roman comme recherche, Butor affirmait :

> Toute véritable transformation de la forme romanesque, toute féconde recherche dans ce domaine, ne peut que se situer à l'intérieur d'une transformation de la notion même de roman, qui évolue très lentement, mais inévitablement (toutes les grandes œuvres romanesques du XXe siècle sont là pour l'attester) vers une espèce nouvelle de poésie à la fois épique et didactique.

L'apparent retour à l'épique ne doit pas nous tromper : le Nouveau Roman fait souvent un usage ludique du mythe. Il le déracine pour le transplanter dans un monde qui peut être déshumanisé (Robbe-Grillet), mais qui peut rester humain (Simon). Il exploite des différences plus que des ressemblances : dans *L'Emploi du temps*, c'est Lucien-Pirithoüs qui parvient à s'échapper le premier du Tartare blestonien, tandis que Jacques-Thésée y demeure, du moins jusqu'à la date fixée pour son retour en France. Et si le mythe est lié à un mystère, ce mystère est moins celui de l'homme ou du monde que celui de l'écriture. En cela, l'intention didactique l'emporte sur l'intention épique.

L'écriture en miroir

Il n'est peut-être pas d'autre Enfer que l'enfer de l'écriture dans *L'Emploi du temps*. En tout cas, l'écriture y apparaît très clairement comme un labyrinthe, où le fil des cinq cents pages de papier fournies par Ann Bailey est un bien mince fil d'Ariane. La forme du journal favorise plus que toute autre la représentation de l'écriture, et l'objet qui se façonne devant nous n'est autre que le livre lui-même.

Ce n'est pas un hasard si une parenthèse ramène dans *Le Parc* (1961) de Philippe Sollers la première phrase de *L'Emploi du temps* :

> « Les lueurs se sont multipliées »
> (elle fume dans le couloir, le visage penché de biais à la fenêtre, ses cheveux rejetés sur le côté, et le train qui la ramène ralentit aux abords de la ville dont les lumières, soudain, se multiplient)

Reprenant les thèmes du Nouveau Roman, et aussi ses recettes, *Le Parc* réunit trois personnages, comme *La Jalousie*, de Robbe-Grillet, trois intrigues, comme *La Route des Flandres*, de Claude Simon, et s'organise autour d'un cahier qui n'est autre que le manuscrit du livre présent, comme *L'Emploi du temps* de Michel Butor. Il n'y manque pas même les énigmes obligées, les trois tableaux suspendus aux murs de l'appartement du narrateur, avec sur le troisième trois personnages près du quai d'un port de pêche qui « participent de quelque façon, mais plutôt comme une énigme, comme équivalences ambiguës » au spectacle qui se déroule derrière eux.

Ce tableau est transformable. La peinture des trois déesses, seule ombre mythologique du livre, pourrait en être un avatar. Il est surtout l'instrument d'une modulation, et sur cette modulation est fondée la rêverie du narrateur, donc le roman tout entier. Les deux personnages d'en face et lui, tapi dans son appartement sombre, admettent comme équivalents ambigus ceux du tableau. Ils admettent aussi ceux de l'histoire ou des histoires qui vont être esquissées :

> Une histoire dont on ne sait pas si elle est d'amour ou de mort ; trois personnages en fuite ; les échos d'une guerre en Orient ; une méditation avant la fin… Quelle est cette femme interdite, discrète ? Qui est ce jeune homme dont la vie est en danger ? Qui raconte, seul dans une chambre, cette confession au bord de l'abîme ?

C'est l'histoire des possibles, imaginée à partir de la simple mise en place des personnages « réels » : le narrateur dans sa chambre, en fonction d'observateur, comme l'autre voyeur de Robbe-Grillet, celui de *La Jalousie* (1959), un homme assis « dans ce fauteuil en cuir, là-bas », la femme à la robe rouge qui est près de lui. Pourquoi une liaison ne s'ébaucherait-elle pas entre le narrateur et la femme en rouge — signes de connivence, descente furtive, rendez-vous secret ? Pourquoi l'autre ne les aurait-ils pas observés du haut d'un autre balcon, au théâtre ? Pourquoi le troisième homme n'aurait-il pas été un aventurier, promis peut-être à une mort sauvage ? Des signaux sont captés, qui vont dans le sens d'une pareille hypothèse romanesque : un film « où un commando de dix hommes, perdu au milieu d'une forêt montagneuse, aux prises avec la nature hostile, doit progresser malgré tout », la une d'un journal, aperçu dans un kiosque, avec la photo d'un homme tête nue en plein soleil, entouré de soldats armés qui vont l'exécuter. L'aventure elle-même admet divers possibles, et le livre est le point de convergence de ces possibles-là.

Dès lors, on pourrait avoir l'impression que le cahier se remplit tout seul. Il est un autre miroir, dans cet appartement qui en contient un déjà. Il tient lieu d'appareil photographique, sans qu'il soit besoin d'aucune manipulation :

> Penser qu'il s'écrit là-bas de lui-même, rapidement, et que je vais le retrouver, commandé à distance, augmenté du récit de ma courte promenade et du moindre geste inaperçu.

Ce livre enregistreur pourrait même inspirer une crainte analogue à celle que suscitait le portrait de Dorian Gray dans le célèbre roman d'Oscar Wilde. Aussi à plusieurs reprises se manifeste la tentation de détruire le cahier, de le déchirer ou de l'abandonner dans un caniveau, de le livrer à une bouche d'égout, ou tout simplement d'en bouleverser l'ordre. Mais ce serait peut-être le retrouver tel qu'il est, puisque *Le Parc*, comme tout nouveau roman qui se respecte, rompt la chronologie et en éparpille les *membra disjecta*.

Une enfance s'inscrit dans le livre. Le narrateur lui-même éclate en trois : « je », « il », « l'enfant ». L'histoire de l'aventurier semble dès lors le prolongement d'une lecture d'enfant, ou d'une rêverie, ou d'un jeu. Le cahier se relie au cahier d'écolier, le livre au livre où l'enfant apprit à lire. Déployée dans le temps et dans toutes ses harmoniques de l'instant, c'est, pour reprendre l'expression de Michel Foucault, toute une « identité buissonnante » qui s'exprime, avec « combien de visages différents, identiques visages tellement furent nombreuses leurs indiscernables variantes ».

Le parc est le motif central, indiqué par le titre. Mais le cahier l'est tout autant, depuis sa première apparition dans le désordre des papiers et des livres jusqu'à son épuisement dans la dernière phrase, « le cahier à couverture orange patiemment rempli, surchargé de l'écriture régulière et conduite jusqu'à cette page, cette phrase, ce point, par le vieux stylo souvent et machinalement trempé dans l'encre bleu-noir ». Tantôt rapproché, tantôt mis à distance, tantôt menacé, tantôt salvateur, instrument toujours d'une exploration de l'existence et même d'une exploration du corps, instrument aussi de toutes les métamorphoses, lieu de toutes les contradictions, ce cahier échappe finalement à toute destruction :

> Rien ne se sera passé, n'aura eu lieu, après le geste de jeter le cahier, puisque cet espace ne sera pas préservé ; puisque lentement se refermera, se figera, grossira et se déformera en images trop simplistes, étrangères, un ensemble médité entre sa limite et sa fin.

Jean Ricardou, commentateur du Nouveau Roman, et promoteur dans les années 1960 du Nouveau Nouveau Roman, a eu le mérite d'attirer notre attention sur ce beau livre de Sollers, que tendrait à éclipser sa production postérieure. Il a voulu, non relever les occurrences du cahier à couverture orange, mais décrire, dès la page d'ouverture, « des phénomènes très simples, fragmentaires, *simulacres* du fonctionnement intégral de cette lecture créatrice ». Cette analyse subtile va immédiatement au-delà de l'imagerie que propose le livre. Le Nouveau Roman n'est plus seul en cause. Mais un certain type de lecture qui s'en empare. On pourrait juger cette démarche d'un intellectualisme abusif si, très tôt, le Nouveau Roman ne s'était affirmé comme représentation de l'écriture romanesque en train de s'accomplir.

Le fait a souvent été mis en valeur à propos de Claude Simon, par exemple, celui des nouveaux romanciers chez qui la charge humaine est pourtant la plus apparente, et sans doute la plus émouvante, jusque dans *Le Tramway* (2001), confrontation à la fois pathétique et pudique d'un vieillard hospitalisé et de son enfance. Ainsi *Le Palace* (1962) met en place « la bataille incessante du récit et de la description, seule guerre que dramatise le texte », selon son commentateur américain Stuart Sykes. Et *Histoire* (1967), qui reprend la formule joycienne de la journée, y trouve le prétexte pour « ancrer [une] exploration du langage littéraire ».

Peut-être a-t-on abusé de ce type de lecture et s'est-on montré trop soucieux de rechercher « l'aventure d'une écriture » aux dépens de l'écriture (éclatée) d'une aventure (la formule, désormais célèbre, est de Jean Ricardou). Mais il est vrai que le Nouveau Roman s'est complu dans un jeu de miroirs quasiment infini. Le roman policier de George Burton, « Le meurtre de Bleston », dans *L'Emploi du temps*, le roman colonial dans *La Jalousie* sont restés les exemples les plus célèbres d'une « mise en abyme » dont on trouve encore un exemple éclatant dans *Les Géorgiques* de Claude Simon à la faveur d'une parenthèse qu'on peut ouvrir sans la refermer :

> Environ deux heures plus tard, il chevauche de nouveau au côté d'un autre cavalier derrière le chef de l'escadron et un lieutenant (il rapporte dans un roman les circonstances et la façon dont les choses se sont déroulées entre-temps. [...]

Le procédé n'est pas neuf. La « mise en abyme » est devenue « une tarte à la crème » de notre temps, qui s'efforce maintenant de la retrouver partout et toujours. Lucien Dällenbach, qui a consacré un livre devenu classique à cette difficile question, et qui traite plus largement de littérature spéculaire (*Le Récit spéculaire*, 1977), a fait observer à juste titre la continuité qui s'établit des « blasons d'André Gide » à la mise en abyme dans le Nouveau Roman *(L'Emploi du temps, La Jalousie, L'Herbe)* et même dans le « Nouveau Nouveau Roman » (*Où* de Butor, *Les Lieux-dits* de Ricardou, *Projet pour une révolution à New York*, de Robbe-Grillet et *Triptyque* de Claude Simon). Il convient, pour cerner la nouveauté du procédé, de l'insérer dans une tradition qui, on le sait, remonte à plus loin que *Les Faux-Monnayeurs* ou que le *Traité du Narcisse* de Gide. Dällenbach a montré comment on assistait à un « épanouissement-évanouissement » qui lui est apparu comme « l'index d'une rupture avec la pensée représentative qui domine la grande tradition occidentale et dont le premier Nouveau Roman n'avait pas réussi à s'affranchir entièrement ».

C'est dire qu'une nouvelle avant-garde doit toujours venir relayer une avant-garde lors même que celle-ci s'installe dans une nouvelle tradition qui, par le jeu des épigones et des figements, prend l'allure d'un nouveau conformisme. On peut dès lors revenir aux sages méditations d'Octavio Paz sur l'avant-garde. L'époque moderne exalte le changement et se fonde sur lui. Mais elle est en même temps hantée par l'origine. En affirmant la primauté de l'écriture, en nous la laissant perpétuellement deviner derrière des apparences d'aventure, ce qu'il est convenu d'appeler le Nouveau Roman ne rompt avec une certaine tradition romanesque que pour renouer avec une tradition littéraire autre. Le mythe n'est alors ni celui des Sirènes ni celui de Thésée. Il est celui de l'Écriture. Mais peut-être, aux portes de la nouvelle Thèbes — ou de la nouvelle thébaïde —, la Sphinx ne nous proposait-elle pas d'autre énigme que celle-là, elle aussi vieille comme le monde. Qu'est-ce qui naît de la pratique de l'écriture ? Pour le savoir, il suffit d'avancer — à tâtons ou en se croyant maître de soi — dans le jeu de l'écriture : comme Orion aveugle selon Claude Simon, attiré par on ne sait quelle lumière…

La Reprise

Le titre choisi par Robbe-Grillet pour son nouveau livre publié par les éditions de Minuit en 2001, *La Reprise*, est plus qu'un titre de roman. Après la longue parenthèse des *Romanesques*, trois volumes d'autobiographie mêlée de fiction[8], il est pleinement revenu au roman, et au Nouveau Roman. Mais, plus de vingt ans après, la formule peut-elle rester identique ?

La première phrase de prologue est ambiguë à cet égard : « Ici, donc, je reprends, et je résume. » Mais quoi ? Toute l'œuvre passée de Robbe-Grillet, tous ses anciens nouveaux romans, ou l'histoire qui s'engage, celle de H.R., agent subalterne d'un service français de renseignement et d'interventions hors normes qui arrive en novembre 1949 à Berlin, l'ancienne capitale en ruines, « à laquelle », précise l'auteur, « il se croit lié par un souvenir confus, remontant par bouffées de sa très jeune enfance »…

C'est la situation même de Wallas, le détective des *Gommes*, enveloppé lui aussi par le mystère de la petite ville où il a retrouvé

8. Sur cette trilogie, voir plus bas p. 266.

son enfance. Le roman de 1953 contenait déjà l'histoire d'une reprise, et on comprend bien que celui de 2001 est la reprise d'une reprise. En remontant à l'année 1949, Robbe-Grillet revient au temps de sa toute pemière expérience romanesque, et un cycle peut se clore, comme l'*Ouroboros*, le grand serpent aisément reconnaissable à ses « écailles bleu métallisé » (p. 75).

On retrouve le jeu sur les initiales, H.R., nom fictif d'Henri Robin, mais sans doute aussi mélange, comme dans les *Romanesques* d'Henri (de Corinthe) et de Robbe(-Grillet), J.K., nom d'une porte, indice d'une clef. On retrouve aussi le café des Alliés (p. 61) où Wallas avait trouvé une chambre, et d'ailleurs « Monsieur Wall » à qui on lance « Bonjour, Monsieur Wall ! Vous voilà donc de retour chez nous ? » (p. 63) ne peut être qu'un Wallas retrouvé, avec d'autres possibles variantes, Wallon par exemple. Boris (Wallon) renvoie à *Un régicide*, Mathieu/ou Mathias[9] au *Voyeur*, Djinn (et sans doute aussi Gigi) à *Djinn*.

Avec ses cinq Journées qui tiennent lieu d'Actes avec le Prologue et l'Épilogue, le livre de 2001 réitère le déroulement même des *Gommes*, qui durait le temps des vingt-quatre heures obligées de la tragédie classique. Mais il n'y a ni vingt-quatre heures en trop ni, bien sûr, un roman en trop. Et il y a pour le personnage qui parle un double en trop :

> Je n'ai plus qu'une idée dans ma pauvre tête : je dois coûte que coûte éliminer l'intrus pour de bon. L'expulser d'ici ne suffirait pas, il faut le faire disparaître à jamais. L'un de nous deux est en trop dans cette histoire (p. 221)

Fondé sur un jeu de doubles, — et toujours obscurément sur le double nom, le double « je » de Robbe-Grillet, *La Reprise* apparaît mieux encore comme un double du jeu néo-romanesque, où l'écrivain fait preuve plus que jamais d'une éblouissante virtuosité.

---

9. On retrouve d'ailleurs Mathias (Mathias V. Franck) à la page 215.

Chapitre 5

Platitudes de Marguerite Duras

Un Goncourt contesté

On a pu s'étonner de voir le jury Goncourt couronner en 1984 *L'Amant* de Marguerite Duras. Il n'était pas d'usage, paraît-il, qu'on attribuât cette récompense à un écrivain de cet âge et de cette notoriété. Et certains d'ajouter fielleusement que ce roman n'était rien d'autre qu'une nouvelle version d'*Un barrage contre le Pacifique* (1950), comme, au même moment, mais au théâtre cette fois, *La Musica II* (1985), jouée par Miou-Miou et Sami Frey, constituait la reprise d'une pièce ancienne, *La Musica* (1965).

Plus que d'une reprise, il s'agissait pourtant dans les deux cas d'une continuation. À aucun moment, dans *L'Amant*, Marguerite Duras ne laisse ignorer qu'elle a écrit plus de vingt ans plus tôt *Un barrage contre le Pacifique*. Elle revient même plusieurs fois sur cette histoire malheureuse d'une concession achetée par sa mère, mais envahie par l'océan sans aucun recours possible, et du long désespoir :

> Ça a été long. Ça a duré sept ans. Ça a commencé nous avions dix ans. Et puis nous avons eu douze ans. Et puis treize ans. Et puis quatorze ans, quinze ans. Et puis seize ans, dix-sept ans.
>
> Ça duré *(sic)* tout cet âge, sept ans. Et puis enfin l'espoir a été renoncé. Il a été abandonné. Abandonnées aussi les tentatives contre l'océan. À l'ombre de la véranda nous regardons la montagne de Siam, très sombre dans le plein soleil, presque noire. La mère est enfin calme, murée. Nous sommes des enfants héroïques, désespérés.

De cette aventure malheureuse, il n'est plus question de tirer un roman à la manière de Conrad, ou un film, mais un *lamento*. L'hiatus *(ça a)* n'est qu'une voyelle qui prolonge sa plainte (« Ça a duré » [...] « Ça duré ») et le passé glisse dans un passé-présent grammaticalement monstrueux. Un verbe intransitif peut devenir transitif et se renverser en passif, puisqu'il faut évoquer la passivité même (« Et puis enfin l'espoir a été renoncé »). La syntaxe s'efface au profit de la seule parataxe, de ces phrases courtes juxtaposées qui chantent la litanie d'un temps immobile et d'où naît pourtant une imperceptible modification. Ce n'est plus un *moderato cantabile,* comme dans le roman de 1958 qui porte ce titre, mais un *andante* douloureux.

La Douleur, un autre livre de Marguerite Duras, porte ce titre. Publié en 1985, il est organisé autour du moment où son ancien mari Robert Antelme, l'auteur d'un témoignage bouleversant, *L'Espèce humaine* (1947), revint d'un camp de concentration. Car, au soir de sa vie, le romanesque pur n'intéressait plus Marguerite Duras, s'il l'a jamais intéressée. Écrire signifie désormais revenir sur soi-même, et sur son passé. Elle s'interrompt tout à coup : « Dans les histoires de mes livres qui se rapportent à mon enfance, je ne vois plus tout à coup ce que j'ai évité de dire, ce que j'ai dit. » N'avait-elle pas tu jusqu'ici la haine qui se mêlait à l'amour qu'on se portait les uns aux autres dans cette famille : le frère aîné, qui eut toujours besoin d'argent ; le frère cadet, si décevant, et pourtant pleuré dans un long cri à sa mort prématurée en 1942 ? N'avait-elle pas gardé pour elle le secret de cette première liaison, quand elle avait quinze ans et demi, avec le riche Chinois de Cholen, revenu récemment de Paris mais soumis à l'autorité de son père hostile à tout mariage avec une Européenne ?

Non, il n'est pas tout à fait juste de dire qu'elle avait tu tout cela. Mais elle en avait donné des transpositions romanesques : de la mère, des deux frères dans *Un barrage contre le Pacifique* ; de l'amant asiatique dans le film de 1960 *Hiroshima mon amour*.

Une sorte de croisement s'était même produit et le cri qui a suivi l'annonce de la mort du « petit frère » (en fait, son aîné de deux ans) est devenu le cri de la jeune Française tondue à Nevers, dans *Hiroshima mon amour*, sur son amour mort. Tout élément mélodramatique disparaît dans *L'Amant* : après la séparation, après le départ de la jeune fille pour l'Europe (ce départ qu'elle a voulu, comme le voulait le père intransigeant de son amant), le Chinois de Cholen a épousé une Chinoise, il a eu un enfant ; elle, la Française, elle s'est mariée, elle a eu un fils, dont passe une image ; bien longtemps après, à l'occasion d'un voyage à Paris, l'amant d'autrefois l'appelle au téléphone, il lui dit « que c'était comme avant, qu'il l'aimait encore, qu'il ne pourrait jamais cesser de l'aimer, qu'il l'aimerait jusqu'à sa mort ».

Plusieurs paradoxes de la mort se dégagent de ce texte faussement simple. L'un d'eux est exprimé à propos de la mort du « petit frère », dans une page à laquelle l'*oxymoron* confère une tension aussi insupportable que le scandale qu'il veut exprimer :

> On s'était trompé. L'erreur qu'on avait faite, en quelques secondes, a gagné tout l'univers. Le scandale était à l'échelle de Dieu. Mon petit frère était immortel et on ne l'avait pas vu. L'immortalité avait été recélée par le corps de ce frère tandis qu'il vivait et nous, on n'avait pas vu que c'était dans ce corps-là que se trouvait être logée l'immortalité. Le corps de mon frère était mort. L'immortalité était morte avec lui [...]. Il faudrait prévenir les gens de ces choses-là. Leur apprendre que l'immortalité est mortelle, qu'elle peut mourir, que c'est arrivé, que cela arrive encore.

L'autre est l'immortalité d'un amour mort, le paradoxe apaisant sur lequel s'achève le livre, mais au sens où l'on pourrait parler d'apaisement à propos du dénouement de la *Bérénice* de Racine[1]. On serait tenté de reprendre la célèbre formule de Suétone : *invitus invitam dimisit*, « malgré lui, malgré elle, il la renvoya ».

1. George Steiner a fait observer que cet adieu de Titus et de Bérénice est le tragique absolu, dans son livre *Passions impunies*, Gallimard, 1997 (la version anglaise, *No Passion Spent*, a paru à Londres, chez Faber and Faber, en 1996).

Mais la jeune fille a voulu ce départ. Elle n'a compris que plus tard la profondeur de l'amour que cachait l'abandon au plaisir. Et il aura fallu le temps d'une vie pour lui en donner la certitude.

C'est pourquoi il valait la peine de l'écrire, ce livre. Là encore, il faut laisser aux détracteurs de Marguerite Duras la perfidie de leur insinuation : l'exploitation commerciale de la confession directe après l'émission d'« Apostrophes » où elle parla de son alcoolisme. Si le succès commercial de *L'Amant* a été si grand (700 000 exemplaires dans l'année qui a suivi la publication), ce n'est pas seulement à cause de cela, et d'« Apostrophes » à nouveau, et du prix Goncourt, et d'une publicité soigneusement entretenue. Ce n'est pas non plus parce que le livre était facile à lire, ne retenant des techniques du Nouveau Roman que des formules simples, aujourd'hui entrées dans l'usage (l'alternance de la première et de la troisième personne, par exemple). Ce n'est pas à cause d'un découpage en séquences qui fait penser, une fois de plus, au cinéma, avec le *travelling* de la limousine, le gros plan sur le store ou sur les billets de banque, et les innombrables *flash-back*. C'est parce que le lecteur a eu l'impression que cette fois, en effet, Marguerite Duras, au lieu d'écrire « autour de ces choses », allait « jusqu'à elles » ; qu'il n'est pas vrai qu'« écrire ce n'est rien », ou qu'« écrire ce n'est rien que publicité ». Il a compris, ce lecteur, que d'un passé aboli, il reste mieux que des images ou que des mots — un frémissement. Non pas une raison d'être : une raison d'avoir été.

En plat pays

Cherchant à expliquer le prodigieux succès de *L'Amant*, Henry Bouillier a invoqué, entre autres causes, le goût des Français pour « la position aplatie »[2]. La prose de Marguerite Duras serait

2. Dans l'ouvrage cité, dirigé par J. Robichez, *Précis de littérature française du XXe siècle*, p. 364.

donc plate comme cette plaine d'Indochine qui, dans *Un barrage contre le Pacifique*, est noyée, ainsi que la récolte, par la marée de juillet et où la mère de la narratrice s'obstine en vain à exploiter une concession incultivable. Le premier écroulement des barrages marque le début de ses infortunes.

Mais est-elle si plate, la prose qui évoque ce véritable commencement, en deux questions, en deux phrases fortement architecturées, pour exprimer une chute tout aussi inéluctable que celle qu'illustre l'image de la roue de la Fortune dans le théâtre élisabéthain ? « On pouvait croire que c'était à partir de là que tout avait vraiment commencé », écrit Marguerite Duras.

> Et qui n'aurait été sensible, saisi d'une grande détresse et d'une grande colère, en effet, à l'image de ces barrages amoureusement édifiés par des centaines de paysans de la plaine enfin réveillés de leur torpeur millénaire par une espérance soudaine et folle et qui, en une nuit, s'étaient écroulés comme un château de cartes, spectaculairement, en une seule nuit, sous l'assaut élémentaire et implacable des vagues du Pacifique ? Et qui, négligeant d'étudier la genèse d'une si folle espérance, n'aurait été tenté de tout expliquer, depuis la misère toujours égale de la plaine jusqu'aux crises de la mère, par l'événement de cette nuit fatale et de s'en tenir à l'explication sommaire mais séduisante du cataclysme naturel ?

Il n'est pas si « petit » que le dit Henry Bouillier, ce roman, qui n'est d'ailleurs pas le premier roman de Marguerite Duras (elle a déjà publié *Les Impudents* en 1943, *La Vie tranquille* en 1944). Il ne se réduit pas à l'« agréable », et son mérite principal n'est pas de « remett[re] en honneur un exotisme indochinois inspiré par la nostalgie de ces pays où elle avait vécu jusqu'à dix-huit ans ». Le livre est dominé par le tragique d'un recommencement aussi contraignant que celui du mouvement de l'océan, aussi obstiné que les efforts de la mère pour exploiter sa concession pendant quinze ans. Cette mère est frappée comme une victime par « toutes ses défaites ». Sa mort est brutale, à la suite d'une grave crise convulsive, mais elle se préparait depuis de longues années.

Le roman de 1950 a un point de départ dans la vie réelle. Quelques années après la mort de son mari (1918), Mme Donnadieu, une Française originaire du Pas-de-Calais, institutrice en Indochine depuis 1912, a investi toutes les économies péniblement amassées depuis le début de sa carrière dans l'achat d'une concession au Cambodge, dans la région de Kampot, c'est-à-dire sur la côte du golfe de Sian, au nord-ouest de la Cochinchine, à proximité de la frontière du Siam. Elle a construit des barrages avec l'aide des paysans de la région, mais les grandes marées ont tout ruiné dans l'année suivante, et Mme Donnadieu n'est jamais parvenue, malgré ses efforts, à obtenir justice de l'administration coloniale indifférente et corrompue.

L'Eden cinéma (1971), conçu pour le théâtre, place ces événements entre 1924 (date de l'achat de la concession) et 1931 (lettre de réclamation au cadastre). Mme Donnadieu a failli mourir, mais en réalité son décès se situe beaucoup plus tard, après la Seconde Guerre mondiale. Jean Pierrot a pris soin de marquer cette différence entre la biographie et un roman qu'on considère très facilement comme autobiographique. Il signale que *Des journées entières dans les arbres* prolonge au contraire la vie de la mère, devenue une vieille femme, transformée en une riche industrielle qui vient d'Indochine à Paris pour y revoir son fils. Il a même des doutes sur la « véracité autobiographique » de *L'Amant* et n'est pas sûr que Marguerite Donnadieu ait rencontré lorsqu'elle avait seize ans et était encore au lycée un jeune et riche Chinois sur un bac entre Vinh Long et Saigon. La biographie n'est qu'un matériau brut auquel l'œuvre littéraire donne forme, donne des formes, celle d'une histoire tragique dans *Un barrage contre le Pacifique*, celle sinon d'un *« Bildungsroman »*, du moins d'une « éducation sentimentale et sensuelle » dans *L'Amant*, comme le suggère Jean Pierrot, avançant même l'hypothèse d'une référence au grand livre de Flaubert[3].

---

3. Jean Pierrot, *Marguerite Duras*, Librairie José Corti, 1986.

Au point de départ de *L'Amant* nous trouvons sans doute la platitude, et une platitude tout à fait volontaire :

> Que je vous dise encore, j'ai quinze ans et demi.
>
> C'est le passage d'un bac sur le Mékong.
>
> L'image dure pendant toute la traversée du fleuve.
>
> J'ai quinze ans et demi, il n'y a pas de saisons dans ce pays-là, nous sommes dans une saison unique, chaude, monotone, nous sommes dans la longue zone chaude de la terre, pas de printemps, pas de renouveau.

Le texte, assez pauvre en effet, n'abonde qu'en verbes *être* et *avoir*, qu'en facilités d'écriture *(c'est, il y a)*. Le style est parlé. La répétition correspond plus à une mollesse dans la rédaction qu'à un effet d'insistance. Mais on observera aussi que ce départ de récit n'est pas l'*incipit* du livre. « Encore » renvoie à un dire précédent, aux deux premières pages où Marguerite Duras s'interroge sur le vieillissement de son visage qui déjà en 1984 est « un visage détruit »[4].

La véritable platitude, elle est dans l'écoulement de ce que Marguerite Duras appelait dès 1944 la vie tranquille, la vie faussement tranquille, – dans l'écoulement du temps qui sourdement exerce ses ravages, dans l'écoulement du fleuve, dans cette saison unique, chaude, qui n'en finit pas de finir. Cette platitude n'exclut pas des poussées, elle appelle peut-être même des irruptions violentes. Dans les deux premières pages de *L'Amant*, Marguerite Duras parle de « cette poussée du temps qui frappe quelquefois alors qu'on traverse les âges les plus jeunes, les plus célébrés de la vie », une poussée qui n'a pas moins de force que celle du flux de l'océan dit Pacifique.

La vie est neutre, comme frappée d'inexistence, et Marguerite Duras exprime cette absence, qui est aussi absence de ce que Claudel aurait appelé « composition », dans une prose d'une pauvreté extrême :

4. Le premier projet était celui d'un album de photographies.

> L'histoire de ma vie n'existe pas. Ça n'existe pas. Il n'y a jamais de centre. Pas de chemin, pas de ligne. Il y a de vastes endroits où l'on fait croire qu'il y avait quelqu'un, ce n'est pas vrai il n'y avait personne.

Mais sur cette autre plaine d'autres barrages peuvent être rompus. La rencontre du Chinois a lieu dans le paysage du Mékong et de ses bras, dans ce que le texte de 1984 désigne lui-même comme « la platitude à perte de vue ». L'adolescente sait que sous cette platitude des eaux est pourtant à l'œuvre un « courant terrible » et que, si les câbles du bac cédaient, les passagers seraient emportés par la mer. « Dans le courant terrible », écrit Marguerite Duras, « je regarde le dernier moment de ma vie. Le courant est si fort, il emporterait tout, aussi bien des pierres, une cathédrale, une ville. Il y a une tempête qui souffle à l'intérieur des eaux du fleuve. Du vent qui se débat ». Du vent dans les eaux du fleuve : l'expression est plus surprenante qu'il n'y paraît, faussement plate comme la vie est faussement tranquille.

Dans ce lieu plat, dans ce temps plat, qui est aussi, Marguerite Duras l'indique précisément, celui où sa mère tente désespérément d'exploiter la concession du barrage, où tous sont gagnés par la *lenteur*, où « on a appris rien, à regarder la forêt, à attendre, à pleurer », le fait que l'homme élégant descende de sa limousine en fumant une cigarette anglaise déclenche un déluge passionnel auquel lui-même n'échappe pas. Il salue cette rencontre sur le Mékong comme « extraordinaire » et elle, l'enfant, elle sait que « maintenant », elle « aura à faire avec cet homme-là, le premier, celui qui s'est présenté sur le bac ». La rencontre sensuelle, dans l'appartement du Chinois, dans le « compartiment », appelle la violence des gestes et des actes :

> Il a arraché la robe, et la jette, il a arraché le petit slip de coton blanc, et il la porte ainsi nue jusqu'au lit.

Peut-être jugera-t-on encore plate la succession de phrases courtes qui suit :

> Et elle, lente, patiente, elle le ramène à elle, et elle commence à le déshabiller. Les yeux fermés, elle le fait. Lentement. Il veut faire des gestes pour l'aider. Elle lui demande de ne pas bouger. Laisse-moi. Elle dit qu'elle veut le faire elle. Elle le fait. Elle le déshabille.

Mais c'est qu'à côté de l'impatience de l'amant il y a place pour l'ardente patience de la femme-enfant, et elle va vivre la première possession de son corps comme une invasion par le flux de la mer — la comparaison s'épanouira tout naturellement à la fin du récit.

> Il gémit, il pleure. Il est dans un amour abominable.
> Et pleurant il le fait. D'abord il y a la douleur. Et puis après cette douleur est prise à son tour, elle est changée, lentement arrachée, emportée vers la jouissance, embrassée à elle.
> La mer, sans forme, simplement incomparable.

Difficile facilité

La mer est là encore, dans *Le Ravissement de Lol V. Stein* (1964). La mer, la plage de T. Beach d'où sont venues les deux femmes, la mère et la fille. Elles font irruption dans la salle du casino au moment où Lol V. Stein danse avec son fiancé et déjà son amant, Michael Richardson. « Elles étaient ce matin à la plage, dit le fiancé de Lol, Michael Richardson. » Et c'est vers ce lieu sans doute qu'elles repartent après l'avoir enlevé, ravi à Lol, après avoir détruit le barrage constitué par la promesse de mariage. La mer est là, vers la fin du roman, tout étincelante dans la lumière verticale quand Lol revient de T. Beach en compagnie de son nouvel amant, Jacques Hold, de celui qu'elle a ravi sans le savoir à son ancienne camarade de pension, Tatiana Karl.

> Voici la mer, calme, irisée différemment suivant ses fonds, d'un bleu lassé.

Cette eau est peut-être moins lassée par son remuement incessant que par la touffeur qui s'abat sur un pays non nommé, qui pourrait être la Californie, qui rappelle à bien des égards l'Indochine de l'enfance, mais se situe plutôt en Inde, *Le Ravissement de Lol V. Stein* étant appelé à entrer dans un cycle indien dont font aussi partie *Le Vice-Consul* (1965) et le film *India Song* (1973). Cette chaleur elle-même submergeait Lol V. Stein quand elle s'est mise à suivre dans S. Tahla un homme qui se révélera être Jacques Hold et le narrateur du livre. Le mouvement naît de l'immobilité même.

> La chaleur d'un été qu'elle a distraitement subie jusqu'à ce jour éclate et se répand. Lol en est submergée. Tout l'est, la rue, la ville, cet inconnu. Quelle chaleur, quelle est cette fatigue ?

Jacques Hold vient rechercher, ranimer cette immobile, sans être sûr d'y pouvoir parvenir. Car le premier choc ici, l'intrusion de la mère et de la fille, le rapt de Michael Richardson, n'avait rompu ce barrage que pour installer un état de torpeur et d'indifférence qui a duré de longues années. Et la rencontre de Jacques Hold doit secouer cette torpeur. Mais y parviendra-t-elle ? Aura-t-elle la valeur, la vigueur d'une nouvelle poussée ? Ou au contraire laissera-t-elle Lol V. Stein dans son état de prostration ?

La structure fondamentale du roman durassien serait un *lento* suivi d'un *con fuoco*, un peu comme dans la *Seconde Ballade* de Chopin. Celle du *Ravissement de Lol V. Stein* est toute différente. On la caractérisera sommairement comme la succession d'un *animato* initial (placé sous le signe de la danse), d'un très long *adagio*, puis d'un *poco animato* à variations. C'est la teneur de ce *poco animato*, précisément, qui sera problématique.

On peut considérer, sans vouloir la déprécier, que l'œuvre de Marguerite Duras, partant de récits encore traditionnels et aboutissant à une production qui, comme on l'a dit, « fait soudain de cet écrivain réputé difficile une vedette du box office », monte vers un sommet, puis en redescend[5]. Ce sommet correspondrait

5. Évoquant la détérioration de ses relations avec Jérôme Lindon, son éditeur, en 1990, Laure Adler, dans la remarquable biographie qu'elle lui a consacrée (*Marguerite Duras*, Gallimard, 1998, Folio, 2000, p. 855), parle d'« un narcissisme de midinette » qui est « à la mesure de la fragilité intellectuelle et de l'angoisse profonde qu'elle éprouve ».

aux textes des années 1960, plus exigeants et difficiles, *Le Ravissement de Lol V. Stein* et *Le Vice-Consul.* Mais ces livres sont-ils plus difficiles qu'*Un barrage contre le Pacifique* en 1950 ou que *Moderato cantabile* en 1958 ?

Le roman de 1958 qui, avant *L'Amant*, avait beaucoup contribué à établir la notoriété de Marguerite Duras, était comme placé sous le signe de la sonatine de Diabelli que le professeur de piano fait répéter, ou plutôt ânonner à un débutant, le jeune enfant d'Anne Desbaresdes, visiblement peu doué et rétif. Même s'il y a un si bémol à la clef, elle est simple, comme le veut le genre, on la trouve sans doute dans le premier volume des « Classiques favoris » des éditions Lemoine, et la dame suggère à son élève de penser à une chanson qu'on lui chanterait pour l'endormir.

Placer au point de départ de *Moderato cantabile* un enfant qui répète une sonatine, c'est se placer au degré le plus bas d'un *Gradus ad Parnassum* (un peu comme Claude Debussy au début de *Children's Corner*, avec *« Doctor Gradus ad Parnassum »*). Dans le chapitre V du roman, l'enfant régresse d'ailleurs vers du plus élémentaire encore, et le professeur de piano lui fait abandonner la « jolie petite sonatine de Diabelli » pour exécuter des gammes pendant dix minutes, à commencer par la plus facile, celle qui est sans altération, celle de do majeur.

Le *tempo* même, « modéré et chantant », est le plus aisé qui soit, ne posant ni des problèmes de vélocité digitale comme un *allegro* ou un *presto*, ni des problèmes de dosage, de durée sonore, comme certains *adagios*. Ce mouvement correspond à ce *tranquillo*, à cette « vie tranquille », à cette platitude dont, précisément, part la création de Marguerite Duras, et tout aussi bien à la situation première des personnages d'*Un barrage contre le Pacifique*. Une telle modération est celle-là même des *incipit* de Duras : « Il leur avait semblé à toutes les trois que c'était une bonne idée d'acheter ce cheval », *Un barrage contre le Pacifique* ; « Nous avions déjà visité Milan et Gênes », *Le Marin de Gibraltar* ; « C'est dans une maison qu'on est seul », *Écrire*. Mais de la même façon que le terrain plat peut être recouvert par la poussée des eaux, et la « vie tranquille » par la passion, le *moderato cantabile* n'a rien de perpétuel. Il est secoué, dans le roman de 1958, moins par les réprimandes du professeur énervé, Mlle Giraud (qui s'en prend même à l'éducation qu'Anne Desbaresdes donne à son enfant), que par des cris qui suscitent une agitation dans la rue, devant le café, et indiquent « la consommation d'un événement inconnu ». Le bruit sourd de la foule, s'amplifiant, montant comme une marée, a submergé le calme déroulement de la sonatine. Le crime qui est venu troubler le *moderato cantabile* oblige à briser la ligne d'horizon d'une platitude, comme la folie qui rôde dans *Le Ravissement de Lol V. Stein* se déploie dans l'espace et dans le temps d'une vie tranquille.

À sa mort, au début de l'année 1996, Marguerite Duras était à la fois célèbre et contestée. On lui a reproché ses sympathies politiques, sa relation avec l'alcool, sa vie privée. Certains l'ont dite difficile en tant qu'écrivain, d'autres lui ont reproché des facilités.

On ne peut lui en vouloir d'une platitude qui est le thème majeur de son œuvre, son paysage mental bien plus qu'un tour stylistique, qu'une écriture apparemment étale. Derrière tout cela se trouvent chez Marguerite Duras des barrages toujours prêts à se rompre. Et l'étonnante ductilité d'une écriture passe-barrage lui a permis, dans une approche toute moderne de la littérature, de ne rester confinée ni dans le roman ni dans ce qui pourrait parfois être tenu pour un avatar affaibli du Nouveau Roman. *L'Amante anglaise* est passée du livre à la scène. *Le Square* (1957-1965) est un roman en forme de dialogue aussi bien qu'une possible pièce de théâtre. *India Song* est présenté comme « texte-théâtre-film ». Et l'ensemble de cette œuvre peut être placé sous le signe de ce titre que Marguerite Duras a choisi comme titre de certaines de ses pièces et d'un de ses films : *La Musica*.

Une fois Marguerite Duras disparue, la relève a été assurée par son jeune compagnon, dont elle avait fait le héros de deux livres, *L'Été 80* et *Yann Andréa Steiner* (1992).

Sous le nom de Yann Andréa il avait laissé dès 1983 un témoignage, *M.D.*, sur la cure de désintoxication qu'elle avait subie. Avec *Cet amour-là*, publié chez Pauvert en 1999, il allait obtenir non seulement un succès de librairie, mais la reconnaissance de la critique et du public. Sans *pathos*, mais sans détachement non plus, le survivant constate :

> Être là, seulement. Jusqu'au dernier mot du 29 février 1996. Comme si les mots écrits par vous réclamaient le silence. Et je crois aujourd'hui qu'il fallait cet enfermement dans toutes les chambres noires de l'écriture [...] pour que quelque chose existe vraiment.[6]

Ce quelque chose, Marguerite Duras, en effet, l'avait passionnément recherché.

6. Réédition Le Livre de poche n° 15000, 2001, p. 203.

Chapitre 6

Jeux de déconstruction

Parallèlement

Après les hommages qui ont été rendus à Marguerite Duras après sa mort, au début de l'année 1996, elle n'a pas besoin d'être surévaluée. Et il paraît inutile de tirer parti de sa gloire pour mettre en valeur uniquement une littérature féminine et quelquefois féministe portant la marque de ce que Béatrice Didier a appelé dans son excellent livre de 1981 *L'Écriture-femme*. « Dans la mesure », note-t-elle, « où les divers mouvements comme le surréalisme ou le “ nouveau roman ” avaient fait table rase et avaient libéré la littérature de toute tradition, les femmes se sentaient plus à l'aise pour reconstruire et pour créer un style vraiment neuf. »

La femme écrivante serait « une jeune née » (l'expression est d'Hélène Cixous et de Catherine Clément). Après Colette et Simone de Beauvoir, la relève est bien assurée aujourd'hui avec Andrée Chédid, ou Marie-Claire Bancquart, ou Florence Delay, ou Hélène Cixous. Ces quatre noms suffisent à couvrir les grands genres.

Il est difficile d'éviter de rencontrer Françoise Sagan, dont l'œuvre complète a été publiée en 1996 dans la collection « Bouquins » des éditions Robert Laffont, dirigée, il est vrai, par son ancien mari, Guy Schœller. Les romans qui ont fait sa célébrité paraissent bien datés. *Bonjour tristesse* obtint le prix des Critiques en 1954. Ce livre révélait à elle-même une jeunesse qu'on s'empressa de juger immorale, mais qui avait seulement cessé de croire aux faux-semblants de ses aînés. Elle pouvait être associée, vers 1960, à la « nouvelle vague » qu'illustrent par ailleurs les films de Claude Chabrol ou de Roger Vadim. *Aimez-vous Brahms ?*, en 1959, évoquait déjà le drame du vieillissement de la femme. Paule, décoratrice approchant la quarantaine, est sensible aux avances du fils d'une de ses clientes, Simon, avocat stagiaire âgé seulement de vingt-cinq ans. La fraîcheur de ses sentiments l'émeut, il a pour elle les attentions que Roger n'a plus, et il lui donne le sentiment d'être encore jeune en la sortant dans les endroits à la mode. Et pourtant Paule revient vers son « vieil » amant, Roger (il a son âge).

Mais n'est-ce pas surtout la forme d'un tel roman qui a vieilli ? Françoise Sagan aura beau passer du monde des bourgeois oisifs et de la jeunesse dorée à l'évocation de la Seconde Guerre mondiale et de la Résistance (*De guerre lasse*, 1985 ; *Un songe d'aquarelle*, 1987), cette « forme vieille », comme eût dit Rimbaud, colle à sa peau d'écrivain. « Puis un jour, chez une amie, je rencontrai un de ses cousins qui me plut et auquel je plus » : une telle phrase, prise au hasard dans *Bonjour tristesse*, réduit la narration à un dessin aussi pauvre que le fameux *incipit* imaginaire, « La Marquise sortit à cinq heures », que refusaient Paul Valéry ou André Breton, et tout aussi bien de nos jours Milan Kundera, ou Jean d'Ormesson quand il écrit sa « Bing Bang Story ».

Lorsque Florence Delay clôt son roman de 1975 au beau titre mystérieux, *Le aïe aïe de la corne de brume*, sur une phrase de même type : « Et cette nuit-là Charlie pénétra Adèle », on peut se demander non seulement si, après Rimbaud, elle a découvert la « vraie vie », mais si elle est parvenue à la vraie forme, c'est-à-dire à la forme neuve, moderne, qu'on est en droit d'attendre. Courte phrase, a-t-on envie de dire, comme est courte vie celle qui se réduit à l'orgasme, trop complaisamment sollicité, sans nul doute, dans la littérature française d'aujourd'hui, comme est courte vue celle qui en fait l'objet principal du livre. Il faut la délicatesse, la poésie de J.M.G. Le Clézio, pour décrire l'union des corps de Léon Archambau et de Surya, dans *La Quarantaine* (1995), et cette vague, « le flux de [l]a semence qui mont[e] », ou, même pas, « un frisson, le souffle froid de Shitala qui annonce la mort, le vent avant la pluie ».

Florence Delay, prix Femina en 1983 avec *Riche et légère*, membre elle-même pendant quelques années du jury décernant ce prix, ne compte pourtant pas seulement sur les charmes de l'écriture-femme ou sur le passé simple de la Marquise pour dire la fragilité d'une jeune femme qui se laisse aimer, l'ardeur d'un jeune homme, et raconter comment Charlie, vendeur de prêt-à-porter, parvient en cinq étapes à conquérir le cœur et le corps d'Adèle Bentolila, jalousement gardée par ses frères dans une famille juive marocaine et dans l'appartement de l'impasse du Trésor qui sert de château fort à la « reine ». Regards, baisers, vision, congé, récompense, ces moments sont ceux d'une initiation dont la longueur peut paraître exaspérante. Mais Florence Delay a voulu reprendre les étapes de l'amour courtois, et elle était à ce moment-là séduite par les schémas médiévaux puisque, peu de temps après, elle entreprit d'adapter pour la scène, avec Jacques Roubaud, les romans de la Table ronde, sous le titre de *Graal Théâtre* (1977 et 1981). La description des baisers — la seconde étape —, permet de saisir une manière d'écrire brillante, chargée d'images :

> [...] il ne percevait plus que de loin, de si loin, déjà perdu dans les brumes, ce tendre promontoire de chair et de sang qui était son bien propre. [...] Mais la souffrance du banni est la plus forte, elle l'empêche de cingler vers son refuge, sa raison, et dans la nuit de coton et de lin elle exhale sa plainte, son aïe aïe déchirant. Dans un dernier sursaut Charlie se rappelait, s'adjurait de ne pas sombrer, de ne pas se fracasser là, et il était tout à la fois la barque qui s'éloigne et le rocher qui l'appelle tout en la repoussant par le cri, incantatoire et vain de la corne de brume.

Une telle écriture ne s'évade de la sécheresse de « la Marquise » que pour multiplier les métaphores dont s'était gentiment moqué Raymond Queneau. Le schéma médiéval est prétexte à une construction comme trop volontaire, sans qu'on passe par le stade sans doute salutaire de la déconstruction, un mot que la philosophie de Jacques Derrida a mis à la mode et un procédé qui, sans aucun doute, est à l'œuvre dans la littérature la plus moderne.

Retour à Duras

Que Marguerite Duras, malgré l'apparente platitude de sa prose, permette une première illustration de la déconstruction a quelque chose de réconfortant et suffirait à justifier la place avantageuse qu'on lui a faite dans ce tableau de la littérature française d'aujourd'hui. On peut avoir l'impression première que son roman de 1958 se déroule lui-même comme le *Moderato cantabile* d'une sonatine de Diabelli, puis va s'enrichissant et s'amplifiant, tel le petit exercice de l'apprenti-pianiste à partir duquel l'œuvre se construit. Marguerite Duras n'a pas été moins insensible que Butor ou que Kundera à l'art de la variation transformatrice culminant dans les *33 Variations sur une valse de Diabelli*, *opus* 120 de Beethoven : l'auteur de *La Modification* a voulu engager un « dialogue » avec elles en 1971, et il s'est poursuivi dans les ouvrages de réflexion du second (*L'Art du roman*, 1986 ; *Les Testaments trahis*, 1993), qui en a fait le modèle de certains de ses romans. Il reste quelque chose de plus fugitif, mais de non moins significatif, dans *India Song*, où Marguerite Duras fait passer à plusieurs reprises la quatorzième seulement de ces trente-trois variations, celle qui a quelque chose d'étale, *« Grave e maestoso »*, et où Butor de son côté entend une « approche de l'orage » sous le calme apparent[1].

---

1. J'ai développé ce point dans le chapitre « Beethoveniana » de mon livre *Basso continuo. – Musique et littérature mêlées*, PUF, 2001, p. 82-83.

On ne peut isoler une variation dans un ensemble aussi imposant sans déjà déconstruire. Mais l'art de Marguerite Duras paraît beaucoup plus décisif à cet égard dans *Le Ravissement de Lol V. Stein*. Il faut revenir à ce roman de 1964, car il constitue la pointe la plus avancée de son effort dans le sens de la modernité, — la vague, précisément, qui peut recouvrir la platitude. « *Le Ravissement* », fait observer justement Béatrice Didier, « appartient à une époque de rupture, à cette nouvelle manière où M. Duras a trouvé le mieux son identité d'écrivain, après une sorte de reniement de ses premières œuvres »[2]. Duras ici ne s'exerce même pas sur une gamme entière, comme le petit garçon d'Anne Desbaresdes dans *Moderato cantabile*. Quelques notes lui suffisent ou, à l'allemande, quelques lettres. La première phrase est toute simple, comme « la Marquise », et comme d'ailleurs c'est très souvent le cas dans ce qu'il est convenu d'appeler le Nouveau Roman :

> Lol V. Stein est née ici, à S. Tahla, et elle y a vécu une grande partie de sa jeunesse.

Nous ne sortirons pas de la jeunesse de Lola Valérie, même si le récit nous fait passer de la jeune fille qui n'est pas encore dégagée de son « rêve adolescent » à la jeune femme qui devrait être épanouie avec son mari depuis dix ans, Jean Bedford, et avec leurs trois enfants. Mais l'esprit et déjà le regard sont attirés dès le premier mot du livre, et avant même ce premier mot, dans le titre, par la présence de l'initiale, V.

Sans doute peut-on chercher la raison de sa présence, de son intrusion, dans un certain usage américain qui, entre l'unique prénom et la série complète des prénoms, offre la solution à la fois chic et économique d'un indice supplémentaire propre à éviter l'homonymie, de l'esquisse seule, du murmure du second prénom : John F. Kennedy, par exemple.

---

2. Béatrice Didier, *L'Écriture-femme*, PUF, Écriture, 1981, p. 276.

Cette explication suffirait et mériterait d'être portée au crédit d'une volonté de mystère romanesque, si l'initiale n'apparaissait aussi, d'une manière beaucoup plus insolite, dans les noms de lieu : S. Tahla, la ville natale de Lol, présente dès la première phrase ; T. Beach, la station balnéaire où a lieu le bal du Casino ; U. Bridge, où Lol, mariée, va vivre avec Jean Bedford. S.T.U., une série alphabétique se constitue, conduisant au V. de Lol V. Stein. On a là comme les quatre notes *do ré mi fa* de la gamme préparatoire, de l'exercice pour se mettre en doigts, du *moderato cantabile. Le Ravissement de Lol V. Stein* s'ouvre à la manière de scènes mignonnes sur quatre lettres, comme le *Carnaval* de Schumann.

Une telle pratique littéraire de l'alphabet n'est pas isolée. On pense inévitablement aux *Voyelles* d'Arthur Rimbaud, à leur déroulement impeccable dans *Alchimie du verbe*[3]. Lionel Ray, dans un essai sur Rimbaud publié aux éditions Seghers en 2001, a insisté sur le caractère d'étude, d'exercice même de ce célèbre sonnet. Nul ne pouvait y être plus sensible que ce poète, qui a travaillé à une déconstruction du langage avant d'inventer un nouveau lyrisme, du *Corps obscur* (1981) à *Syllabes de sable* (1996). Rimbaud s'est vanté aussi, dans le même texte, d'avoir « réglé la forme et le mouvement de chaque consonne », donc d'avoir donné au langage une nouvelle naissance en le décomposant et en recommençant tout à partir de ses éléments. Telle serait la plus radicale des déconstructions.

Jeux de lettres

Émilie Noulet, grande exégète belge de Rimbaud, et en particulier des *Voyelles* (dans *Le Premier Visage de Rimbaud*, 1963) a

3. Voir plus haut, p. 26-27.

eu l'idée d'un *Alphabet critique*[4]. On pense à l'a-b-c de la lecture d'Ezra Pound, *A.B.C. of Reading*, traduit en 1966 par Denis Roche : l'écrivain américain le présentait comme un « *gradus ad Parnassum*, à l'usage de ceux qui voudraient s'instruire ». Georges Bataille, ce bibliothécaire de la Nationale qui prôna l'anarchie sous toutes ses formes comme la rencontre inévitable du désir avec l'utopie, avait donné, en 1950, aux éditions de Minuit un récit érotique intitulé *L'Abbé C*. La donnée romanesque y naît du début de l'alphabet, du *do ré mi* de la gamme, l'auteur passant peut-être de l'initiale de son premier pseudonyme littéraire, Lord Auch (celui sous lequel fut publiée l'*Histoire de l'œil* en 1928), à celle de son nom même, Bataille, qui resta le plus souvent son nom d'écrivain, puis à celle du groupe auquel il appartint, auteur collectif de la résolution de *Contre-Attaque* (Union de lutte des intellectuels révolutionnaires) en 1935, ou de la revue *Critique* qu'il fonda en 1946.

De telles pratiques ludiques n'ont pas attendu, on le voit, notre prétendue post-modernité[5]. Le plus bel exemple qu'on puisse en trouver est sans doute le poème déjà cité de Michel Butor intitulé *Conditionnement* (1967), sur des peintures d'Edmond Alleyn[6]. Les lettres de l'alphabet entrent dans le système du mobile, à la manière de Calder, inauguré dans le livre de 1962 qui porte ce titre, *Mobile*, 333 pages (33 + 3 ?) imprimées dans une typographie surprenante, « *étude* [je souligne le mot] pour une représentation des États-Unis ». « L'ensemble de l'architecture de *Mobile* », a confié Butor à Georges Charbonnier dans leurs entretiens de 1968, « a été fait ainsi à partir des répétitions de

4. Proche de Valéry, à qui elle a consacré un ensemble d'études comme à Mallarmé et à Rimbaud, Émilie Noulet (1892-1978) a rassemblé sous ce titre, en quatre volumes publiés entre 1964 et 1966, les très nombreux articles et comptes rendus dont elle était l'auteur.
5. Sur cette notion, voir plus bas le chapitre 12.
6. Voir plus haut, p. 28.

noms, à la fois à partir de ce hasard fondamental qu'était la liste alphabétique des États et d'autre part de ces noyaux de voisinage : et tous ces entourages que je réussissais à constituer dans les cas où il y avait suffisamment de répétitions, le nombre de répétitions du même nom étant en général lié à une communauté de civilisation, une communauté d'implantation historique ».

Liste alphabétique des États-Unis, *lista* donjuanesque dont à maintes reprises Butor aussi a joué, la série des lettres de l'alphabet se présente dans *Conditionnement*, et aussi dans *Le Ravissement de Lol V. Stein*, comme le prélèvement partiel d'une série dans l'ordre habituel :

t
aidez-moi titane branchez
u
continuer
v
guérissez-moi levier j'entends
w
argent
x
laissez-moi uranium répondez
y
endurer
z
épargnez-moi scalpel je frissonne[7]

Mais l'ordre peut tout aussi bien être récurrent.

La mise en valeur de la lettre, vers la fin du texte, semble s'inspirer de l'acrostiche, au prix d'un déplacement et d'un glissement (« x violet rotation » venant de rayons x, rayons ultra-violets), d'un soulignement sonore de type allitératif (« z noir électrisation »), d'une mise en valeur syntaxique et d'un jeu phonétique (« y c

7. Le texte est reproduit dans le livre consacré par François Aubral à *Michel Butor*, dans la collection « Poètes d'aujourd'hui » (n° 209) des éditions Pierre Seghers, 1973, p. 118-124.

rotule », mise en valeur de l'adverbe « y » reprenant « aux rives » ou annonçant « dans un canoë léger » ; y c = hisser).

Le poème de Butor reste donc suspendu sur un *W*, comme le roman de Marguerite Duras reste, apparemment, suspendu sur *V*. Ce n'est pas un hasard si le dernier mot du *Ravissement de Lol V. Stein* est « voyage », si le terme final reprend la consonne initialement dégagée. Il faut tenir compte aussi du travail en quelque sorte souterrain du texte : la série explicite, le prélèvement alphabétique apparent tendent à s'y élargir, sinon à se compléter. Dès le bal au casino de T. Beach, on remonte vers *R*, avec l'initiale du fiancé de Lol, Michaël Richardson, mais on comprend que ce *R* s'efface de la série, comme Richardson lui-même, enlevé, ravi, par Anne-Marie Stretter. Le *w* pourrait être celui du « wagon », dans l'épisode final du voyage de Lol et de Jacques Hold à T. Beach, du retour au casino. Or, curieusement, Marguerite Duras semble s'obstiner à écrire *train*, à se fixer sur le *t*, celui de T. Beach, à refuser wagon, à faire disparaître le *w*, comme le *e* a été éliminé systématiquement par Georges Perec dans *La Disparition*, à moins qu'il ne se soit obscurément maintenu comme le *W ou le souvenir d'enfance*, du même auteur.

Les jeux de Georges Perec

Georges Perec (1936-1982) est l'écrivain ludique par excellence. Entre les deux romans qui, de son vivant, lui ont assuré la notoriété, *Les Choses* (prix Renaudot 1965) et *La Vie mode d'emploi* (prix Médicis 1978), les jeux se sont multipliés, allant de *Quel petit vélo à guidon chromé au fond de la cour ?* (1966), présenté par Claude Burgelin[8] comme une « ostentatoire pitrerie », aux

8. Claude Burgelin, *Georges Perec*, Seuil, Les Contemporains, 1988, p. 53. Cette remarque n'atténue en rien le ton fervent de cet excellent livre jusqu'à la dernière page, qui nous invite à « garder comme ultime message cette écriture qui donne à l'émotion un *tempo* tranquille, une vibration sans *vibrato*, ou si peu » (p. 229).

Mots croisés (1978), « précédé de considérations de l'auteur sur l'art et la manière de croiser les mots ».

On fait souvent de Perec le prosateur du l'OuLiPo, tandis que Jacques Roubaud en serait le poète. C'est oublier la complicité qui a pu exister entre eux. On a conservé une photographie qui les montre jouant au jeu de go — un modèle pour l'écriture de l'un et de l'autre. Ils ont joué l'un et l'autre sur la lettre *e*, l'absente de *La Disparition* (1969), que Perec rétablit cocassement dans *Les Revenentes* ([*sic*], 1972), l'*E* qui constitue le titre du premier recueil de Roubaud, **ε** (1967), usant de l'*e* grec *(epsilon)* comme Rimbaud usait de l'*omega*, tirant parti aussi, en mathématicien qu'il est, du signe des quantités très petites tendant vers zéro[9]. « La disparition » est le titre d'un sonnet liminaire de Roubaud pour *La Disparition* de Perec. On constate dans l'« élégie » la saturation en *e*, comme dans *Les Revenentes*, associée au mythe d'Orphée et Eurydice qui repassera dans *Autobiographie chapitre X*, de Roubaud, en 1977 :

> et chacun de nous se retourne vers son Eurydice de fumée
> […]   douce
> eurydice transparente de nos vergers où tant d'azur pleut
> ah montre toi une fois encore nue nue dans l'herbe étouffée

On ne saurait pourtant réduire le jeu de Perec à un alphabet, ni à des *Alphabets*, même s'il a donné ce titre, en 1976, à cent soixante-seize onzains hétérogrammatiques. On ne se contentera pas non plus de rapprocher l'*e* disparaissant et revenant de cet *e* muet dans lequel Jacques Réda, le flâneur de Paris, le poète d'*Amen* (1968) ou de *L'Incorrigible* (1995), a vu « une pure merveille » de la langue française (*Les Ruines de Paris*, 1977) et sur lequel insiste aussi Roubaud quand, en 1978, dans *La Vieillesse d'Alexandre*, il réfléchit à son tour sur la disparition.

> Par une singularité de la langue, dont le lien, de nature, avec la rythmique fut pressenti autrefois par le rhétoriqueur anonyme

9. Voir plus haut, p. 25.

> qui le baptisa « *e* féminin », le *e* muet, marqué sexuellement, supportait pratiquement seul le poids de la contradiction mètre/rythme dans le vers. Retiré du vers, celui-ci, comme *monument rythmique*, s'effondre [...].
>
> [...] tant que les termes antagonistes de cette contradiction prosodique n'auront pas été dépassés, ce qui s'écrit restera frappé de l'étrangeté angoissante dont le roman de Georges Perec *La Disparition* représente comme l'allégorie : dans ce texte écrit sans la lettre *e*, ce qu'on ne peut découvrir, tout aveuglant que ce soit, si on ne le *sait* pas, la langue, rebâtie sur cette excision, est capable de reconstituer à peu près tous ses *sons*, mais pas le *e* muet, héros ultime du « roman d'Alexandre ».

Or, c'est d'une tout autre disparition que nous parle le texte de Perec sans nous en parler, dans ce qui n'est pas oubli, mais impossibilité de la mémoire : la disparition de sa mère, déjà veuve de guerre, entre Drancy et Auschwitz, après son arrestation par les Allemands le 17 janvier 1943, son internement et sa déportation vers un lieu où peut-être elle n'est même pas parvenue. On dispose d'un étrange document, l'« Acte de disparition » de Mme Perec née Cyrla Szulewicz, sur papier à en-tête du ministère des Anciens Combattants, daté du 19 août 1947. La jeune femme, juive polonaise, a été embarquée en direction de son pays natal, elle a bel et bien disparu dans ce que Perec a appelé ailleurs une espèce d'espace, tandis que son enfant, âgé de neuf ans, était placé en sécurité à Villard-de-Lans, près des Alpes, avec la tante Esther.

W ou le souvenir d'enfance (1975), écrit « Pour E », dit l'impossibilité d'un tel souvenir (l'enfant n'a pas été témoin de la disparition de sa mère). Et pourtant très tôt s'est formé en lui le projet d'écrire *(e)* et ce projet a pris la forme d'un projet *W* : *e* d'Esther, *e* d'écriture ; *w* de wagon (le train des déportés), *w* d'Auschwitz (même si c'est Drancy qui est nommé dans la première page de *La Disparition*), *w* de Szulewicz, ce nom qu'il sait, dit-il, à peine écrire correctement. Un souvenir d'enfance est d'abord, ordinairement, souvenir du père et de la mère. Deux disparus, dans le cas du petit Georges : Isié Peretz, dit Perec, tué à Vincennes en 1940, le lendemain de l'armistice, par un éclat d'obus perdu, Cyrla Szulewicz, plus communément appelée Cécile, victime de la Shoah.

Perec a su qu'il avait autre chose à rechercher que « les résonances mignonnes de l'Œdipe ou de la castration ». Il prendrait même le contrepied de ce qu'écrivait Freud dans *Sur un souvenir d'enfance de Léonard de Vinci* ou *Un souvenir d'enfance de « Poésie et vérité »* de Goethe.

> « Je ne retrouverai jamais », dit-il, « dans mon ressassement même, que l'ultime reflet d'une parole absente à l'écriture, le scandale de leur silence et de mon silence : je n'écris pas pour dire que je ne dirai rien, je n'écrirai pas pour dire que je n'ai rien à dire. J'écris : j'écris parce que nous avons vécu ensemble, parce que j'ai été un parmi eux, ombre au milieu de leurs ombres, corps près de leur corps ; j'écris parce qu'ils ont laissé en moi leur marque indélébile et que la trace en est l'écriture : leur souvenir est mort à l'écriture ; l'écriture est le souvenir de leur mort et l'affirmation de ma vie. »

W ou le souvenir d'enfance avait pourtant l'air de commencer comme un jeu, et très proche de celui de Duras dans *Le Ravissement de Lol V. Stein*. Perec fait alterner deux récits, l'un en italique, l'autre en romain, et dans le premier, celui qui concerne le tout fictif Gaspard Winckler et l'enfant dont il a usurpé le nom, on passe du Centre d'instruction de T. à la ville de V. pour aboutir à l'île de W., via un H qui est la lettre de l'énigme rimbaldienne (« H » dans les *Illuminations*), mais aussi l'initiale d'Horreur, de Honte, le H de l'Histoire, ou plutôt, comme le dit Perec, « l'Histoire avec sa grande Hache »[10].

---

10. Geoges Perec, *W ou le souvenir d'enfance*, Denoël, 1975, réédition Gallimard, L'Imaginaire n° 293, 1993, p. 13 : « "Je n'ai pas de souvenirs d'enfance" : je posais cette affirmation avec assurance, avec presque une sorte de défi. L'on n'avait pas à m'interroger sur cette question. Elle n'était pas inscrite à mon programme. J'en étais dispensé : une autre histoire, la Grande, l'Histoire avec sa grande hache avait déjà répondu à ma place : la guerre, les camps. » Sur ce livre, on consultera l'ouvrage remarquable de Philippe Lejeune, *La Mémoire et l'Oblique. – Georges Perec autobiographe*, POL, 1991. Je l'ai abordé dans *Mythe et utopie*, Naples, Vivarium, 1999 (sixième leçon) et dans *Glissements du roman français au XXe siècle*, Klincksieck, 2001.

La déconstruction selon Derrida

On ne saurait parler de déconstruction sans se référer au philosophe qui a fait la fortune de ce mot, Jacques Derrida. Dans *Positions* (1972), il l'a conçue comme une subversion systématique de la métaphysique européenne, comme une tentative pour dissocier la pensée critique de la tradition philosophique institutionnalisée et pour mettre en question la domination du concept et de la conceptualisation.

Mais Derrida ne réagit pas seulement contre, ou n'agit pas seulement avec (car son attitude est ambivalente) Kant, Hegel ou Heidegger. « Mon intérêt le plus constant, je dirai même avant l'intérêt philosophique, si c'est possible, allait vers la littérature, vers l'écriture dite littéraire », a-t-il confié, en 1990, dans *Du droit à la philosophie*. Cette écriture littéraire conduit à « isoler avec rigueur [l]e lien du jeu de la forme et de la substance d'expression graphique » (*De la grammatologie*, 1967), à établir, mieux qu'une différence (celle qui peut exister entre le langage littéraire et le langage quotidien par exemple, ou entre le texte original et le texte traduit), une différance, un retard, une ambivalence radicale sans dépassement, « structure finie mais nécessaire dans le mouvement » (*L'Écriture et la Différence*, 1967).

Derrida s'est plutôt penché sur Jean-Jacques Rousseau et son *Essai sur l'origine des langues*, sur Mallarmé et la dissémination, sur Antonin Artaud, « le théâtre de la cruauté et la clôture de la représentation » (et en cela il a pu servir de fil conducteur dans le beau livre de Camille Dumoulié sur *Nietzsche et Artaud*, 1992), sur Jean Genet dans *Glas* (1981). Il a tout récemment consacré une longue étude à Hélène Cixous. Il joue sur la substitution de *a* à *e* (différence/différance) comme Perec sur celle de *e* à *a* (revenantes/revenentes). La trace l'intéresse plus que la structure et il se défie, comme lui, d'un recours trop facile à l'œdipe (la mère « survit à la condition de rester au fond »), du genre trop immédiat de l'autobiographie (il lui préfère « l'otobiographie », insistant sur le nom, « avec tout ce qui s'y engage et qui ne se résume pas à un moi » — on pense aux deux *e* de Perec, seuls survivants dans le livre de 1969. La disparition réside pour lui dans la « parole soufflée », dérobée/inspirée, la métaphore du souffleur rendant compte de l'obsession centrale du vol et de la perte.

Le travail sur la lettre disséminée (le *K* de Kafka, récurrent dans *La Reprise*, le *S* mobile dans *L'Emploi du temps*, le *e* disparaissant/réapparaissant de Perec, le *W* enfoui au fond d'une absence de mémoire) inciterait à une pratique de la déconstruction, non seulement du texte littéraire, arraché aux mains d'une critique idolâtre, mais du langage même. Derrida a accordé une attention toute particulière au grand poète juif d'origine roumaine et (malgré lui) de langue allemande, Paul Antschel, qui avait pris le nom de Paul Celan. Il avait pu le connaître quand celui-ci enseignait, comme lui, à l'École normale supérieure de la rue d'Ulm (Celan y a été lecteur d'allemand de 1959 à 1970). Et dans le texte de Celan, il a fixé son regard et le regard de son esprit, sur un mot, *Schibboleth*, mot-titre d'un poème de son deuxième recueil, *Von Schwelle zu Schwelle*, *« De seuil en seuil »*, 1955, reparaissant plus tard dans le deuxième vers d'un poème de *La Rose de personne* (*Die Niemandsrose*, 1963). Il en a résulté *Schibboleth*, texte d'une importante conférence prononcée à Seattle en 1984, publiée en volume séparé en 1986.

> *Dreizehnter Feber. Im Herzmund*
> *erwachtes Schibboleth* [...].
> Treize février. Dans la bouche du cœur
> s'éveille un Schibboleth [...]
>
> (*« In eins »*, En un)

Une date : février 1936, veillée de guerre civile en Espagne ; 13 février 1962, le jour où à Paris on enterre les victimes du massacre du métro Charonne. Un mot mystérieux, cryptique, qui semble, dit Derrida, épeler le pouvoir de rassemblement singulier de la date anniversaire de toute résistance à l'oppression. Ce mot, dans l'Ancien Testament (Livre des Juges, XII, 6) permettait aux gens de Galaad de reconnaître ceux d'Éphraïm, qui prononçaient Sibboleth *(sic)*, avant de les égorger. Ce mot donne accès à la mémoire, et en même temps accès au poème : « *Schibboleth* est le *schibboleth* pour le droit au poème qui se dit lui-même *schibboleth*, son propre schibboleth à l'instant où il en commémore d'autres ». Le mot semble « hors-sens », mais il est le lien de la différence des sons possibles, de la différence des sons aussi *(Si/Shi)* et pourtant d'une convergence vers une date, vers un cri de protestation qui est celui, central, du Juif dont la famille a souffert des camps de concentration et qui se sait condamné à écrire dans la langue des bourreaux.

On ne saurait trouver dans la poésie du second XXe siècle d'exemple plus radical de déconstruction que la poésie de Celan, quand par exemple, dans un autre poème de *La Rose de personne*, il s'acharne sur le mot *blühen*, « fleurir », quand il le fait éclater et impose à ses lettres la dissémination :

Huhediblu

[…]
Wann,
wann blühen, wann,
wann blühen die, hühendiblüh,
huhediblu, ja sie, die September –
rosen
quand,
quand fleurissent, quand,
quand fleurissentles, rissentlesfleurs,
rilesfleu, oui les, les
roses de septembre.

Un tel texte défie la traduction. Celle qui est ici proposée a cherché à être exacte. Elle rend compte du bégaiement (les répétitions, en particulier celle de la proposition monosyllabique), du suspens (l'article restant suspendu, dans l'attente du nom qui devrait le suivre). Elle ne propose pour le bouleversement du mot *blühen* que des approximations, et la coupure-rejet finale est impossible en français (on ne peut écrire les Septembre-rose), surtout si l'on veut conserver la référence ironique au vers de Verlaine (*Sagesse*, III, 3) : « Ah ! quand refleuriront les roses de septembre ? » (marquant, selon Jules Lemaitre, le commencement du dernier amour du poète). Celan le déconstruit, et le parodie, en français, à la fin de son poème :

> Oh quand refleuriront, oh roses, vos septembres ?

Une telle déconstruction conduit à un double paradoxe. L'œuvre littéraire, en l'occurrence le poème, se construit sur la déconstruction de la langue. En ruinant le mot, l'écrivain déconstructeur offre au lecteur un message verbal dans lequel pourtant il tend à briser l'instrument même de la communication. Ce « geste provocateur », dans le cas de Celan, ne doit pas être confondu avec la non-adresse. Martine Broda, traductrice de *La Rose de personne* et auteur d'un bel essai sur Celan, *Dans la main de personne* (1986), précise qu'il « soutient [...] l'impossible d'une adresse à Personne ». Le *schibboleth*, explique-t-elle aussi, devrait être le mot-dit-dans-la-main, le mot de passe. Mais s'il permet encore que quelque chose se transmette, passe, il n'est plus qu'un mot sans référent, au signifié absent, douteux ou accessoire. Le poème hermétique est lui-même le *schibboleth*, il est un mot de passe.

Certains jeux oulipiens nous mettent aussi en présence de *schibboleth*. Nulle part, sans doute, plus que dans l'œuvre de Perec. De l'atelier oulipien il a sorti non seulement des romans, ou des récits à la recherche de la lettre perdue. Comme Roubaud, il a conduit avec une volonté de rigueur extrême et jusqu'à leur terme certaines expérimentations sur le langage. Sa pratique du jeu de mots a fait école : en 1996, l'a prouvé encore le récit très remarqué de Marie Darrieussecq. Cette jeune universitaire, qui travaille sur l'œuvre de Perec, a intitulé *Truismes* l'histoire

« cochonne » d'une charmante vendeuse en parfumerie qui se transforme en truie. Le thème fait penser aux compagnons d'Ulysse transformés en pourceaux, à la *Métamorphose* (en cancrelat monstrueux) de Kafka, à la *Porcherie (Porcheria)*, la pièce et le film de Pier Paolo Pasolini. Mais le jeu de mots fondateur truie/truismes est bien un jeu de déconstruction.

Chapitre 7

Nous n'avons peut-être pas notre Celan

L'important en poésie, pour Georges Perec, était de construire un rapport neuf entre œil et oreille. Comme l'explique Claude Burgelin, « les poèmes d'*Alphabets* offrent dans la même page, d'un côté, un carré de onze lettres sur onze, ensemble clos, fermé (à tout hasard, coup de dés ou dispersion), étouffant ; de l'autre, le puzzle défait de ces mêmes lettres, leur déploiement troué de silences », ce que, paradoxalement, Perec appelle « traduction en prose du poème »[1]. Ces *Alphabets* sont *schibboleth*. Est-ce un hasard si, faisant des lettres dispersées :

> DESTINCRUALO
> RSCELANTQUOI
> ces mots reconstruits
> l'anticorps, destin cru, alors
> célant quoi ?

Perec retrouvait le nom de Celan, le secret de son suicide, l'hermétisme de sa poésie ? Trop brève, son expérience poétique pourrait être dans la littérature française de la seconde moitié du XXe siècle ce qu'il y a de plus proche de Celan : à partir de leur origine juive, de tragédies de la disparition, la déconstruction du langage aboutit pourtant à la construction, un secret qui d'une certaine manière se communique au lecteur.

1. Claude Burgelin, *Georges Perec*, ouvrage cité, p. 87.

Autour de Celan

Celan a exercé sur les poètes d'aujourd'hui une fascination, même si elle reste discrète. Elle se manifeste par le témoignage, l'effort de traduction poétique, l'émulation même qu'il a créée. Il a éveillé aussi une inquiétude. D'où le maintien d'une distance.

Au premier rang des témoins se trouve celui qui domine de sa présence la poésie française d'aujourd'hui, Yves Bonnefoy. Il a connu Celan dès l'époque de ses débuts poétiques, vers 1950, il a tissé avec lui des liens d'amitié, un rendez-vous était pris, en 1970, pour aller passer une journée à Tours, où peut-être ils s'étaient croisés en 1938-1939 quand Bonnefoy fréquentait le lycée et quand Celan, pour son premier séjour en France, était venu y étudier la médecine. Rendez-vous retardé, rendez-vous manqué, sans suite : à la fin d'avril, Celan s'était jeté dans la Seine. « Je crois que Paul Celan a choisi de mourir comme il l'a fait pour qu'une fois au moins dans sa vie contradictoirement requise par la poésie et l'exil, [...] les mots et ce qui est se rejoignent », écrit Bonnefoy en tête d'un beau texte sur l'ami disparu publié à Genève en 1972 et repris dans les deux éditions de son recueil d'essais, *Le Nuage rouge* (1977, 1982). Mais le poète français pense moins à la situation historique de l'exilé (transylvain d'origine installé en France), à sa situation linguistique (écrivain de langue allemande quand il porte la plaie de la barbarie nazie en lui), au passage du patronyme au pseudonyme (Antschel devenu Celan), qu'à la séparation entre le mot et la chose qu'il signifie. Sans doute le schibboleth est-il d'abord pour lui l'« aboli bibelot d'inanité sonore » de Mallarmé, que Perec retrouvait dans ses *Alphabets* : « Aboli, un très art nul ose / bibelot sûr, inanité (l'ours babil : / un raté...) sonore ». Et, selon lui, il a souffert de ce que « rien de réel ne [pût] répondre, authentiquement, [au] flux [de la parole], y valoir, dans l'absolu, comme référent ».

Celan, dans un poème de *La Rose de personne*, a sondé le mot *mandorla* sans y trouver l'amande, mais seulement le Rien *(Das Nichts)* :

> Paul Celan est mort pour, continuant son poème, trouver enfin pour lui ce que tout poème désire : l'union de la longue phrase et d'un peu de l'être qu'elle n'est pas.

Mais, comme dans la réflexion qu'il poursuit encore aujourd'hui sur Mallarmé, Bonnefoy exprimait surtout sa préoccupation propre, sensible dès l'*Anti-Platon* en 1947 : le nécessaire dépassement et du cratylisme, la confiance naïve dans le mot, et de son contraire, le doute, par la parole poétique ; le *sens* d'une *présence* que le simple signifiant du concept ne peut donner.

Dès l'année qui a suivi la mort de Celan paraissait au Mercure de France, sous le titre de *Strette*, une anthologie de ses poèmes traduits en français, dont celui qui porte ce titre (dans le recueil *Sprachgitter, « Grille de parole »*, 1959). Une nouvelle édition a paru en 1990, chez le même éditeur, et on retrouve ce poème, en 1998, dans le *Choix de poèmes* réunis par l'auteur et traduits par Jean-Pierre Lefebvre pour la collection *Poésie*/Gallimard. D'une manière significative, « Strette » commence par le mot *Verbracht* (déporté) ; et pour les amis de Celan il pouvait avoir le pathétique d'un adieu :

C'était moi, moi
j'étais entre vous, j'étais
ouvert, étais
audible, je vous donnai l'alarme, votre souffle
obéit, je le suis encore, mais
vous dormez[2].

---

2. La traduction de Jean-Pierre Lefebvre est sensiblement différente, et plus respectueuse des temps :
« C'est moi, moi/moi qui étais couché entre vous, j'étais/ouvert, on pouvait/m'entendre, moi qui tapotais pour vous dire, votre souffle/obéissait, et c'est toujours, c'est/encore moi, il est vrai/que vous dormez. »
La *strette* est, en musique, le resserrement final des voix dans la fugue. Ce poème était, dans l'esprit de Celan, lié au film d'Alain Resnais, *Nuit et Brouillard*, sur un scénario de Jean Cayrol, un écrivain qui a été déporté en camp de concentration, l'auteur des *Poèmes de la nuit et du brouillard* (1945), de *Les mots sont aussi des demeures* (1952), plus connu encore comme romancier (*Je l'entends encore*, 1968). « Camp de Gusen » donne une bonne idée de la manière de ce poète, infiniment moins hardie que celle de Celan :
« Encore un grand poème pâle comme la mort
dont la lumière expire aux pieds de notre temps
un poème sans fin et que sa fin dévore
car il n'a pas voulu notre plaie à son flanc. »

Cette traduction est de Jean Daive, un poète de qualité. À côté des universitaires (l'helléniste Jean Bollack, des germanistes comme Jean-Pierre Lefebvre, Jean-Marie Winckler, ce pionnier que fut en Suisse John E. Jackson, grand commentateur aussi de Bonnefoy, et Martine Broda, défenseur passionné de Celan), des poètes en effet se sont essayé à traduire cette poésie qui de tant de façons échappe à notre langue : au premier rang d'entre eux, André du Bouchet et Michel Deguy.

Pour les poètes, Celan pouvait être un modèle. La « poésie blanche » ou « minimaliste », dont Jean Daive est sans doute le meilleur représentant, est, en apparence du moins, proche par certaines de ses caractéristiques formelles de celle de Celan : « économie de la langue, rareté du signe sur la page, langage éclaté mêlant prose et poème, tension très grande » (j'emprunte ces expressions à Jean Orizet, le beau poète du *Voyageur absent*, 1982, d'*Hommes continuels*, 1994, et l'infatigable défenseur de la poésie, qui les emploie à ce sujet dans son *Anthologie de la poésie française*). La « parole en silence » d'André du Bouchet, cette poésie perpétuellement rompue, et de plus en plus resserrée, de *Dans la chaleur vacante* (1959) à *Laisses* (1979) ou ... *désaccordée comme par de la neige* (1989), lors même que « le mot », comme le dit le poète, est « resserrant », ne peut être que celle d'un admirateur de Celan. Michel Deguy, à qui il arrive de pratiquer la fragmentation en lettres, quand il réduit *vieux* ou *Ventoux* à v...x, Vx (*Donnant donnant*, 1981) ou quand il constitue dans *Tombeau de Du Bellay* (1973) un titre à partir de lettres dispersées (D, E, O, R, X), se voit « alibaba devant la caverne allitérant anagrammant la formule disparue pour que la roche tourne », et cite alors expressément Celan *(« Es wird stumm »)*. Les lettres font partie de ces « ingrédients » qu'il appelle *Gisants* dans son recueil de 1985. Ils sont là, tandis que « les buissons meurent comme des dieux » (*Aux heures d'affluence*, 1993).

Il n'est pas sûr pourtant que ces poètes continuent sur la voie de Celan, craignant peut-être qu'elle ne se referme sur eux en impasse, comme elle s'est refermée sur lui. André du Bouchet a fait l'expérience de la déchirure dans la traduction :

> déchirure, non : le jour de la déchirure.
> ....
> ....
> traduire, je ne peux pas.

Il a le sentiment de rencontrer la langue étrangère dans sa langue même (« la langue étrangère, c'est la langue étrangère dans la langue »). Il ne désespère pourtant pas de voir un « morceau d'espace revenu balbutier à côté de l'espace » (*Ici en deux*, 1986). La parole n'est pas soufflée, mais bien plutôt le souffle est arrêté, parlé même :

> air
> arrêté
> comme respiré (*Congère*, 1995).

La poésie dit l'éphémère, mais les *Carnets* de du Bouchet montrent bien qu'il a conservé l'ambition, et sans doute l'espoir, de « copier la terre », se tenant à distance de tout langage conceptuel.

Le cas extrême est sans doute représenté par le recueil ou plutôt l'anthologie personnelle de Martine Broda, *Grand Jour* (1994), qui rassemble des poèmes écrits par elle depuis 1975. Elle se place (d'ailleurs pas exclusivement) sous le patronage de Celan (un poème, qui lui est dédié, commence par la citation d'un vers de lui). Mais, à l'opposé de Celan, Martine Broda retrouve « la tradition lyrique » dont elle a voulu, elle le précise elle-même, « retravailler les motifs ». Elle veut célébrer l'amour, mais la poésie se brise dans le poème de juillet 1984 : « À la mémoire d'un ange ». Il a été écrit *in memoriam Mitsou Ronat* comme les *Sonnets à Orphée* de Rilke, autre référence de Martine Broda, à la mémoire de Vera Ouckama Knoop et le concerto pour violon et orchestre d'Alban Berg *À la mémoire d'un ange* en 1935 à la mémoire de Manon Gropius. Si les mots se dispersent sur la page, c'est sous le coup de l'émotion. Dans l'œuvre poétique de cette célanienne, le mot n'éclate pas en lettres éparses, mais la lettre s'inscrit en capitales à la fin d'un poème du deuil, comme une épitaphe sur une tombe. Bien plus, dans le poème dédié à Celan et placé sous le signe de la hache *(Axt)*, qui a été pour lui comme pour Perec la Hache de l'Histoire, « la fleur dit oui de sa mousse sanglante ».

Poésie florale

On serait tenté de parler ici de trahison, si c'était trahir la poésie que trahir un poète — sans avoir d'ailleurs l'intention de le trahir. La position de Celan pourrait en effet être définie comme le refus abrupt d'une poésie florale qui a garni, pendant deux siècles et plus, des herbiers poétiques plutôt fanés et à laquelle deux coups très forts ont été portés quand Baudelaire a publié *Les Fleurs du Mal* en 1857 et quand Rimbaud a envoyé à Banville — sans chercher à le faire publier et en le signant Alcide Bava — le 15 août 1871, juste après l'échec de la Commune et des espoirs qu'elle avait suscités, un poème intitulé « Ce qu'on dit au poète à propos de fleurs ».

Celan a tourné en dérision Verlaine et les « roses de septembre », comme Rimbaud s'était moqué des lys de Coppée ou de Banville, quand il en faisait des « clysopompes d'azur » ou des « clystères d'extase ». Il n'a épargné à cet égard ni Rilke, ni Gottfried Benn, ni surtout Guillaume Apollinaire et les fameux « Colchiques » — un poème qu'il avait traduit, mais plutôt à des fins de déconstruction. Celan s'est-il jeté dans la Seine du Pont Mirabeau chanté par Apollinaire ? Il a nommé ce pont dans un poème de *La Rose de personne* et de là, disait-il alors, « il a[vait] rebondi dans la vie ». Il n'a guère de sympathie pour le poète d'*Alcools*, trop complaisant pour les assassins qui entourent le brigand Schinderhannes dans l'une des « Rhénanes » (pré-figuration, pour lui, de la barbarie nazie). Et il n'en a aucune pour ses fleurs, colchiques, roses, roses des vents, anémones ou passiflores. *Colchique* évoque pour lui *Kolchis*, la Colchide, le lieu d'exil d'Ovide, ou la Crimée du poète juif russe Ossip Mandelstam qu'il a traduit et qui l'a profondément marqué. Si la Colchide était désirée par Jason, le héros grec à la recherche de la Toison d'or, Celan soupçonne de hideux massacres et la honte de la colonisation dans la quête des Argonautes comme dans celle de Christophe Colomb (qu'il rapproche aussi de *Colchis* et de *Colchique* par appel des lettres initiales). « Les Syllabes Douleur » *(Die Silbe Schmerz)*, dans *La Rose de personne*, *Blume, Rose, fleur, rose*, sont des mots-guillotines — comme le dit Martine Broda —, des « mots qui tuent, adjectifs et fleurs de rhétorique devenus couperets de guillotine ».

Or, sans se réduire à l'herbier, la poésie française d'aujourd'hui ne rompt pas nécessairement avec la poésie florale. Philippe Jaccottet, plus proche il est vrai de Rilke que de Celan, et se rappelant la petite fleur bleue de Novalis, propose ce délicat poème, qui figure dans son recueil *Airs* (écrit entre 1961 et 1964, publié en 1967) :

> Fleurs couleur bleue
> bouches endormies
> sommeil des profondeurs
>
> Vous pervenches
> en foule
> parlant d'absence au passant.

Ces bouches des fleurs ne sont ni menaçantes ni cruelles. Elles sont muettes, contrairement à cette fleur qui dit son nom à l'enfant-poète dans « Aube », l'une des *Illuminations* de Rimbaud qui se situe au-delà de sa dérision, en 1871, de la poésie florale. Ou plutôt, paradoxalement, elles parlent par leur silence et elles parlent d'absence à un poète qui, comme Bonnefoy, veut retrouver la présence, par la grâce ou la disgrâce des mots. Dans *Pierre écrite*, le troisième recueil de Bonnefoy, en 1965, « Asphodèles, jasmins / Sont de notre pays », et il ne faut pas les couper, comme dans le mythe le fit pour son malheur la cueilleuse Coré, la fille disparue de Déméter, devenue « l'absente ».

Jaccottet voudrait faire des poèmes des *contemplations*, prendre à la lettre le titre du grand recueil de Victor Hugo, mais sans pour autant en retrouver la diversité ou l'esprit même. Ouvrons ses carnets 1980-1994 publiés sous le titre *La Seconde Semaison* en 1996 : « Soir. Champs de lavande, par endroits couleur d'ardoise. [...] Les champs de blé [...]. Les chaumes ». Après les *Géorgiques* de Virgile et le paysage de Mantoue, après les *Géorgiques chrétiennes* (1911-1912) de Francis Jammes et le paysage d'Orthez, voici les géorgiques de Jaccottet, les géorgiques de Grignan (c'est le nom du village de la Drôme où, depuis 1953, il s'est retiré, loin du tapage parisien).

Que demande-t-il à ces « espaces », à ces « terres », à ces « verdures » ? Le « repos ». L'aperception d'une pureté quand, dans ce que Rimbaud appelait une « minute d'éveil », il « assiste à la décantation du jour ». Mais en s'efforçant de saisir la beauté du monde, Jaccottet ne parvient pas à cacher sa tristesse. Chacune de ses notations, chacune de ses descriptions voudrait être, et il emploie lui-même l'expression, une « approche de [la] " joie " ». Or il ne met pas seulement cette joie entre guillemets parce qu'il en a parlé autrefois. Il la voit approximative, douteuse même. Et il se rappelle qu'il en a tracé le nom un jour « en pensant combien elle était devenue lointaine et presque incompréhensible pour nous ». Il a conscience d'une entropie, d'un « mouvement de dégradation qui semble général » et qui « nous use à notre tour ». Il entend quelque part l'écho du mot de Nietzsche : « Dieu est mort », fausse note dans ce qui devrait vibrer comme un cri de joie.

Un mouvement entraîne la poésie française contemporaine vers un certain idyllisme, mais il peut se retourner en un contre-idyllisme (les *Idylles*, 1973, de Jude Stéfan et *La Grande Année*,

1964, *Paysage de tout*, 2000, de Pierre Oster, *Eucharis*, 1989, *Petites gloires ordinaires*, 1999, de Philippe Delaveau). Il est souvent celui d'une Arcadie blessée. Si elle est presque intacte dans les recueils de Georges Saint-Clair, prêtre du Béarn (l'abbé Bégarie) tout plein du souvenir de Francis Jammes, des premiers poèmes d'*Unité secrète*, 1953-1969, à ceux du *Feu tournant*, 1991-1992 ; ils ont été réunis dans un recueil de *Poésies complètes* en 1992, heureusement prolongées depuis par *Marque brûlante* (1993-1998), elle porte la marque de sa blessure : les arbres, qui puisent par leurs racines dans le « monde confus » de la mort, ne sont pas seulement « criblés d'air » (Jaccottet, « Arbres I » dans *Airs*), ils sont soumis au « baiser blanc » du gel comme notre corps à celui de la mort, dans le « Grand arbre blanc » de Bernard Noël :

> grand arbre
> le temps n'a plus de feuilles
> la mort a mis un baiser blanc
> sur chaque souvenir
> mais notre chair
> est aussi pierre qui pousse
> et sève de la roue[3].

Dans ce champ de signes qu'est le monde, le « chant des signes », pour reprendre le double jeu de mots de Bernard Noël, « parle » et « tue ». *La Maladie de la chair* (1995) dit encore cette inguérissable meurtrissure de ce qui est mortel.

« Être ici est merveilleux » *(Hiersein ist herrlich)* proclamait Rilke dans l'une de ses *Élégies de Duino*, au début du XXe siècle. Le poète d'aujourd'hui voudrait retrouver ce merveilleux de l'être-ici dans ce qu'il sait être pourtant *The Waste Land* (1922) de T.S. Eliot, la terre gaste (gâtée, souillée par la blessure d'Amfortas, le roi-pêcheur, dans la légende médiévale du Graal). Yves Bonnefoy, qui

3. Bernard Noël, *Extraits du corps*, éd. de Minuit, 1958, puis Flammarion, 1971 *(Poèmes complets 1954-1970)*, réédition coll. 10/18, 1976, p. 122.

n'envisage pas d'au-delà de ce monde (d'où ce titre *Dans le leurre du seuil*, pour son quatrième recueil, 1975), sait, sent pourtant que notre terre n'est qu'une « terre seconde ». Dans un texte en prose de 1976, qui a été repris dans *Le Nuage rouge*, donc dans le cadre d'une réflexion se situant entre l'illumination rimbaldienne et l'éloge à la manière de Saint-John Perse, il rappelle l'importance de « l'expérience d'appartenir à la terre », de ce mot fondamental pour lui, le *simple*, mais il se défie des « nostalgies d'âge d'or », des « rêveries pastorales, par quoi on perd le goût de la vérité » — et tout autant d'une saisie trop facilement idyllique du monde dans lequel nous vivons. Avec « l'impression de désastre » que laissent les ravages de la civilisation (l'asphalte faisant disparaître les derniers chemins, les vieilles maisons détruites ou « hideusement fardées », le rapport aux végétaux, aux bêtes, à l'horizon, aux lumières, « désagrégé »), une présence heureuse s'est perdue.

Le poète veut croire pourtant que « la profondeur blessée, ravagée, ne cesse pas pour autant de se faire entendre ». Il doit exister une « vérité de parole » : l'expression est présente dans le texte de 1953 sur *Les Fleurs du Mal* repris en 1959 dans *L'Improbable*, elle constitue le titre d'un livre de 1988 contenant une méditation sur le dernier livre de Pierre-Albert Jourdan, *Les Sandales de paille* (posthume, 1987), où étaient simplement désignées « quelques fleurs de cerisier sous une lumière frisante », « fleurs tenues par la lumière, suspendues ». Un doute le prend : « N'est-ce pas le langage qui nous fait signe, à travers ces choses du monde, et cela même où une intensité de la perception, brusquement accrue, nous donne l'impression d'accéder plutôt à leur plénitude propre de chose, foncièrement au-delà des représentations limitées que notre parole nous procure ? » La présence ne nous donnerait-elle pas seulement une illusion de présence, ne nous offrirait-elle pas un mirage arcadien ? Croire à la vérité de parole, c'est dépasser le mirage, exprimer par un langage plein l'« expérience de l'absolu dans le jardin matinal ».

En face de la fascination exercée par la parole brisée, rongée même, de Celan, il faut placer, comme à la source d'un tel espoir, la parole matinale de René Char, celle, précisément, des *Matinaux* (1950), venant après les engagements successifs dans le surréalisme et la Résistance, avec des implications poétiques très diverses. Dans des phrases brèves comme des aphorismes, le poète cherchait à cerner des éléments concrets du monde, la fleur, l'oiseau, l'éclair, à « requalifier » le quotidien de la vie. Un « optimisme tragique », pour reprendre l'expression de Christine Dupouy[4], apparaissait comme la caractéristique majeure du poète :

> L'état d'esprit du soleil levant est allégresse malgré le jour cruel et le souvenir de la nuit. La teinte du caillot devient la rougeur de l'aurore.

On suit aisément, jusqu'à la fin du siècle, la postérité de Char, du moins de ce Char-là, sans que les poètes plus jeunes perdent leur ferveur et leur voix propre, sans que des variations soient perceptibles dans la densité du langage. Jacques Dupin, dans *Gravier* (1963), *Dehors* (1975), Dominique Fourcade dans *Il* (1994) maintiennent la priorité d'une impersonnalité qui, comme l'a montré Jean-Claude Pinson dans son livre de 1995, *Habiter en poète*, risque de devenir quasi oraculaire, mais qui du moins protège contre les facilités d'un lyrisme désuet. Le « je » retrouve d'ailleurs tous ses droits chez une admiratrice de Char (mais pas exclusivement de Char, même si elle est attachée au même paysage de l'Isle-sur-Sorgue), comme Gabrielle Althen :

> Je voudrais le mot blanc d'un ciel absent qui laissât trace de demeure. Un mot qui fût le lit du jour et parvînt à la fête unanime du vent (*Hiérarchies*, 1988).

La vertu du nouvel idyllisme, dont la référence insistante à Virgile est l'indice dans la *Critique de la raison poétique* de Claude Esteban (1988), est de « rapprendre le chemin des choses », sans

4. Christine Dupouy, *René Char*, Les dossiers Belfond, 1987.

pour autant s'enfermer dans le culte de l'objet. Bonnefoy (longuement évoqué dans le livre) est plus proche d'Esteban que Ponge, et le « parti pris de la présence » va au-delà du *Parti pris des choses* (1942). Sans se contenter d'une lucidité rigoureuse, le poète de *Croyant nommer* (1971) ou de *Conjoncture du corps et du jardin* (1983), souhaite pour notre langue, pour d'autres, à la fin du XXe siècle, « un Virgile des temps nouveaux » :

> J'imagine, comme des *Géorgiques* de l'improbable, un poème où le paysage meurtri du monde trouverait place avec son incomplétude, sa dévastation et toutes les blessures, morales et physiques, que les hommes lui ont fait subir. Un paysage, aussi, où le *Sujet*, chacun de nous, en vérité, recouvrerait son lieu, après cette immersion dans l'anonymat et cette objectivité mensongère qui nous gouverne. La poésie en a les moyens ; il importe seulement que quelques-uns, parmi nous, s'en persuadent. Et nous l'apercevons déjà qui fait retour aux vraies sources d'une *terre* toujours *seconde* [on reconnaît la référence à Bonnefoy], obscure, certes, offusquée de mille médiations malfaisantes — mais première, primitive aussi, irrécusable, si nous savons, aujourd'hui, la vouloir telle. Déjà, parmi les mythes en éclats, résistant à la tentative de blancheur, de béance, de vide, s'ébauchent quelques mélodies qui renouent avec cette « rhétorique profonde » dont parlait Baudelaire — et qui est « le cœur même de la terre qui bat ».

« Je me détourne » (Yves Bonnefoy)

> Je ne veux pas savoir la question qui monte
> De cette terre en paix, je me détourne.

Ces deux vers du poème liminaire de *Ce qui fut sans lumière*, le cinquième recueil d'Yves Bonnefoy, publié en 1987, sont significatifs d'une attitude de retrait et d'une manière d'irénisme poétique. La terre n'est pas le monde déchiré que nous connaissons encore à cette date : elle est en paix, rendue à un idyllisme premier, à la « paix des pâtis semés d'animaux » qui correspondait à *u* dans les « Voyelles » de Rimbaud — non sans quelque ironie chez le poète auquel Bonnefoy a depuis longtemps voué un culte. Si une question est latente dans ce monde, le poète cherche à l'éluder. Mieux, il adopte l'attitude de l'*arceo* d'Horace[5] : il se détourne et passe.

La campagne, en particulier la terre aimée de Provence qui était si présente dans le troisième recueil, *Pierre écrite* (1965), et le quatrième, *Dans le leurre du seuil* (1975), est un havre de paix :

> J'ai à demeurer seul. J'ouvre la porte
> Qui donne sur les amandiers dont rien ne bouge,
> Si paisible à la nuit qui les vêt de lune.

Toujours la paix, même dans la nuit non seulement éclairée, mais protégée par la lumière de la lune. La solitude sera la chance d'une plénitude. Et le regard jeté sur la présence rassurante des amandiers ne cherche en rien à retrouver la *mandorle*, l'*amande* de Celan, ce creux d'angoisse et de néant : Bonnefoy en connaît pourtant la signification et l'importance dans l'œuvre de ce poète ami dont il porte encore le deuil.

Depuis ses débuts littéraires, depuis sa rupture avec le surréalisme et avec André Breton en 1947[6], depuis le passage par l'ordalie d'un roman mort-né à partir duquel s'est constitué en 1953 le premier recueil poétique, *Du mouvement et de l'immobilité de Douve*, Yves Bonnefoy a reporté toute sa confiance sur le *simple* — la simplicité des choses —, et c'est à lui, comme l'a très bien montré Michèle Finck[7], qu'il a demandé le *sens*. Dans *Ce qui fut sans lumière*, et dès ce premier poème « Le souvenir » qui à lui

5. Horace, *Odes*, Livre III, poème I : *Odi profanum vulgus et arceo*, – je hais la foule des profanes et la tiens écartée.
6. Yves Bonnefoy a tenu à faire une mise au point dans *Breton à l'avant de soi*, éditions Léo Scheer, 2001.
7. Michèle Finck, *Yves Bonnefoy. – Le simple et le sens*, José Corti, 1989.

seul justifie le passé simple du titre, il semble se contenter de « voi[r] / vaguement miroiter les choses du simple ». À l'amandier il ne demande pas d'autre secret que le flux de sève qui l'emplit au mois des fleurs. L'adieu même dont était plein, dans le deuxième recueil, *Hier régnant désert* (1958), le poème à la voix de la cantatrice anglaise Kathleen Ferrier, admirable interprète de l'« Adieu » de Mahler, à la fin du *Chant de la Terre*, se trouve conjuré en même temps que l'ombre qui cherche à s'introduire dans la *lumière*. « Adieu ? », dit le poète. « Non, ce n'est pas le mot que je sais dire. » Et le prélude s'achève sur une évocation bergère qui ferait presque penser à Francis Jammes et où « résonne encore la flûte » — le pipeau de Tityre dans la première des *Bucoliques* de Virgile ou la Syrinx, ici même pas maligne, de *L'Après-midi d'un faune* de Mallarmé.

Sans doute le monde n'est ni un paradis permanent, ni même un paradis perdu, puis retrouvé. « Le paradis est épars », reconnaît Bonnefoy dans un autre poème du recueil qui s'intitule cette fois « L'Adieu », et la poésie a plutôt pour tâche d'en reconnaître les traces. Elle n'ignore pas les violences de l'été, le frémissement annonciateur de l'orage. « La Foudre », dans un poème qui porte ce titre, surprend comme le bondissement d'un fauve, sans que soit tarie la sève qui coule du tronc noirci, de la branche cassée.

Les motifs de l'inquiétude de Bonnefoy sont ailleurs : dans le passage du temps, la mort inéluctable, sans doute, mais surtout dans les limites de cet instrument qu'il sait pourtant miraculeux, le langage. Ce n'est pas dans un monde déchiré par la haine, cassé, divisé, qu'il va chercher le secret rongeur de l'amande de Celan, mais dans le mot lui-même. L'absence qu'il redoute là où il croyait tenir la présence du simple est celle d'une douteuse éternité, mais aussi l'évasion de la chose dans le mot même qui cherchait à le retenir, l'appréhender, l'exprimer au sens le plus fort du terme : le soleil, le ciel d'orage, l'enfant, ou, toute simple en apparence, si élusive en réalité, la ronce (« Le mot *ronce*, dis-tu ») :

Et poésie, si ce mot est dicible,
N'est-ce pas de savoir, là où l'étoile
Parut conduire mais pour rien sinon la mort,
Aimer cette lumière encore ? Aimer ouvrir
L'amande de l'absence dans la parole ?

Parti de l'*Anti-Platon*, adversaire de toute théorie littéraire qui, à la manière du symbolisme le plus strict, aurait l'ambition de retrouver le monde des Idées, Bonnefoy a accordé de plus en plus d'attention à Mallarmé et il a connu, comme lui, la hantise du « creux néant musicien ». Il aime, dans ses essais, rappeler le désaccord que l'auteur de « Crise de vers » notait entre le mot *nuit* et ce qu'il est chargé d'exprimer. Il voit la branche couverte de neige « resserrée sur le non-sens / Des quelques nœuds du bois ». Est-ce un rêve, est-ce une réalité, que ce monde enneigé qui lui inspire les derniers poèmes de la deuxième section de *Ce qui fut sans lumière* et encore le cycle plus court de 1991, *Début et fin de la neige* ? La poésie de la présence se creuse d'absence, l'*énigme* reparaît sous l'évidence, le *simple* est moins simple qu'il ne paraissait, moins chargé de sens immédiat qu'on pouvait le croire.

Depuis son plus lointain séjour en Italie, la méditation d'Yves Bonnefoy s'est étendue de la peinture à toutes les formes de l'art. *Un rêve fait à Mantoue* (1967), *Rome 1630 : l'horizon du premier Baroque* (1970), *Alberto Giacometti. Biographie d'une œuvre* (1991), *Dessin, couleur et lumière* (1995) jalonnent un itinéraire intellectuel où une remarquable constance n'est nullement exclusive d'un continuel approfondissement. La réflexion de Bonnefoy sur l'art accompagne sa poésie comme elle a nourri, de 1981 à 1993, son enseignement dans la chaire d'étude comparée de la fonction poétique au Collège de France. À son tour, sa poésie s'enrichit d'une belle familiarité avec les œuvres d'art. « Chapelle Brancacci », dans *Du mouvement et de l'immobilité de Douve*, en était un exemple discret. *L'Arrière-pays* (1972), mi-récit, mi-poème en prose, appelait dans le texte même l'illustration par des photographies d'œuvres d'art. Dans l'un des plus beaux poèmes de *Ce qui fut sans lumière*, « Dedlam, vu de Langham », Bonnefoy pense à une toile de John Constable, peintre britannique du début du XIXe siècle. Et la « plénitude » qu'il trouve dans le tableau, c'est celle que la perception de la réalité ne suffisait pas à lui assurer. Pour que l'« éternité se donne dans l'odeur / De la fleur la plus simple », la médiation de l'œuvre d'art est nécessaire. Elle redonne confiance au poète dans les instants de doute. Il est significatif que le recueil s'achève sur un poème intitulé « La tâche d'espérance ». On a l'impression que Bonnefoy conjure et le désespoir qui a poussé Celan au suicide et la déconstruction du langage dans son œuvre poétique considérée sans doute comme une autre « Catastrophe d'*Igitur* » :

> Je vais,
> Je passe près des amandiers sur la terrasse.
> Le fruit est mûr.
> J'ouvre l'amande et son cœur étincelle
>
> (« Le haut du monde », VII.)

Pour Bonnefoy, l'amande de Celan est devenue la perle de la pensée, ou du moins celle de la poésie.

La Hache de l'Histoire

On peut être gêné, dans les livres de Bonnefoy, qu'il s'agisse des recueils de poésie, qu'il s'agisse même des essais, par l'extrême rareté des références à l'Histoire. Il s'est posé, comme Hölderlin, qu'il cite, la question de la situation des poètes dans les temps de détresse[8]. Au moment où Bonnefoy prépare son premier recueil, *Du mouvement et de l'immobilité de Douve*, qui, en 1953, fait

8. C'est la célèbre et grave question posée dans le poème « Brot und Wein » (Pain et Vin) : « *Wozu Dichter in dürftigen Zeit ?* » – Pourquoi des poètes en des temps de détresse ? Elle n'a cessé de tourmenter les écrivains après 1945, et ne peut que revenir, lancinante, dans le monde déchiré à l'aube du XXIe siècle.

entendre une autre voix en poésie, le philosophe allemand Theodor Adorno a publié un texte capital, « Critique de la culture et société » (1949), qui sera repris dans *Prismes (Prismen)*, en 1955, où après la terrifiante découverte des camps de concentration, il affirme qu'« écrire un poème après Auschwitz est barbare, et ce fait affecte même la connaissance qui explique pourquoi il est devenu impossible d'écrire aujourd'hui des poèmes ». Deguy a voulu répondre à l'interdit d'Adorno, à propos du film de Claude Lanzmann, *Shoah*, en 1990 : « de la tragédie à la "Tragédie", un même mot a toujours nommé ce qui se produisit et sa représentation ». Celan résolvait le problème en écrivant de la poésie en langue allemande contre l'allemand, contre la langue, contre la poésie même. Bonnefoy au contraire, ainsi qu'à peu près tous les poètes de sa génération, a écrit de la poésie et sur la poésie pour cette poésie même. Il le fait au bord du gouffre, mais sans vouloir parler du gouffre. Ou s'il le fait, c'est très rarement, en dehors de son œuvre, par exemple quand il déclare lors d'un entretien avec le journaliste Patrick Kéchichian, publié dans *Le Monde* du 7 juin 1994, qu'il faut avoir « présent à l'esprit sans cesse, quand on écrit » que le monde contemporain est « au bord du désastre », « sinon on se voue à de la littérature naïve sinon menteuse ».

« Que ce monde demeure ! » : le vœu est assez intense pour constituer le titre de huit poèmes dans le dernier recueil d'Yves Bonnefoy, *Les Planches courbes* (2001). Il s'accompagne d'une confiance renouvelée dans la poésie retrouvée, « La première parole après le long silence,/Le premier feu à prendre au bas du monde mort ».

À partir de là, trois attitudes principales peuvent être définies.

1. Écrire la poésie du désastre

Une telle tentative est plus fréquente à l'étranger qu'en France et a abouti à de meilleurs résultats. On peut penser, pour la Shoah, pour Hiroshima, à Marie Luise Kaschnitz ou à la trace inévitablement laissée dans la poésie japonaise. Le poète espagnol Leon Felipe a dit très haut, dans un poème de 1965 dédié à tous les Juifs du monde et publié dans son recueil *¡ Oh, este viejo y roto violin !*, qu'« Aujourd'hui / n'importe quel habitant de la terre / En sait beaucoup plus sur l'enfer » que Dante, Blake et Rimbaud réunis. La terrible expérience des camps a étouffé une parole poétique naissante (c'est ce qu'a expliqué Jorge Semprún dans *L'Écriture ou la vie*, 1994). La poésie peut tenter de la dire, avec un résultat parfois touchant (le massacre des innocents, dans *Les Rois Mages*, d'André Frénaud, qui fut prisonnier dans un camp du Brandebourg de 1940 à 1943), rarement admirable. Elle peut manifester une profonde sympathie, celle d'Edmond Jabès dans « La Chanson du dernier enfant juif » (« Chansons pour le repas de l'ogre » 1943-1945, dans *Je bâtis ma demeure*, (1959), ou celle de Michel Deguy dans tel poème de *Donnant donnant* (1981) écrit lors d'un voyage à Varsovie.

> Menés sagement à la mort
> à la mort sagement
> comme gazés d'Auschwitz
> Nul ne se lève ne se couche ne hurle dans la rue
> chacun s'affaire à sa propre mort
> Et juif je meurs je suis séparé des juifs qui meurent
> Quand juif je meurs d'une mort distraite
> Des juifs qui remeurent.

Il ne saurait être question de réduire cette écriture du désastre (pour reprendre encore l'expression de Maurice Blanchot) à une écriture de la judéité. Les déportés n'ont pas tous été des Juifs. Les camps de concentration nazis ne sont pas la seule forme du désastre. Et il est d'autres formes de l'écriture de la judéité : l'humour juif dans les romans d'Albert Cohen, culminant dans ce superbe livre qu'est *Belle du Seigneur*, 1968, avant sa longue fin tristanesque ; l'écoute de la « corne du silence » à la faveur des prières juives dans la poésie de Claude Vigée ; les paysages de *Judée*, 1980, de Lorand Gaspar, où, il est vrai, « au petit jour se lèvent les assassins » — et le parallèle s'impose entre Celan et Gaspar, né comme lui en Transylvanie, déporté en 1944 dans un camp de travail en Souabe-Franconie, ayant fait, comme lui, des études de médecine en France mais — le parallèle s'arrête là — pratiquant une poétique du simple plus qu'une poétique de la parole rompue. « Nous sommes », écrivait-il en 1997, « chacun et chacune, comme le sillon d'envol d'une goutte de vie — oiseau à la recherche d'un passage dans les courants qui tour à tour nous portent et nous menacent » *(Arabie heureuse)*.

La Hache de l'Histoire est déterrée chaque fois qu'un poète est sensible aux formes que peut prendre le cauchemar sur terre (« l'Histoire », disait Joyce, « est un cauchemar dont j'essaie de m'éveiller ») : soubresauts de la décolonisation des terres esclaves chez Senghor ou chez Césaire ; violence au Proche-Orient (Andrée Chédid : *Contre-chant*, 1968, *Cérémonial de la violence*, 1975 ; Rouben Mélik, *La Procession*, 1942-1984) ; guerres civiles dans les pays de l'ex-Yougoslavie. « Et le temps boite / comme un damné » (Jean-Luc Steinmetz, *Chute libre dans le matin*, 1994).

2. *Renoncer à écrire de la poésie*

Vécue par Semprún, préconisée (avec moins de raideur qu'on ne l'a dit) par Adorno, une telle décision se trouve radicalisée par Denis Roche, mais au terme de douze ans de telquélisme. Celui qui écrivait en tête de *Forestière amazonide* en 1962 — et, à dire vrai, de manière plutôt banale — que « le langage poétique n'a d'autre but que d'exprimer une certaine intériorité qui lui est propre, c'est-à-dire qu'il se suffit à lui-même » en est venu à proclamer solennellement dans *Le Mécrit* (1972) — une sorte de mort de l'écrit, de mécréance en l'écrit, — que « La poésie est inadmissible, d'ailleurs elle n'existe pas ». La poésie ne sera ni *éthisme* (il conteste sur ce point André Breton), ni *poéthique* (le néologisme mis à l'honneur par Michel Deguy), elle ne sera plus rien : mécrire signifie « ramener la production poétique jusqu'à son point extrême de *méculture*, le point zéro, à l'évidence de la poéticité ». Pourtant, comme les *Apoèmes* d'Henri Pichette en 1947, *Le Mécrit* de Denis Roche forme du texte, témoignage du « pourrissement poétique ». Des bulles de mots y éclatent, *refleurir* se brise, comme *blühen* chez Celan, pour resurgir en *refluer* après de dérisoires « montées de bon ton » et avant des jeux de mots en forme de bégaiement :

> [...]L'éléphantiasis refleur –
> Refluerait que par brocs entiers l'inaltérable
> conduite, les beaux poètes, les pots poètes,
> les clos poètes [...].

On serait proche de Celan si cette agression contre la poésie ne laissait sur le sentiment du pur désastre de langage, et si le mot de passe continuait de circuler malgré les ruptures du passage.

3. « *La poésie malgré tout* »

C'est le titre d'un recueil d'essais (1996) de Jean-Michel Maulpoix, rénovateur du lyrisme (*La Poésie comme l'amour*, 1998 ; *Du lyrisme*, 2000), et en particulier dans ses proses poétiques (*Ne cherchez plus mon cœur*, 1986), désireux de montrer que la poésie aujourd'hui « retourn[e] son ancienne autorité lyrique » en puissance d'interrogation. Bien sûr, il y a la menace de ce qu'il est convenu d'appeler la civilisation, de ce que Joyce assimilait à la *syphilisation*, par un jeu de mots qui, s'il n'était fait en anglais, aurait pour nous un relent de germanisme plus inquiétant encore. Déjà Rimbaud s'inquiétait à la pensée qu'après le Déluge un piano pût être installé dans les Alpes et que les caravanes repartissent dans les déserts. Toute la nouvelle création, celle-là même à laquelle correspond le projet des *Illuminations*, était à recommencer. Jaccottet s'irrite en janvier 1981 d'apprendre qu'on va bâtir un Hilton à Lhassa, en plein Tibet, là où les voix des moines, telles qu'il a pu les entendre enregistrées, « basses et fortes [...] semblent ranimer les sons, des voix de bœufs attelés à labourer lentement, obstinément, le champ de l'éternité » : des voix bucoliques donc, tel le *mugitusque boum* du doux Virgile que Victor Hugo voulait retrouver[9], comme si son « éternité » à lui se réduisait à cela. Mais cet enregistrement même auquel a eu recours Jaccottet n'est-il pas déjà une manière d'entamer une partie du monde qu'on voulait croire préservée ? Entamée, elle l'est par les photographies, les tournages, les reportages indiscrets, toutes les formes d'intrusion dont la moins inquiétante n'est pas celle de l'Histoire à laquelle, aujourd'hui, nul lieu n'échappe.

De cette menace Jaccottet en définitive parle peu. Il n'en parle même presque pas. Elle prend la forme apparemment la plus terrible, en réalité la plus distante, de la catastrophe nucléaire, de ce que pourraient être le recommencement et la généralisation d'Hiroshima. Dès les premières pages de *La Seconde Semaison* se glisse une phrase des *Cheminements* de Masui[10] :

> Bientôt, il ne demeurera plus aucun point de la planète où une vie *naturelle* continuera tranquillement son cours, une vie naturelle, ajoutons-le, irriguée par le surnaturel...

Mais devant une semblable menace Jaccottet se raidit. Il veut croire qu'à la pointe extrême du danger la poésie est encore possible, et qu'elle est encore plus nécessaire que jamais. D'où cette autre phrase, qu'il saisit au vol en février 1981 en voyant à Paris *La Conférence des oiseaux* dans l'émouvante réalisation de Peter Brook, quand les oiseaux sont arrivés dans la vallée du Néant, et qu'un astrologue leur rend un peu de courage pour aller au-delà :

> Quand même les deux mondes seraient tout à coup anéantis, il ne faudrait pas nier l'existence d'un seul grain de sable de la

9. « Mugissement des bœufs, au temps du doux Virgile » (*Les Contemplations*, 1856, V, 17).

10. Jacques Masui, écrivain suisse de langue française auteur de *De la vie intérieure, 1951*, rééd. Fata Morgana, 1993 : « Un livre du seuil », selon Olivier Clément qui en a préfacé la réédition.

terre. S'il ne restait aucune trace, ni d'hommes, ni de génies, fais attention au secret de la goutte de la pluie.

« Cela », ajoute-t-il, « pourrait servir d'épigraphe à tout livre de poèmes que l'on oserait encore écrire, et publier, aujourd'hui ».

L'œuvre poétique de Salah Stétié est un admirable exemple d'une telle poésie malgré tout. Poète libanais à la double culture, ambassadeur de son pays, il en a vécu l'histoire, il en a connu la souffrance, mais la volonté l'emporte d'une parole poétique qui transcende les contingences. *L'eau froide gardée* (1973), son premier recueil, porte la marque de l'agression :

Je salue la jeunesse de la lumière
Sur ce pays de grande chasteté
Parce que ses femmes sont fermées

Elles ont des ailes croisées sur la poitrine
Pour protéger le cœur ardent des hommes
L'amour aux cils baissés l'a circoncis

– Qui sauvera ce pays du martèlement
Des soldats qui s'avancent sous un triomphe
Pour arracher l'eau froide gardée – et la prendre ?

Une évolution remarquable s'est produite chez ce poète vers la célébration du concret, de la présence au monde (le motif de l'olivier dans *Inversion de l'arbre et du silence*, 1980), et au-delà même, vers une pureté retrouvée, celle du minéral, de l'élémentaire, de l'enfance et de l'amour. « l'L de l'alphabet de lumière », dans *L'autre côté brûlé du très pur* (1992) n'est plus le résultat d'une quelconque déconstruction. On sentirait davantage à l'œuvre dans un langage riche en oxymores une volonté de reconstruction, de médiation, ou, comme il le dit, d'« ouvraison » :

C'est de nouveau l'été de neige et c'est
Le chagrin froid des raisins nus.

Fièvre et guérison de l'icône (1998) constitue sans doute la plus grande composition de Stétié, même si le recueil conduit vers la « caresse » de « la femme inachevée », comme l'espérance et la vie.

Pour en finir avec Jacques Prévert

Une voix poétique parle, elle peut se laisser aller à parler (*Elle dit*, de Vénus Khoury-Ghata, 1999). Mais ni le salut de la poésie, ni le salut par la poésie — s'ils existent — ne passent vraiment par la facilité, et en particulier par celle de la chanson. Il ne faut pas craindre d'affirmer ici une exigence constamment menacée. L'éloge fait dans la presse à la sortie du tome II de Prévert dans la Bibliothèque de la Pléiade, en 1996, en apporte encore la preuve.

« La poésie est partout comme Dieu n'est nulle part » : cette formule tranchante extraite d'*Hebdromadaires* (1972), série d'entretiens écrits avec André Pozner, résume la conviction positive et la conviction négative sur laquelle s'établit toute l'œuvre poétique de Prévert. Ce système s'est encore durci dans ses dernières années.

Le second texte de *Choses et autres* (1972), « J'ai toujours été intact de Dieu », redit le refus obstiné de la religion et de ses « émissaires ». Mais peut-être précisément ne fait-il que redire, et sa charge poétique est pratiquement nulle. Par un étrange paradoxe, cette poésie, qui devait être partout, est absente du poème : six alinéas de prose où répétitions et homophonies prennent des allures de rabâchage et où le jeu de mots final, *concetto* populaire, paraît bien laborieux. La suite « Graffiti », dans le même recueil, a quelque chose de navrant, avec son athéisme maniaque (« Une foi est coutume »), ses contrepèteries de gamin vieilli (« Du pouvoir des mots sur le mouroir des peaux »), ses truismes — des purs, cette fois (« Il n'y a pas cinq ou six merveilles dans le monde, mais une seule : l'amour »).

Pourtant l'idée d'une « Beauté [...] plurielle », d'une poésie omniprésente, était féconde. Elle justifiait les précédents recueils qui, depuis le succès de *Paroles* (1945), se contentaient déjà de juxtaposer des choses et d'autres. Après *Histoires* (1946), *Spectacle* (1951), *La Pluie et le Beau Temps* (1955), le titre même de

Fatras (1965) confirmait l'unique croyance de Prévert en un bric-à-brac poétique. Il suffit de peindre « d'après nature », d'accueillir des modèles qui « peuvent venir, surgir de très loin ou de tout près, d'hier ou d'après-demain » (« D'après nature », dans *Choses et autres*). Mais le désir contraire de les déclarer d'« étrangeté publique », à défaut de suggérer le mystère des choses, incite le poète à pervertir les expressions toutes faites (le « bleu outre-terre », le ciel « égorge-pigeon »). Une touche est là — « le Sourire du chat de Chester » — pour nous dire qu'il veut encore être une Alice pénétrant dans le pays des merveilles. Mais n'est pas Lewis Carroll qui veut, même quand on est un surréaliste repenti. Au pays de Prévert, ce ne sont pas les arbres qui sont blessés, comme dans *L'Enfant et les Sortilèges* de Colette et Ravel — Prévert, poète écologiste en prend d'ailleurs la défense dans *Arbres* (1976) —, ce sont les mots.

Parce que la poésie, c'est aussi, dit-on, l'enfance retrouvée, Prévert place en tête de *Choses et autres* un commencement d'autobiographie : Neuilly-sur-Seine, il a six ans, c'est la Belle Époque du Bois-de-Boulogne où il n'y a pas encore de travestis brésiliens, mais un cerf qui traverse une allée, des gens qui font de la musique, des jeunes filles de bois peint debout sur les Montagnes russes, où l'« école foraine » paraît tellement plus séduisante que celle où l'on doit apprendre l'alphabet. Bientôt, il est vrai, apparaissent des signes d'inquiétude : des nouvelles de la politique, des télégrammes ou des lettres recommandées qui rejoignent à Marseille un père devenu chômeur. Mais les jeux, les vacances l'emportent, et l'évocation s'interrompt avant la guerre de 1914. Dans tout cela, Prévert est à la recherche, sinon du temps perdu, du moins d'une certaine atmosphère.

Aux derniers recueils de Prévert, il manque ce qui a fait le succès de *Paroles*, et ce qui en maintient le charme : le souvenir de la voix de Juliette Gréco ou d'Yves Montand. Aucun de ces poèmes ne chante en nous. Aucun n'appelle irrésistiblement la ssséminée, Marie-Claire Bancquart recherche, elle, ence plus grande. Il n'est pas d'autre lettre isolée ici s oiseaux migrateurs — la double initiale aussi de nte vie » qui, comme les vagues dans le vers initial, ns le vers final.

littérature ? » Cette question du sens, de l'aller vers, st posée à propos de la poésie. Comme l'a fait obser- Broda, « le mouvement le plus essentiel de la poésie est « Il faut que quelque chose se transmette — que ose aille vers », et elle cite son *Discours de Brême* :

> poèmes, en ce sens également, sont en chemin : ils font vers quelque chose. Vers quoi ? Vers quelque lieu ouvert, à er, vers un toi invocable, vers une réalité à invoquer.

e parcourt un itinéraire. Tout auteur va quelque part. que cherche à retrouver Celan, c'est le « chemin d'une te vers un “ Toi ” qui l'écoute », car le poème veut aller tre, il a besoin de cet autre, il en a besoin en face de lui. ose, chaque personne est, pour le poème qui a mis aussi l'autre, « une figure de cet autre » *(Le Méridien)*. De là la poésie, pour la littérature d'aujourd'hui, une exigence bilité, ou mieux, de transparence.

re est-il *personne*, comme l'a décidé Celan ? Est-ce une (*niekto*, en russe, au lieu de *nikto*), comme le spécifiait am dans le texte dont il s'est inspiré, mais qu'il a détour- n sens — ou du moins qu'il a, par le changement d'une re, gauchi ? Du jeu de mots déconstruits, des lettres en gardera sans doute l'image saisissante d'une identité euse, le secret d'un homme, la honte d'un temps sur resque toujours la poésie française d'après Auschwitz liquement le voile. À cause de cela, à cause de ce retrait, vons pas notre Celan. Malgré Perec (trop rare en poésie), Denis Roche (qui rejette plutôt l'instrument dont il s'est e paradoxe de l'incommunicabilité communicable, l'*apo-*

chanson. La musique n'est-elle plus que le « soleil du silence » (« Carmina Burana », dans *Choses et autres*) ? Même un poème comme « Le bon jeune temps » paraît trop ténu. Et quand, dans l'une des meilleures pièces du recueil, « La Seine a rencontré Paris », on se réjouit de retrouver parmi les voix multiples la voix du poète, c'est la voix de quelqu'un qui dit — s'il peut le dire — adieu :

> quand dessous le Pont-Neuf le vent du dernier jour soufflera ma bougie
> quand je me retirerai des affaires de la vie
> quand je serai définitivement à mon aise
> au grand palace des allongés
> à Bagneux au Père-Lachaise
> je sourirai et me dirai
> Il était une fois la Seine
> il était une fois
> il était une fois l'amour
> il était une fois le malheur
> et une autre fois l'oubli
>
> Il était une fois la Seine
> il était une fois la vie.

Une poésie du secret

La poésie française moderne passe pour difficile, c'est vrai. Mais quel secret cèle-t-elle ? Car, comme l'écrit Martine Broda en parlant de Celan, « ce qui circule, quand les hommes se refilent le signifiant comme au jeu du furet, c'est bien, tout de même, du sens. Jusqu'au plus grave : le sens de la vie ».

S'il y a une certaine résistance, chez un grand nombre de poètes d'aujourd'hui, à la déconstruction du langage, il en demeure une aussi à la déconstruction philosophique de Derrida, au *Glas* qu'il a cru devoir sonner de la métaphysique. Encore faut-il savoir situer cette métaphysique-là.

Il est inutile de la rechercher dans un retour au dualisme des symbolistes. Bonnefoy, si attentif à Baudelaire, à Rimbaud, à Mallarmé, n'a que défiance à l'égard du symbolisme (qu'aucun des trois n'illustre bien, surtout pas le deuxième) et à l'égard de toute forme de dualisme. Le secret recherché dans la poésie française d'aujourd'hui peut être *douloureux* (celui de l'exil, celui de la disparition, celui de la blessure secrète), comme déjà celui de Baudelaire (« La Vie antérieure »), comme celui de Celan, celui de Perec — et même encore, d'une autre manière, celui de Stétié. Il ne naît pas de la nostalgie d'un autre monde perdu, d'un Idéal dont le désir fait *languir* le poète dans le monde du Spleen. Il est celui de ce monde même dans lequel nous sommes.

Dans *L'Arrière-pays*, Yves Bonnefoy invoque l'île italienne de Capraia :

> Capraia, tu appartiens à l'ici du monde, comme nous. Tu souffres de finitude, tu es dessaisie du secret, recule donc, efface-toi dans la nuit qui tombe.

Mais pour Jean-Claude Renard, *Toutes les îles sont secrètes*. Tel est le titre de son recueil de 1984, l'un des plus hauts dans une œuvre considérable dont la conduite est exemplaire. Le poète veut « donn[er] la parole aux secrets ». La formule est ambiguë, car elle hésite entre dire l'énigmatique et en triompher par la parole poétique. Le livre oscille en effet entre ces deux pôles. Tout commence par des poèmes en forme de questions. Bientôt, le secret devient *arcanes* (série de 1 à 9), c'est-à-dire que la possibilité d'une réponse est laissée au terme d'un long travail de déchiffrement. Renard, catholique de formation même s'il a évolué vers des formes de spiritualité plus libres, ne jette pas le doute, comme Bonnefoy, sur le leurre du seuil, et il connaît l'appel de là-bas. Son Psaume ne peut être, comme celui de Celan, adressé à Personne. Mais quelle conduite adopter dans l'ici mystérieux ? Les rites, qui constituent un nouveau novénaire, et qui, dès « Rites I », prennent la forme énumérative du *il y a*.

Dans « Rites II », on compr
On doute qu'elle éclaircisse
plutôt des énigmes, celle d
d'amis de rencontre que le
« Mythes », « Récits », « Tex
complètes ou incomplètes, se
complexe qui n'est jamais laby
conduire à une réponse, elle
questions initiales — la répon
l'a suggéré Maurice Blanchot c
le malheur de la question :

> Mais cherche d'abord le se
> et t'offre un passage parmi le
> présence sait sonder les signe

Énigmatiques (1995) de Mar
forme plus resserrée, vient après
Voix (1979), *Partition* (1981), *Vo*
Opportunité des oiseaux (1986
Mouvantes (1991), *Dans le feuil*
témoignent toutes d'une grande e
ment sensible de *La Vie, lieu dit* (19
attendue se substitue une écriture e
c'est bien dans les vagues apostrop
que gît le secret d'une animalité
aboie »), d'une musique (« ce contr
signes (« leur écriture irrégulière »)
de rien puisque, contrairement à Je
Claire Bancquart pose « dieu » (
« absence ». Tout est énigme, la pluie
Les mots eux-mêmes ne sont que « le
Deguy use de la même métaphore («
lisibles à la surdité du poème », *Gisa*
multiplie les jeux du langage, les élémen

largement d
une transpa
que le V de
cette « viole
est saluée d
« Où va l
Celan se l'e
ver Martin
de Celan »
quelque ch

> Le
> route
> occu

Tout liv
Ce chemi
voix en ro
vers un au
Chaque c
le cap ver
naît, pour
d'intelligi
Cet au
personne
Mandels
né de sc
seule le
folie, o
doulou
lequel
jette pu
nous n'
malgré
servi),

rie derridienne, ne va pas jusqu'à l'errance du *schibboleth*. Même quand elle est difficile, la poésie française d'aujourd'hui vise à la transparence d'une autre parole. Son paradoxe serait peut-être la recherche, dans son ambition la plus haute, d'un sacré (*La Terre du sacre*, 1966, de Jean-Claude Renard) qui peut rester profane (chez Georges-Emmanuel Clancier, du *Paysan céleste*, 1943, à *Passagers du temps*, 1991). Mais le mouvement qui l'anime l'a conduite surtout vers le simple, vers la concision d'un Guillevic, comme si, par elle, l'énigme pouvait être moins torturante et comme s'il y avait ce que Jean-Pierre Lemaire a appelé une « levée d'écrou », consolatrice de toutes les incarcérations. L'éternité n'est pas retrouvée, comme l'avait cru, un instant, Rimbaud. Mais la parole est, avec Jean-Pierre Lemaire, donnée à une familiarité et à une transparence retrouvées :

> Il ôte la peau des pierres
> pour les pétrir avec son cœur
> et quand il les ressort
> c'est déjà presque du pain
> en forme d'épis, de couronnes
> de tortues, de colombes
> qui restent longtemps chaudes.
>
> (*Le Chemin du cap*, 1993)

Chapitre 8

De Beckett à Koltès

Le théâtre français, durant la même période, va-t-il quelque part ? Et a-t-il un *sens* ? Ces questions méritent d'autant plus d'être posées que les préjugés, les idées reçues sont peut-être, en ce domaine, encore plus tenaces qu'ailleurs.

La première est que l'histoire du théâtre français contemporain ne mériterait plus d'être qu'une histoire de la mise en scène, de la représentation. On en reviendrait presque à cette situation, qui fut celle du Siècle d'or espagnol, où l'*autor* était l'ordonnateur du spectacle et non l'auteur du texte — Cosme Lotti l'emportant sur Calderón. « Avignon, la légende d'un demi-siècle », titrait, sur sa page de couverture, le *Télérama* du 13 au 19 juillet 1996, avec une superbe photo de Gérard Philipe dans le rôle du *Cid*. De Jean Vilar « épousant » Avignon en septembre 1947 aux vingt-quatre heures non-stop d'Olivier Py en 1995, son marathon de *La Servante*, la cour des Papes et les spectacles hors les murs ont sans doute été le lieu d'une intense vie théâtrale, avec des points forts : l'entrée de Maurice Béjart en 1967, l'année Antoine Vitez en 1978, le théâtre-danse de Pina Bausch en 1983, *Le Mahabharata* de Peter Brook en 1985, le retour de Maria Casarès en 1991. Mais les textes de théâtre n'étaient pas oubliés pour autant. Il est significatif d'un retour au théâtre que le clou du festival d'Avignon, en 1996, ait été *La Tragédie du roi Christophe*, d'Aimé Césaire, montée par Jacques Nichet avec une troupe exclusivement noire : un auteur illustre âgé de quatre-vingt-trois ans, une pièce publiée en 1963, la première d'un triptyque que sont venues compléter *Une saison au Congo* (1966) et

Une tempête d'après *The Tempest* de Shakespeare, « adaptation pour un théâtre nègre » (1969), Christophe Ier, Lumumba et Malcolm X étant, selon l'expression de Roger Toumson, « les figures emblématiques d'une épopée de la décolonisation ». Si on remonte dans le passé du festival d'Avignon, on voit qu'en 1983 un texte théâtral de création, *Les Céphéides* de Jean-Christophe Bailly, était monté sous la direction de Georges Lavaudant, avec un acteur étonnant, Ariel Garcia-Valdès.

Le deuxième préjugé est qu'on n'écrit plus de textes de théâtre, et en tout cas de textes théâtraux de qualité pendant ce second XXe siècle. Qu'on pense, par exemple, aux belles pièces de Roger Vrigny (*L'Enlèvement d'Arabelle*, 1952 ; *L'Impromptu du réverbère*, 1954), avant qu'il ne devienne le romancier délicat d'*Arban* (1954) et de *La Nuit de Mougins* (prix Femina, 1963). Marc Fumaroli le rappelait le 25 janvier 1996 dans son discours de réception à l'Académie française (où il succédait à Eugène Ionesco) : en 1950, au moment où *La Cantatrice chauve* n'est encore que *L'Anglais sans peine* — le seul texte que le Roumain réfugié auprès de son ami E.M. Cioran (celui qui, comme nul autre, a su exprimer en aphorismes l'*Écartèlement*) ait alors écrit pour le théâtre — « Sacha Guitry et Marcel Achard commençaient une nouvelle carrière ; Jean Anouilh et Marcel Aymé donnaient au théâtre une série de chefs-d'œuvre », sans parler de Jean Cocteau, de François Mauriac et de Montherlant. Et il est nécessaire de tenir compte des deux rives de la Seine ou, comme le dit encore Marc Fumaroli, des « deux hémisphères du cerveau de Paris ».

La Cantatrice chauve allait être mieux qu'un texte de théâtre : un théâtre du texte, un théâtre de la déconstruction du texte, un théâtre de mots que se jettent à la tête les époux Smith et leurs prétendus amis les époux Martin, un théâtre des mots en délire ou du délire qu'on fait avec les mots. *Rhinocéros* (1959), *Le roi se meurt* (1962), ont vite fait figure de classiques. Bérenger, résistant à la rhinocérite, est le dernier défenseur de l'humanisme, et devenu Bérenger Ier, souverain à l'agonie, il peut déclarer à son entourage :

> Je meurs, vous entendez, je veux dire que je meurs, je n'arrive pas à le dire, je ne fais que de la littérature.

Enfin, on a voulu réduire le théâtre des années 1950 à un prétendu « Théâtre de l'absurde ». La phrase de Bérenger mourant montre bien que la « littérature » s'installe quand il y a une inadéquation entre ce qu'on veut dire et ce qu'on dit. Marc Fumaroli a rapproché cet absurde du *grotesque*, de « la collision de [l']univers intérieur avec la banalité quotidienne, ses mots, ses situations, ses conventions usées ». On pourrait situer à l'opposé du théâtre de la règle le théâtre du dérèglement qui n'épargne ni l'homme, sujet aux métamorphoses, ni la machine verbale. Mais le dramaturge se garde bien de s'abandonner au dérèglement pur. L'expression rimbaldienne de « raisonné dérèglement », conviendrait mieux et à cause de cette raison-là il doit être possible de trouver un sens à l'absurde même.

Il ne faudrait pas ignorer ce qu'Arnaud Rykner, dans un brillant essai de 1988, a appelé « Théâtres du Nouveau Roman » (Duras, Pinget, Sarraute en particulier). Ou bien ces « auteurs nouveaux » auxquels, en 1971, Pierre Dux, nouvel administrateur de la Comédie-Française, décidait d'ouvrir la première scène nationale : neuf, répartis en trois spectacles (Romain Weingarten, Roland Dubillard, François Billetdoux, Andrée Chédid avec *Le Montreur* ; Guy Foissy, Robert Pinget avec *Architruc* ; Gabriel Cousin, Jean-Claude Grumberg, René de Obaldia). « Vieil habitué des lundis, j'ai retrouvé mes dames Le Trouhadec saisies par l'avant-garde », écrivait le critique Mathieu Galley au sujet du troisième spectacle dans *Combat* du 10 mars.

On ne saurait sous-estimer non plus l'apport de Michel Vinaver, cadre commercial chez Gillette, devenu auteur dramatique (il en reste quelque chose dans sa pièce en deux morceaux,

À la renverse, créée au Théâtre national de Chaillot le 25 novembre 1980 sous la direction de Yannis Kokkos), auteur fécond et original, des *Coréens* (1956) à *Iphigénie Hôtel* (1960-1963) et à ce nouvel « impromptu », *Le Dernier Sursaut* (1989), variation, dans la Maison de Molière, sur la mort de Molière dans l'exercice de son art. Vinaver, qui a été professeur à l'Institut d'études théâtrales de la Sorbonne Nouvelle, a su conduire une réflexion sur son propre théâtre.

Le paradoxe est celui d'un théâtre qui s'en prend au langage pour finalement sauver le théâtre à texte. Ce n'est pas un hasard si un grand spécialiste de l'histoire de la rhétorique a succédé à Ionesco à l'Académie française. Et Beckett, qui a fait de *Words* l'un de ses personnages[1], appelle Koltès, jeune et talentueux représentant de l'écriture théâtrale, trop tôt disparu, en 1989, mais découvert par le public des années 1990.

De l'absurde au théâtre de l'absurde

Notre langage quotidien est plein de clichés. Les philosophes et les écrivains de notre temps ont pris soin de nous le démontrer. Nul peut-être n'y a mis plus d'acharnement à la fois joyeux et grinçant qu'Eugène Ionesco. Il a appelé « tragédie du langage », parmi ses *Notes et contre-notes*, une manière de dénoncer dans les automatismes du langage le « parler pour ne rien dire ». On peut pourtant partir d'un cliché, d'une expression dont nous usons et abusons malgré nous : « tourner en rond ». Il serait facile de la récuser en montrant par exemple ce qu'elle a de tautologique. Mais, à dire vrai, n'est-elle pas, à elle seule, figure de la tautologie ? Elle reste l'expression d'un geste. Parole, elle désigne ce qui pourrait être un « acte sans paroles » comme ceux que Samuel Beckett a portés à la scène. Un tel comportement circu-

1. Voir plus haut, p. 21, et plus bas, p. 194.

laire peut être considéré comme un indice de la folie, et en tout cas comme un signe de l'absurde : un processus est engagé qui non seulement ne conduit à aucune fin, mais encore ramène inlassablement au commencement, à tel point qu'on ne parvient plus à discerner la fin du commencement.

On trouverait mainte occurrence du cercle dans l'œuvre d'Antonin Artaud qui, après sa mort en 1948, a exercé une profonde influence, dans sa métaphysique (le « tourbillon de vie » dans la deuxième lettre sur la Cruauté), dans son dispositif scénique (le public investi par la ronde des acteurs), dans la gestuelle théâtrale (le supplice de Béatrice Cenci attachée à une roue, qui est encore celle du roi Lear et qui, à n'en pas douter, est l'image de son destin, de notre destin). Il y a chez Artaud une tentative pour redonner un sens à ce qui est pourtant le symbole du non-sens : le théâtre, affirmait-il à la fin de la préface du *Théâtre et son double* (1938), doit renouveler le « sens de la vie », où désormais « l'homme impavidement se rend[ra] le maître de ce qui n'est pas encore, et le [fera] naître ». Il découvrira par exemple le rapport existant entre le geste circulaire et les forces qui animent le monde, ou bien encore il sera lui-même créateur de cercles.

Selon Martin Esslin[2], Camus et Sartre diffèrent du théâtre de l'absurde en ce qu'ils « exposent leur sentiment de l'irrationnel de la condition humaine sous la forme d'un raisonnement lucide et logiquement construit, alors que le théâtre de l'absurde exprime son sens de cette même condition et démontre ce que la raison a d'inadéquat, en abandonnant délibérément les démarches rationnelles et la pensée discursive. Pendant que Sartre ou Camus apportent un contenu neuf à une convention ancienne, le théâtre de l'absurde fait un pas de plus en tentant de créer une unité

2. Martin Esslin, *The Theatre of the Absurd*, 1971, trad. française *Théâtre de l'absurde*, Buchet-Chastel, 1977.

entre ses postulats fondamentaux et la forme dans laquelle ils sont exprimés ». Il y aurait continuité en ce qui concerne le fond, rupture en ce qui concerne la forme. Mais nous sommes devenus trop méfiants à l'égard de cette dichotomie périmée pour accepter telle quelle une semblable présentation.

On passe aisément de la chaîne des gestes quotidiens telle que la déroule Camus dans *Le Mythe de Sisyphe,* « Lever, tramway, quatre heures de bureau ou d'usine, repas, tramway, quatre heures de travail, repas, sommeil et lundi mardi mercredi jeudi vendredi et samedi sur le même rythme », au défilé des générations dans *La Conversation* (1964) de Claude Mauriac, où l'homme et la femme anonymes attendent des enfants, des anniversaires, des augmentations, de l'avancement, le moment où ils pourront acheter la maison de campagne, la petite auto. Ou à l'attente quotidienne de Vladimir et Estragon dans *En attendant Godot* (1953) de Beckett, avec les mêmes gestes, les mêmes rites (on ôte sa chaussure, on la remet, on enlève son chapeau, on le repose sur sa tête) : une attente qui dure « depuis cinquante ans », c'est-à-dire depuis le commencement du monde. C'est toujours la même chose, et finalement il ne se passe rien. Choubert et sa femme Madeleine en font encore une fois le constat au début de *Victimes du devoir* d'Ionesco.

> MADELEINE, *s'interrompant dans son travail.* – Quoi de nouveau sur le journal ?
>
> CHOUBERT. – Il ne se passe jamais rien. Des comètes, un bouleversement cosmique, quelque part dans l'univers. Presque rien. Des contraventions pour les voisins parce que leurs chiens font des saletés sur le trottoir.

Dès lors, pourquoi les enfants de l'absurde seraient-ils seulement ceux de l'après-guerre ? Ionesco associe le théâtre de Samuel Beckett aux lamentations de Job sur son fumier qui effectivement, transformées en tirades dramatiques et mises en scène, constitueraient un assez bel échantillon de théâtre de l'absurde. Il existe toutefois entre les personnages de Camus (et même Job) et ceux de Beckett une différence capitale : la conscience de l'absurde. Vladimir et Estragon vivent dans l'absurde, ils ne vivent pas l'absurde, comme Caligula. Il manquerait même aux êtres larvaires de Beckett ce qui fonde l'absurde dans *Le Mythe de Sisyphe*, c'est-à-dire la « confrontation » de l'« irrationnel » du monde à « ce désir éperdu de clarté dont l'appel résonne au plus profond de l'homme ». Les personnages de Camus pensent ; or « commencer à penser, c'est commencer d'être miné ». Ceux de Beckett ne pensent pas ou bien, si leur machine à penser se met à fonctionner (celle de Lucky quand il ôte son chapeau), un déluge verbal irrationnel se répand.

Ionesco a tenu, pour sa part, à prendre ses distances par rapport à Camus ; il est même réticent pour l'emploi des mots *absurde* et *absurdité*. « C'est trop à la mode », déclarait-il dans une interview accordée à Édith Mora. Et dans des « notes sur le théâtre » prises pour lui-même en 1953 : « On a dit que j'étais un écrivain de l'absurde ; il y a des mots comme ça qui courent les rues, c'est un mot à la mode qui ne le sera plus. En tout cas, il est dès maintenant assez vague pour ne plus rien vouloir dire et pour tout définir facilement.[3] » A-t-il bien lu Camus quand il s'en prend à la notion d'un monde essentiellement absurde ? « L'absurde, déclarait-il à Édith Mora, c'est en quelque sorte à l'intérieur de l'existence qu'on le place. Or pour moi, à l'intérieur de l'existence, tout est logique, il n'y a pas d'absurde. C'est le fait d'être, d'exister, qui est étonnant. » Ou encore : « En réalité l'existence du monde me semble non pas absurde, mais incroyable, mais à l'intérieur de l'existence et du monde on peut y voir clair, découvrir des lois, établir des règles " raisonnables ". L'incompréhensible n'apparaît que lorsqu'on remonte vers les

3. Eugène Ionesco, *Notes et contre-notes*, Gallimard, 1966, idées/nrf n° 207.

sources de l'existence, lorsqu'on s'installe en marge et qu'on la regarde dans son ensemble. »

En fait Ionesco n'est peut-être pas aussi loin de Camus qu'il le croit, ou qu'il le dit. Le sentiment qu'il en a d'être écrasé par le monde, « envahi par des forces pesantes contre lesquelles (il) mène un combat où (il) ne peut avoir que le dessous », exprimé directement dans *Notes et contre-notes* et par le truchement de la scène dans *Victimes du devoir* avec l'accumulation des tasses, dans *Le Nouveau Locataire* avec l'asphyxie par les meubles, se situe dans le prolongement de ce que décrivait Camus dans *Le Mythe de Sisyphe*. *Rhinocéros* semble l'illustration allégorique de la formule selon laquelle l'homme sécrète de l'inhumain. À la naissance du théâtre d'Ionesco il faut à coup sûr placer une vision originelle de l'existence ; celle des passants qui s'agitaient sur les trottoirs quand il était gosse, « ombres fantomatiques, hallucinantes », « ombres moribondes ».

Car la toute-puissance de la mort, et la *vanitas vanitatum* qu'elle implique, s'exercent dans ce théâtre : c'est le lent enlisement de Willie et de Winnie dans *Oh les beaux jours* de Beckett ou les spectaculaires *Jeux de massacre* de Ionesco, jusqu'à l'embrasement final. Là encore, à la différence de ce qui se passait dans le théâtre de Camus, le personnage n'est pas conscient ; il se prête au jeu. Les survivants des *Jeux de massacre*, cernés par le feu au moment où ils croyaient être sauvés, sont « pris au piège comme des rats ». Winnie admet que « le pauvre Willie » n'en a « plus pour longtemps ». Mais elle se garderait bien de dire la même chose en ce qui la concerne, et elle continue à jouer avec les objets que contient son sac ou avec ses souvenirs. Tout se passe comme si la conscience qui fonde l'absurde était un privilège de l'auteur et comme si celui-ci refusait de le communiquer à ses personnages. La seule exception pourrait être Bérenger, qui d'ailleurs évolue : il s'expose au couteau du tueur, à la fin de *Tueur sans gages*, en se demandant ce qu'il peut faire et sans se rendre compte que ce tueur n'est autre que la Mort elle-même.

À la fin de *Le roi se meurt* il acquiert au contraire une conscience, et la manière dont, isolé au terme de *Rhinocéros* il prenait le parti de l'humain contre tous n'était pas sans rappeler l'éthique de Camus.

La question fondamentale du *Mythe de Sisyphe* — faut-il malgré l'absurde continuer à vivre ? — devient, dans la bouche des personnages, un cliché dépourvu de signification. Leurs lèvres posent une question que leur esprit ne se pose pas. Par exemple dans *Jeux de massacre* :

> SIXIÈME HOMME. – On se demande parfois comment on peut faire pour vivre. C'est pas toujours gai, hein ? comme dit mon ami Gaston.
>
> CINQUIÈME HOMME. – Peut-être qu'il vaudrait mieux mourir ?
>
> SIXIÈME HOMME. – Ne le dites pas, ça porte malheur.

Le projet de suicide de Vladimir et d'Estragon s'englue dans la procrastination (« on apportera une bonne corde », « on se pendra demain ») : on attend le moment de se tuer comme on attend Godot, c'est-à-dire qu'il ne viendra jamais[4]. Caligula se dirigeait vers ce qui n'était au fond qu'un « suicide supérieur » (l'expression est de Camus lui-même dans la préface à l'édition américaine de son théâtre) : « On ne peut tout détruire sans se détruire soi-même. C'est pourquoi Caligula dépeuple le monde autour de lui et, fidèle à sa logique, fait ce qu'il faut pour armer contre lui ceux qui finiront par le tuer. *Caligula* est l'histoire d'un suicide supérieur. » Dans le théâtre de l'absurde, il s'agit plutôt d'un suicide inférieur. Dans *Tous ceux qui tombent*, de Samuel Beckett, M. Rooney, de par ses aspirations du moins, sort de l'absurde quotidien pour aller vers une manière d'ensevelissement prématuré, qui serait son idéal.

---

4. Sur *En attendant Godot*, et pour une approche humaine de cette pièce, voir l'étude de François Kerlouégan, dans *L'Amitié*, éd. Vuibert, 2001, p. 87-111 (« Une fraternité désespérée »).

D'autre part, me disais-je, il y a les horreurs de la vie chez soi – brossage, frottage, balayage, grattage, cirage, suçage, polissage, raclage, lavage, séchage, arrosage, brassage, rinçage, grinçage, malaxage, claquage, en un mot le ménage. Et toute la sale marmaille des voisins, braillant et pétant de vie et de bonheur. Enfer des fins de semaine, tu en sais quelque chose. Mais qu'est-ce que ça doit être les jours ouvrables ? Un mercredi ? Un vendredi ? Qu'est-ce ça doit être un vendredi ! Et je me suis repris à songer à mon bureau dans l'impasse, à mon sous-sol silencieux, avec sa plaque où le temps a effacé mon nom, son lit de repos et ses tentures de velours, et à tout ce que ça représente d'y être enterré vif ne fût-ce que de dix à cinq, mes rafraîchissements à portée de main. Rien, me disais-je, même pas la mort dûment constatée, ne pourra jamais remplacer ça.

Ou bien, à l'inverse, on revient au stade prénatal, dans le néant d'avant la naissance. Estragon, renonçant à enlever ses chaussures, se dispose en chien de fusil, la tête entre les jambes, les bras devant la tête. Avec sa longue-vue, Clov aperçoit dehors un mort qui, comme un enfant, regarde son nombril. Nell et Nagg sont repliés comme des fœtus dans leurs poubelles respectives.

Cette régression à l'état d'*infans* distingue assurément le nouveau théâtre du théâtre de Camus. Si la joie de Sisyphe reste « silencieuse », ce n'est pas au nom d'un quelconque « Je ne sais plus parler ». Caligula a beau faire couper la langue à ses victimes, il poursuit avec elles des dialogues et se parle à lui-même, en de longues tirades, devant son miroir. S'il est fou, sa folie n'altère jamais les structures du langage.

Au contraire un Beckett, un Ionesco mettent en question le langage. Pour Ionesco, « les gens sont devenus des murs les uns pour les autres » (les époux Martin, qui ne se reconnaissent pas, dans *La Cantatrice chauve*). Dès son essai sur Proust, Beckett écrivait que « la tentative de communiquer là où nulle communication n'est possible est une pure singerie, une vulgarité ou une abominable comédie, telle que la folie qui tiendrait conversation avec le mobilier ». Au mieux, un « délire à deux », pour reprendre le titre d'une autre pièce de Ionesco.

Ou un délire à plusieurs, dont *La Cantatrice chauve* nous fournit l'illustration exemplaire. L'auteur a expliqué comment il avait eu l'idée de cette pièce en partant du dialogue des couples d'Anglais de la Méthode Assimil et des vérités premières qu'on leur fait énoncer. Mais bien vite « les vérités élémentaires et sages qu'ils échangeaient, enchaînées les unes aux autres, étaient devenues folles, le langage s'était désarticulé, les personnages s'étaient décomposés ; la parole, absurde, s'était vidée de son contenu et tout s'achevait dans une querelle dont il était impossible de connaître les motifs, car [l]es héros se jetaient à la figure non pas des répliques, ni même des bouts de propositions, ni des mots, mais des syllabes, ou des consonnes, ou des voyelles ». On a l'exemple ici d'une prolifération anarchique qui s'accompagne de décomposition : une sorte de cancer du langage.

Beckett nous offrirait plutôt l'exemple d'une mort du langage par appauvrissement. Dans *L'Innommable*, ce long monologue, il imaginait le verbiage d'êtres situés aux limites du néant, en proie à l'existence toute nue ; et la prose se dissolvait en redites, en verbosités, sécrétant un ennui qui était, comme l'écrit Jean Onimus, « l'expression d'un tragique fatigué, que traversent par instant des cris et des rires atroces ». *Comment c'est* présente des mots en vrac, sans ponctuation, monologue d'une larve humaine pleurant dans la boue. La brièveté des répliques dans *En attendant Godot* — sauf le long « exposé » de Lucky où la parole s'énerve, se déstructure —, les bribes de paroles qui ne constituent jamais des phrases dans *Oh les beaux jours* — grains de paroles qui viennent s'ajouter aux grains de sable — semblent aller dans le sens d'une mort du langage qui ne s'est pas encore produite, mais ne saurait tarder à se produire. On parle pour occuper le temps. « Cale pas » dit Henry à Ada dans *Cendres*, « chaque syllabe est une seconde de gagnée ». Winnie, au deuxième acte d'*Oh les beaux jours,* parle encore, mais pour dire qu'elle n'a rien à dire. Ce théâtre s'enfonce lentement dans le silence. Il évolue vers l'acte sans paroles : un coup de sifflet à droite, un coup de sifflet à gauche, et un personnage muet qui court de l'un à l'autre côté jusqu'au moment où il finit par s'arrêter immobile au milieu de la scène.

La frontière du théâtre de l'absurde pourrait être alors un théâtre absurde, dont Ionesco nous donne une idée dans *Notes et contre-notes*, mais qu'il n'a jamais réalisé :

> Si vous vous bouchez les oreilles pour ne pas entendre la musique que joue l'orchestre, mais que vous continuiez à regarder les danseurs, vous pouvez voir combien ils vous paraissent ridicules, et leurs mouvements insensés ; de même si quelqu'un se trouvait pour la première fois à la célébration d'un culte religieux, tout ce cérémonial lui paraîtrait incompréhensible et absurde.

Caligula était un drame, avec une exposition, un nœud de l'action (la décision de l'empereur), diverses péripéties faisant progresser l'action jusqu'à un dénouement. Cette formule traditionnelle utilisée par Camus n'est pas toujours abandonnée dans le théâtre de l'absurde. Ionesco n'y renonce pas complètement, en particulier dans ce qu'il est convenu d'appeler le cycle de Bérenger. Une pièce comme *Rhinocéros*, par exemple, est construite comme un drame. On notera pourtant que Bérenger, qui est censé mourir à la fin de *Tueur sans gages*, reparaît dans *Rhinocéros*, dans *Le Piéton de l'air*, dans *Le roi se meurt*, où il meurt de nouveau. Sa vie, sa mort sont un recommencement.

La première pièce de Ionesco, *La Cantatrice chauve*, offrait déjà un cas exemplaire de recommencement. Au début de la pièce, M. et Mme Smith s'engageaient lentement dans un dialogue où les préoccupations quotidiennes et stomacales avaient la part la plus importante. Or après le grand combat de paroles qui suit, il y a un moment de silence ; la lumière, qui s'était éteinte, se rallume. « M. et Mme Martin sont assis comme les Smith au début de la pièce. La pièce recommence avec les Martin, qui disent exactement les répliques des Smith dans la première scène, tandis que le rideau se ferme doucement. » Ionesco prend soin de préciser que, lors des premières représentations au théâtre des Noctambules, le recommencement final se faisait toujours avec les Smith. Il a eu seulement plus tard l'idée de leur substituer les Martin.

La dernière scène des *Cenci* d'Artaud pourrait être déjà du « théâtre de l'absurde » s'il n'y avait cette double implication (la mise à jour d'une structure cosmique, la liberté du dramaturge-metteur en scène qui reste maître du jeu). L'expression serait de toute façon anachronique. Le livre de Martin Esslin, *Le Théâtre de l'absurde*, date seulement, dans sa version originale, en anglais, de 1961 ; en 1956, P. Van den Bosch intitulait le sien *Les Enfants de l'absurde*, et le point de départ doit être cherché dans les écrits d'Albert Camus précédant immédiatement la guerre. Est-ce à dire que le théâtre de l'absurde s'inscrit dans le sillage de Camus ou, plus largement, de l'existentialisme ? La décennie qui s'écoule entre *Le Mythe de Sisyphe* (1942) et *En attendant Godot* (1953), réduite encore si l'on prend comme repère *La Cantatrice chauve* (1950), ou si l'on songe que la pièce de Beckett a été écrite en 1948-1949, voit-elle un changement de génération ? Et si changement de génération il y a, les fils ont-ils trahi le père ? Ionesco refuse d'être considéré comme un dramaturge existentialiste ou post-existentialiste et conteste l'appellation « théâtre de l'absurde ». Seuls ses commentateurs ou ses interprètes utilisent volontiers ce terme, et Breton avait cru reconnaître en lui le dramaturge vrai qui manquait au surréalisme. Beckett se rattache plus volontiers à Proust, à Joyce, aux surréalistes qu'à Camus. Cette déhiscence inattendue pose un problème qu'on ne pourrait résoudre qu'en confrontant systématiquement le théâtre d'un penseur de l'absurde comme Camus aux œuvres du prétendu « théâtre de l'absurde ».

La structure circulaire est également très remarquable dans *En attendant Godot*. L'acte II reproduit la structure de l'acte I : dialogue de Vladimir et d'Estragon / Arrivée de Pozzo et de

Lucky, puis sortie de ces deux personnages / Reprise du dialogue / Arrivée puis sortie du Garçon / Reprise du dialogue. Les deux dernières répliques sont les mêmes, et significatives à elles seules d'un mouvement immobile :

> ESTRAGON. – Alors on y va ?
> VLADIMIR. – Allons-y.
> *Ils ne bougent pas.*

La chanson de Vladimir, qui rappelle son recommencement *ad infinitum*, semble prise pour modèle. La pièce ne se dénoue pas, mais elle recommence, ou on a l'impression qu'elle pourrait recommencer.

Cette longue attente, ces échanges de propos, ces rencontres, tout cela n'a servi à rien. Alors que Camus conférait une valeur au geste indéfiniment repris de Sisyphe, ici tout est frappé de nullité. À en croire Ionesco, la pièce elle-même, ou sa propre production dramatique sont inutiles. « Vous savez », déclarait-il en 1975 : « Je n'aime pas ce qu'écrit Samuel Beckett ; eh bien, ce que j'ai écrit ne vaut même pas ce qu'a écrit M. Samuel Beckett, c'est de la poussière, n'est-ce pas ?, ce n'est même pas de la poussière ». Pour reprendre l'expression dont je suis parti : « on tourne en rond ».

Pour conjurer cette impression, quelques conclusions provisoires :

1. On ne peut dire, comme le fait Alfred Simon en 1968, dans son livre sur *Les Signes et les Songes – Essai sur le théâtre et la fête*, que « *Les Chaises*, *En attendant Godot*, *Les Nègres* soi(en)t l'équivalent pour l'après-guerre de ce que le roman de Malraux, de Bernanos, de Saint-Exupéry avait représenté entre 1930 et 1940 ». Il y avait eu dans cette décennie une expérience dramatique majeure, même si elle avait avorté, celle d'Artaud. De Jacques Derrida à Camille Dumoulié, elle a sollicité les penseurs d'aujourd'hui. La suspicion dans laquelle il tenait le langage, son effort pour faire parler les gestes et les objets se retrouvent dans le théâtre de Ionesco et surtout celui de Beckett.

2. Mais entre-temps la pensée de Camus a donné à l'absurde ses lettres de noblesse. Elle ouvrait à un théâtre, qui est déjà un théâtre de l'absurde, et dont *Caligula*, dès 1944, est le meilleur exemple. Un théâtre plus subtil, plus concerté qu'on ne l'a dit, sans toutefois proposer une formule dramatique neuve.

3. Le théâtre de l'absurde propose une formule apparemment plus neuve : à la progression dramatique se trouve substitué un processus d'accumulation anarchique — de personnages, de gestes ou de mots —, ou au contraire une stagnation allant de pair avec un appauvrissement du langage. On songe alors au Joyce de *Finnegans Wake* plus qu'à Artaud ou à Camus. Artaud redonnait un sens à la structure circulaire, en la resacralisant. Camus brisait le cercle par l'acceptation d'un destin et la découverte d'un devoir à l'égard des autres. La structure cyclique de *La Cantatrice chauve* ou d'*En attendant Godot* reste désespérément fermée.

4. Le théâtre de l'absurde, si l'on entend par là celui qui se situe dans le sillage de ces deux œuvres, est de toute façon trop divers pour qu'on puisse l'enfermer dans une seule formule. Même quand on retient la plus pure, on ne peut se cacher que le cycle de Bérenger, par exemple, faisait mainte concession — sans le vouloir peut-être — au théâtre de l'absurde tel que l'entendait Camus. Le moine noir qui apparaît comme une ombre menaçante dans *Jeux de massacre* oblige à se demander si la scène est totalement vidée de toute référence à la présence d'une transcendance. Le théâtre de Beckett m'obligera lui aussi à aborder cette difficile question.

Le silence et les mots dans le théâtre de Samuel Beckett

On ne peut que s'étonner quand on entend ou quand on voit Samuel Beckett désigné par ce diminutif, qui est bien dans la manière anglo-saxonne, « Sam ». Il est vrai qu'il a usé lui-même de diminutifs dans son théâtre : le Joe de *Dis Joe*, le Hamm de *Fin de partie* qui est Hamlet mais aussi Homme… Cette ambiguïté, cette surcharge indiquent déjà qu'il s'agit de quelque chose de plus subtil. D'ailleurs, au fur et à mesure qu'on avance dans cette œuvre, le mode de désignation se fait de plus en plus économique : F1 (Femme 1), F2 (Femme 2), H (Homme) dans *Comédie*, Flo, Vi et Ru dans *Va-et-vient* (on a l'impression que ce sont des noms inachevés), V. (Voix) dans *Pas*. Cette progressive raréfaction confirme l'impression que donnait la première pièce de Beckett, celle qui en 1953 le rendit célèbre, *En attendant Godot* : on respire mal dans ce théâtre, qui est aussi peu *familier* que possible.

On a dit Beckett tenté par le silence, comme Mallarmé, et pourtant on écrit que « c'est de mots qu'il a formé le remarquable instrument qui sert ses buts » et que « le langage lui a permis d'ajouter une nouvelle dimension au langage ». Cet anti-écrivain obtint quand même le prix Nobel de littérature en 1969. Il est sans doute de ceux qui ont connu la torture de l'écriture, comme Kafka ou Celan. Il est surtout de ceux qui se méfient des mots : « Je suis en mots, je suis fait de mots, des mots des autres », écrivait-il dans *L'Innommable*. Mais l'étonnant est qu'il fasse d'eux un personnage de son théâtre : l'indiscret, le piteux Words de *Paroles et musique*, qui parle dans les mêmes termes de la paresse, de l'amour et de la vieillesse, et n'est plus qu'une machine à répétition. On hésite dès lors à user, pour parler de lui, de ce langage qu'il semble avoir condamné à mort mais qui traîne encore, et jusque dans ses *Actes sans paroles*, une existence moribonde.

On a beaucoup décrit la thématique de l'absurde, chez Beckett. C'est chose facile. Mieux vaudrait poser, à son propos, une problématique du théâtre. Alfred Simon, poursuivant le parallèle avec Mallarmé et le complétant par un parallèle avec Artaud, nous y incite.

> Mallarmé et Artaud ont poussé plus loin que quiconque la recherche d'un théâtre « pur » dont on est en droit de trouver

> exorbitante la prétention à l'Art et à la Vérité. C'est une théologie du théâtre qui se retourne en théologie du néant. La mort de Dieu les hante dans l'idée que ni Dieu ni le Théâtre n'ont besoin d'exister pour être et qu'il faut s'affranchir de l'être pour vivre. Artaud a quêté ce théâtre sur les chemins de la folie. Mallarmé avant lui l'avait guetté dans l'espace vacant de la page blanche.[5]

Et Beckett ? Si l'on attend Dieu dans son théâtre, et en vain, le théâtre, lui, est là, immédiatement. Cette représentation qu'il se donne, qu'il nous donne, est-elle une présence ? Le théâtre est-il un substitut du Dieu absent ?

Ionesco a écrit dans ses *Notes et contre-notes* que l'atmosphère absurde ne saurait s'appesantir que sur un homme « coupé de ses racines religieuses ou métaphysiques », un homme « perdu » dont la démarche devient « insensée, inutile, étouffante ». En cela il n'est pas infidèle au refus de la foi qui s'exprimait chez Camus. Dieu est mort, non de mort violente pour Beckett, mais de vieillesse. Ce protestant d'origine, élevé dans une atmosphère piétiste de foi inquiète, tue moins Dieu qu'il ne l'élude. Il étire son absence, « la divine apathie », la « divine athambie », la « divine aphasie » de ce « Dieu personnel quaquaquaqua à barbe blanche » qui a du mal à émerger du bredouillis de Lucky dans *En attendant Godot.*

Si Dieu a fait l'homme à son image, il ne peut être qu'un vieillard à barbe blanche, comme les personnages de Beckett : tandis que Lucky découvre ses cheveux blancs, Pozzo révèle sa calvitie complète *(En attendant Godot)* ; Hamm semble aussi vieux que ses parents Nell et Nagg *(Fin de partie)* ; Krapp touche au soir de sa vie *(La Dernière Bande)* ; Willie a une longue moustache *(Oh les beaux jours)* ; la mère de May a quatre-vingt-neuf, quatre-vingt-dix ans *(Pas)*. Leur décrépitude semble prolonger cette existence qui n'en finit pas. M. Rooney constate dans *Tous ceux qui tombent* :

---

5. *Les Signes et les Songes*, éd. du Seuil, 1968.

> La perte de mes yeux m'a donné un coup de fouet. Si je pouvais devenir sourd et muet je serais foutu de me traîner jusqu'à mes cent ans.

Apathique, il l'est comme Vladimir et Estragon qui disent : « On y va » et ne bougent pas. Athambique, sans mouvement, il l'est comme Nell et Nagg, culs-de-jatte enfermés dans une poubelle ou comme les trois personnages de *Comédie* enfoncés dans leurs jarres. Aphasique, il l'est comme Joe.

Joe, un dévot précisément. La voix qui le poursuit lui en fait reproche :

> Comment va Ton-Seigneur ces temps-ci ?... Toujours profitable ?... Toujours le flanc ouvert ?... À la passion de Notre-Joe... *(Dis Joe)*

Le fait est important. L'œuvre de Beckett n'est pas vide de références au christianisme, bien au contraire. Pozzo emmène Lucky au marché de Saint-Sauveur *(En attendant Godot)*, mais n'y arrive sans doute jamais. Estragon veut imiter Jésus-Christ (« Toute ma vie, je me suis comparé à lui », dit-il à Vladimir) : il va pieds nus comme lui, il se voit crucifié. Dans *Fin de partie* Hamm est identifié à la figure du Christ fils et victime ; il a toujours avec lui ce linge rougi d'une sueur sanglante, ce sudarium, cette véronique dont il se couvrira à la fin le visage. Le titre *Tous ceux qui tombent* vient du Psaume 145 ; il faut attendre un long moment pour que le passage soit cité par Madame Rooney :

> L'Éternel soutient tous ceux qui tombent. Et il redresse tous ceux qui sont courbés.

Le rire sauvage dont les deux vieillards ponctuent cette citation indique assez qu'elle n'est faite que dans une intention de dérision.

Devant les souffrances des hommes, on pourrait penser que ce Dieu est un Dieu sadique (à la manière de celui que présente Lautréamont dans *Les Chants de Maldoror*), celui qui tyrannise les personnages dans les deux *Actes sans paroles* (le coup de sifflet, l'aiguillon dans le sac). Mais le plus absurde est qu'il n'existe pas : on passe son temps à l'attendre. Le thème est ancien dans l'œuvre de Beckett : dans le roman intitulé *Watt*, le héros prenait du service chez un certain M. Knott, qu'il ne voyait jamais, mais pour lequel il préparait chaque semaine sa potée alimentaire. Renvoyé de la maison Knott, il n'était plus qu'un misérable clochard, comme Vladimir et Estragon, ces deux larrons dont aucun ne sera sauvé.

Ce vivant est seul, emmuré, même s'il est parmi d'autres. Et Godot, s'il existait, serait un Dieu solitaire. Les commentateurs de Beckett ont expliqué par l'influence des cartésiens (en particulier Geulincx) et par le pessimisme théologique dans lequel il avait été élevé cette vision d'une conscience emprisonnée en elle-même et aspirant à l'inconscience (la mort, la stupidité sénile, la non-naissance). Mais il faut surtout tenir compte d'une autre référence religieuse : celle qui est presque constamment faite à l'Enfer. La « fournaise d'infernale lumière » où sont pris Willie et Winnie en est l'image la plus éclatante *(Oh les beaux jours)* ; la plus désolée est le huis clos de *Comédie* où F1, F2 et H, les trois morts dérisoires plantés dans trois urnes, poursuivent trois discours parallèles sans communiquer entre eux. On peut parler de l'enfer au futur, comme le fait Henry dans *Cendres*, mais c'est pour dire qu'il sera fait des souvenirs de la vie d'ici-bas : « Ce sera ça, l'enfer, des bavardages au murmure du Léthé sur le bon vieux temps où on crevait d'envie d'être mort. » Hamm est plus net encore : « Au-delà c'est... l'autre enfer » *(Fin de partie)*, ce qui implique qu'ici c'est déjà l'enfer. Il y a chez Beckett comme chez Dante des cercles de l'Enfer ; mais la vie humaine constitue l'un d'eux.

C'est parce que nous sommes déjà dans l'éternité, ou plutôt comme le disait Jules Laforgue dans l'éternullité que le temps n'existe pas. Chaque instant ressemble tellement au précédent qu'il semble se confondre avec lui. « Il ne fait pas plus chaud aujourd'hui qu'hier », constate Winnie dans *Oh les beaux jours*,

« Il ne fera pas plus chaud demain qu'aujourd'hui, impossible, et ainsi de suite, à perte de vie, à perte de passé et d'avenir ». Les catégories du temps sont abolies : « Autrefois... maintenant... comme c'est dur pour l'esprit. » Pozzo, à qui l'on essaie de redonner la conscience du temps, s'écrie avec fureur :

> Vous n'avez pas fini de m'empoisonner avec vos histoires de temps ? C'est insensé ! Quand ! Quand ! Un jour, ça ne vous suffit pas, un jour pareil aux autres, il est devenu muet, un jour je suis devenu aveugle, un jour nous deviendrons sourds, un jour nous sommes nés, un jour nous mourrons, le même jour, le même instant, ça ne vous suffit pas ?

Plus de calendrier : Vladimir et Estragon sont incapables de dire si c'est samedi, dimanche, lundi, vendredi ou jeudi. Il est impossible de fixer l'heure précise. Hamm demande : « Quelle heure est-il ? », et Clov répond : « La même que d'habitude. » Comme l'horloge sans aiguilles imaginée par Arthur Adamov dans *La Parodie* (1952), montres, réveils et pendulettes battent l'heure sans l'indiquer.

Cet enfer est une prison, comme tout enfer. Vladimir et Estragon ont beau courir, ils ne voient pas Godot, ils ne sont pas sauvés. Pire, ils sont « cernés » :

> ESTRAGON. – Je suis damné !
> VLADIMIR. – Tu as été loin ?
> ESTRAGON. – Jusqu'au bord de la pente.
> VLADIMIR. – En effet, nous sommes sur un plateau. Aucun doute, nous sommes servis sur un plateau.

Le triple jeu de mots dessine une géographie, ironise sur la référence à une illusoire vie de château (ou de paradis), et rappelle les conventions du théâtre. Vladimir et Estragon, Pozzo et Lucky n'ont d'existence que par lui, qui pourtant frappe Dieu et l'homme d'inexistence.

Ce rappel auquel procède le dramaturge lui-même conduit à poser le problème de son recours au théâtre. La question mérite d'autant plus d'être posée que Beckett, malgré quelques essais, ne s'est pas d'abord véritablement exprimé par ce moyen. Ses premières œuvres ont été des poèmes (*Whoroscope*, qui lui a valu un prix en 1930), des nouvelles (*More Pricks than Kicks*, 1934), des essais (sur Joyce, sur Proust), des romans : *Murphy*, écrit en 1938, *Watt* en 1943-1944, *Molloy*, *Malone meurt* (1951), *L'Innommable* (1953). La forme dramatique naît peu à peu dans ces œuvres non dramatiques.

Le « Je » tend à se disloquer en *personae* qui peuvent devenir des personnages. Sa mort correspondrait sans doute à leur disparition. « Si jamais je me tais » écrit Beckett dans son roman *Malone meurt*, « c'est qu'il n'y aura plus rien à dire, même si tout n'est pas dit, même si rien n'a été dit. Mais laissons là ces questions morbides et revenons à celle de mon décès, d'ici deux ou trois jours si j'ai bonne mémoire. À ce moment-là c'en sera fait des Murphy, Mercier, Molloy, Moran et autres Malone, à moins que ça ne continue dans l'outre-tombe ». À dire vrai, dans l'enfer d'ici-bas semble bien se dérouler le dialogue d'outre-tombe anticipé, et les personnages du théâtre de Beckett naissent moins du trop-plein de son existence que de ce qu'il appelait lui-même dans les *Textes pour rien* le creux de son inexistence. Quand il écrit dans *L'Innommable* que son « prochain représentant en existence sera un cul-de-jatte », laissant présager ce que seront les personnages de *Fin de partie* ou de *Comédie*, il ne se projette pas — lui, ce grand vieillard qu'on voyait parfois déambuler d'un pas décidé dans les rues de Paris —, il dessine un contraire de lui-même qui pourtant l'obsède et le cerne.

Il y a quelque chose d'évidemment sado-masochiste dans les spectacles de Beckett. Pozzo dirige Lucky au moyen d'une corde passée autour du cou, et lui donne du fouet à tel point que Vladimir et Estragon protestent *(En attendant Godot)*. Hamm, quoique paralysé, tyrannise Clov, qui lui ne veut pas s'asseoir. « Cessons de jouer », implore Clov, et Hamm impitoyable :

« Jamais ». On a invoqué fréquemment la relation hégélienne du maître et de l'esclave, et la dialectique célèbre. Mais le renversement ici ne semble pas possible : à l'acte II, Pozzo repart avec Lucky en le fouettant, et Vladimir cette fois donne des coups de pied à l'esclave ; Clov ne peut échapper à Hamm qu'en se suicidant (mais il ne se suicide pas). « Remarquez », dit Pozzo à propos de Lucky, « que j'aurais pu être à sa place et lui à la mienne. Si le hasard ne s'y était pas opposé ». Ce hasard n'est autre que le hasard de la naissance. Cet autre que le prétendu existant tyrannise est celui qui inexiste en moi et qui n'existe pas sans moi. Beckett est le premier bourreau de ses personnages. Il en est peut-être la première victime.

On a beaucoup parlé du pessimisme de Beckett à propos de la communication entre les êtres et du langage qui se désagrège, même si les mots restent le seul recours de Winnie au deuxième acte d'*Oh les beaux jours*. Paroles *(Words)* dans *Paroles et musique* se réduit à un mécanisme verbal. Tout cela a été dit maintes fois, mais l'important n'est peut-être pas là. Le propre des mots, pour Beckett, c'est qu'ils procréent des histoires : l'histoire de Mira dans la Baleine *(Paroles et musique)*, l'histoire de Madame Winter et d'Amy *(Pas)*, l'histoire de Bolton *(Cendres)*, l'histoire interminable à laquelle Hamm ajoute un peu chaque jour *(Fin de partie)*, l'histoire des deux larrons que Vladimir raconte à Estragon. Estragon voudrait ne pas l'entendre, Ada reproche à Henry ces histoires, ces sornettes qu'il raconte. Mais rien n'y fait, et la voix de femme dans *Dis Joe* finit par dire ce à quoi elle résistait : « Voilà l'histoire… Tu l'as eue. » Le rapport de Beckett avec le langage, qu'on croirait purement négatif, se trouve défini dans une nouvelle relation sado-masochiste avec un langage productif d'histoires, avec la tyrannie de la narrativité. Le moi voudrait se retrancher dans le silence, mais il ne peut pas ne pas écouter la voix du langage, toujours étrangère, qui prétend abusivement parler en son nom :

> […]qui parle ainsi, se disant moi ?
> – C'est le même inconnu que toujours, le seul pour qui j'existe, au creux de mon inexistence, de la sienne, de la nôtre… Il raconte son histoire toutes les cinq minutes, en disant que ce n'est pas la sienne, avouez que c'est malin .
> *(Textes pour rien)*

Godot et ses créatures, Pozzo et Lucky, l'existant et la voix du langage, Beckett et ses drames (qui, si abstraits soient-ils, sont toujours des histoires), autant de variantes de la même relation. Il y aurait donc une manière d'équivalence entre Dieu et le théâtre : également tyranniques, également vains. Inexistants, sans doute, au sens que ce mot peut avoir chez Beckett où l'inexistence est le contour en creux d'une existence — la sienne. C'est en ce sens qu'on peut dire qu'au « lieu-dit la Planche », où se rencontrent les quatre personnages d'*En attendant Godot*, « il n'y a rien ».

Koltès ou le retour au théâtre à texte

« C'est du Beckett », est-on tenté de dire au sortir de la représentation d'une pièce de Bernard-Marie Koltès[6]. On l'imagine pourtant d'abord en homme de théâtre. Il a travaillé avec Patrice Chéreau, et on aurait pu s'attendre à le voir contribuer à ce mouvement, caractéristique du théâtre contemporain, qui fait passer le travail théâtral avant le texte de théâtre. Pourtant, lors d'un entretien qu'il a eu avec Alain Prique pour la revue *Théâtre en Europe*, il a pris soin et de dissocier les deux et d'insister, au moins en ce qui le concernait, sur l'indépendance de l'écrivain de théâtre :

6. Voir le livre que lui a consacré Anne Ubersfeld, *Bernard-Marie Koltès*, Actes-Sud, 2001. L'auteur, rapprochant Beckett et Koltès, insiste sur « ce qui est solide, inentamable, le sol dur », c'est-à-dire « le texte […] dans sa *poétique* » (Dossier consacré à Koltès dans *Le Magazine littéraire*, février 2001, p. 55).

> La manière dont un metteur en scène conçoit un spectacle et la manière dont un auteur conçoit une pièce sont des choses si différentes qu'il vaut peut-être mieux qu'elles s'ignorent autant que possible, et qu'elles ne se rencontrent qu'au résultat. En ce qui me concerne, j'ai toujours écrit seul, et je ne me suis jamais mêlé de mise en scène. L'accord avec un metteur en scène se fait ailleurs, une fois le texte écrit, et avant les répétitions.

Cet accord, il avoue ne l'avoir trouvé qu'avec un seul metteur en scène, et c'était avec Chéreau. Il gardait un souvenir plutôt amer de telles représentations de *Combat de nègre et de chiens* (1983-1989) à l'étranger : en Suède, où il s'est entendu dire qu'il était impossible de trouver un comédien noir qui parl[ât] suédois ; ailleurs, où on lui a dit que le problème local n'était pas les Noirs, mais les Turcs. Il a conçu son texte comme un travail qui appelait un travail supplémentaire, qui attendait une réalisation finale, mais il n'acceptait pas que cette prétendue réalisation fût une trahison.

Une chose est certaine. Koltès s'est attaché à réhabiliter le métier d'auteur de théâtre et à démontrer qu'il en existait encore, des connus et des inconnus, à commencer par lui-même. Il s'est exprimé sur ce point :

> Personne, et surtout pas les metteurs en scène, n'a le droit de dire qu'il n'y a pas d'auteurs. Bien sûr qu'on n'en connaît pas, puisqu'on ne les monte pas, et que cela est considéré comme une chance inouïe d'être joué aujourd'hui dans de bonnes conditions ; alors que c'est quand même la moindre des choses. Comment voulez-vous que les auteurs deviennent meilleurs si on ne leur demande rien, et qu'on ne tâche pas de tirer le meilleur de ce qu'ils font ? Les auteurs de notre époque sont aussi bons que les metteurs en scène de notre époque.

Koltès est passé du monde néo-colonial de *Combat de nègre et de chiens* (1983) au monde provincial, non moins sordide, de *Retour au désert* (1988). Mais son théâtre n'a pas toujours un point d'ancrage dans le réel. Comme Copi, lui aussi mort prématurément du sida, dont la dernière pièce, *Une visite inopportune*

(1988), a été mise en scène par Jorge Lavelli, Koltès représente des marginaux dans un univers quasi atemporel. Les titres, *Quai Ouest* (1985), *Dans la solitude des champs de coton* (1986) ne doivent pas nous tromper à cet égard, quand il s'agit d'évoquer un jeu d'ombres autour d'un suicide ou le dialogue entre un « dealer » et son client. *Roberto Zucco*, une très belle pièce testamentaire, achevée à l'automne 1988 et créée en avril 1990 après la mort de Koltès, permettra mieux que toute autre de saisir les caractéristiques essentielles de son œuvre.

Koltès va, dit-il, jusqu'à redécouvrir la règle des trois unités, mais pour d'autres raisons, on s'en doute, que Boileau. Sans doute a-t-il été tenté par les sauts dans l'espace et dans le temps, mais il a fini par se convaincre qu'« impérativement, au théâtre, le temps s'écoule de manière linéaire et sans interruption du début à la fin de la pièce, et qu'on ne peut pas changer de décor sans raison ». Il ne s'agissait pas pour lui de s'enfermer à nouveau dans le carcan classique, de faire des trois unités un impératif arbitraire, mais « on a le droit aujourd'hui de l'appliquer autrement ». Et c'est en cela qu'il a distingué le théâtre et le cinéma : car « c'est bien la prise en compte du temps et de l'espace qui est la grande qualité du théâtre. Le cinéma et le roman voyagent, le théâtre pèse de tout notre poids sur le sol ».

On serait tenté de dire qu'il n'est pas d'autre provocation, dans le théâtre de Koltès, que la provocation du « rétro ». Et pourtant ce théâtre a voulu être « en avant », comme Rimbaud, dans la seconde des lettres du Voyant, l'exigeait de la poésie. Sur le plan existentiel, on n'ose dire éthique, la revendication principale reste celle de la « vraie vie », de celle qui était dite « absente » dans *Une saison en enfer* et que les *Illuminations* tentaient de refaire. Jean-Nicolas-Arthur avait été un collégien exemplaire de Charleville jusqu'à l'été 1870, à la guerre franco-prussienne et à la débâcle. Roberto Zucco rappelle qu'il a été « un bon élève », qu'il a même été, lui, « inscrit à l'université », et qu'il faut d'ailleurs

« être un bon élève, discret et invisible, pour être à la Sorbonne » (dialogue avec le Monsieur). Mais comme Rimbaud, il *veut partir* (dialogue avec la Pute et le Balèze) et si, dès le début, devant la Gamine, il se pare de la profession d'agent secret, c'est qu'« un agent, en plus d'être secret, il voyage, il a parcouru le monde, il a des armes » (comment ne pas penser aux vieux fusils que Rimbaud prétendait vendre en Abyssinie au roi Ménélik ?). Rimbaud enviait « la félicité des bêtes », l'innocence des chenilles, le sommeil des taupes, l'ivresse du moucheron, « et à chaque être, plusieurs autres vies [lui] semblaient dues » (« Délires II. – Alchimie du verbe », dans *Une saison en enfer*). Zucco aimerait renaître chien, pour être moins malheureux. Il songe « à l'immortalité du crabe, de la limace et du hanneton ». Et Koltès lui-même, dans son entretien avec Alain Prique, définit le théâtre « comme le lieu où l'on se poserait le problème : ceci n'est pas la vraie vie, comment faire pour s'échapper d'ici », même si « les solutions apparaissent toujours comme devant se jouer hors du plateau, un peu comme dans le théâtre classique ».

Homme aux semelles de vent, mais qui « ne part pas », appliqué à inaugurer « le temps des *Assassins* », mais mécaniquement, Zucco le tueur est aussi celui qui ne veut pas mourir. Et si, pour Koltès, on construit une pièce de théâtre comme *un hangar*, « c'est-à-dire en bâtissant d'abord une structure, qui va des fondations jusqu'au toit, avant de savoir exactement ce qui [va] y être entreposé », on comprend très vite que la structure élémentaire, la structure vide, chez lui, est celle de la contradiction sous sa forme la plus aiguë : l'*oxymoron*. Dans *Roberto Zucco*, il est question d'aller en Afrique, mais pour y voir la neige (dialogue avec la Gamine). On parle d'un Berlinois qui s'appelait Julio (le commissaire, au cours de l'interrogatoire de la Gamine). La Gamine fait précocement l'amour, mais (et en cela elle rappellerait certains personnages de Jean Anouilh) elle ne veut surtout pas être aimée (dialogue avec la sœur aînée). Zucco a tué son père, il tue sa mère, un inspecteur de police et un enfant, et pourtant il a l'innocence d'un Fils du soleil, et une nécessité intérieure le pousse à tenter de le rejoindre pour échapper à la prison où on l'a enfermé — et aussi à toute forme de labyrinthe, comme ce métro où son portrait est placardé avec avis de recherche et où un vieux Monsieur, au lieu de pratiquer, comme chaque jour, le « parcours limpide » auquel il est habitué, se perd dans « un monde obscur de tunnels, de directions inconnues » (VI. Métro). La fin de Roberto, avec le dernier tableau de la pièce, XV. Zucco au soleil, est parfaitement icarienne : il s'évade par les toits, à midi, l'heure du plein soleil, il s'échappe « vers le soleil », frappant d'inexistence les prétendus jardins (c'est une autre manière d'assassiner), il va tomber, il tombe. Pendant qu'une voix scande les moments principaux de son ascension et de sa chute, « le soleil monte, brillant, extraordinairement lumineux », et il finit même par devenir « aveuglant comme l'éclat d'une bombe atomique » (didascalies).

Une telle progression dramatique fait ressortir la charge mythique d'un texte de théâtre comme *Roberto Zucco*, et la charge poétique qui en est indissociable. Koltès semble en avoir lui-même eu conscience puisqu'on cite cette phrase de lui en quatrième de couverture du livre :

> Un trajet invraisemblable, un personnage mythique, un héros comme Samson ou Goliath, monstres de force, abattus finalement par un caillou ou par une femme.

Mais Zucco n'est abattu par rien — que par la force de sa pesanteur. À moins qu'il ne soit abattu par tout, par la toute-puissance du soleil, celle qui, selon certains, régirait tous les mythes. En épigraphe de son texte dramatique, Koltès a choisi de placer un extrait de la liturgie de Mithra, partie du Grand Papyrus Magique de Paris et cité par Carl Gustav Jung lors de sa dernière interview à la BBC :

> Après la seconde prière, tu verras le disque solaire se déployer et tu verras pendre de lui le phallus, l'origine du vent ; et si tu tournes ton visage vers l'Orient, il s'y déplacera, et si tu tournes ton visage vers l'Occident, il te suivra.

Pourtant le symbolisme phallique n'est pas fortement marqué dans le texte de la pièce et si l'on y retrouve vers la fin, à l'état explicite, les noms de Goliath et de Samson, c'est dans un climat de démythisation : Samson n'est plus qu'un truand marseillais qui a lui aussi tâté de la prison, à moins qu'il ne soit, comme le suggère une autre voix, qu'un faux Marseillais. Son histoire est mince (« une histoire de cheveux »), vulgaire (« Il s'est fait baiser par une femme »), banale (« Il y a toujours une femme pour trahir »). Et d'ailleurs peut-on être à la fois Samson et Goliath, comme ce truand marseillais qui pouvait casser la gueule à dix personnes à la fois ? Et Zucco peut-il y prétendre, lui qui s'est fait assommer d'un coup de poing par le Balèze ? Est-il, comme le lui murmure une voix, un héros, – ou un antihéros ?

Roberto Zucco n'échappe pas davantage à la fascination des grands modèles, et pourtant Koltès cherche bien, comme avant lui Artaud, à « en finir avec les chefs-d'œuvre ». Dans un climat initial de parricide antérieur (*cf.* Œdipe) et de matricide immédiat (*cf.* Oreste), l'entrée en scène du tueur sans gages est précédée d'une scène d'ouverture qui est dans le droit fil du début du *Hamlet* de Shakespeare, la terrasse du château d'Elseneur étant remplacée par « le chemin de ronde d'une prison, au ras des toits ». Les gardiens (qui ne sont pas sans rappeler aussi les gardes chargés de surveiller le cadavre de Polynice, dans *Antigone* d'Anouilh) s'inquiètent d'un bruit, tout en étant incapables de détecter la tentative d'un candidat à l'évasion, tant ils sont fatigués de fixer l'obscurité. Habitués au silence, ils laissent pourtant, d'une manière tout exceptionnelle, se débonder le langage, le Deuxième Gardien surtout, toujours prêt à revenir sur ses six années de service, sur la différence qui peut exister entre un gardien de prison et un prisonnier emprisonné, sur la variété des sexes de six cents prisonniers qu'il a pu voir sous la douche (avatars dérisoires du phallus solaire !), sur l'univers intérieur ou les paysages intérieurs — dont le théâtre pourtant devrait nous détourner pour nous faire voir des extérieurs.

La référence à *Hamlet* est confirmée par la présence d'une section XIII (sur quinze numéros), intitulée « Ophélie ». La Gamine, qui a été initiée à la vie sexuelle par Robert Zucco en cavale, est en effet protégée par un frère (qui pourrait être l'équivalent de Laërte) et — ce qui cette fois ne correspond à rien dans le texte de Shakespeare —, par sa sœur aînée. C'est elle, et non la Gamine, qui occupe cette section tout entière par un long monologue, où elle honnit la gent mâle, et plus spécialement ceux qui ont sali sa tourterelle, sa colombe. Il n'y manque pas même le rat de Polonius (« J'aurais dû mettre des barbelés autour de la cage de mon amour. J'aurais dû écraser ce rat avec le pied et le brûler dans le poêle »). Mais rat désigne ici le pseudo-Laërte qui, loin d'être le défenseur de la pureté d'Ophélie, a contribué à la persécuter davantage en la vendant à un maquereau.

Hamlet peut-être, mais *Hamlet* des bas-fonds, des milieux louches, des vices qui n'ont pas besoin de la cour du Danemark pour se cacher, mais s'engraissent de la pourriture du royaume, le « Petit Chicago ». Le palimpseste shakespearien est fortement gratté, comme le substrat mythique, pour une parodie qui, pas plus que chez Samuel Beckett, ne cherche à se retourner contre le modèle shakespearien. Le dramaturge profite plutôt de la distance qu'il introduit, de la fissure qu'il crée dans le modèle, pour substituer à un meurtre commandé, mais perpétuellement retardé, des meurtres spontanés, sans ordre, sans motif même. Le Spectre est devenu véritablement spectral, c'est-à-dire absent, et Zucco n'est qu'une ombre de Hamlet, un Hamlet à qui les mots tiendraient lieu de silence.

Le découpage en quinze séquences dramatiques, en quinze épisodes brefs, pourrait faire penser au *Woyzeck* (1836) de Georg Büchner revu par Alban Berg dans son opéra *Wozzeck* (1921). Et il n'est pas impossible, en effet, que Wozzeck appelle Zucco. Mais il paraît évident que, comme tous ceux de sa génération, Koltès est passé par Beckett, comme si son nom aussi était appelé par celui de son grand devancier et ce K commun qui est devenu l'emblème d'une culpabilité diffuse mais imprécise à la Kafka, d'un châtiment sans crime. Au schéma linéaire de la tragédie antique ou du drame shakespearien se trouve substituée la formule cyclique qui était adaptée dès 1953 dans *En attendant Godot*. La pièce s'ouvre et se ferme sur une évasion de Zucco, qui peut être la même, qui peut être une autre. La chute icarienne peut être une façon pour le cercle de se refermer. La pièce n'aura duré que le temps d'un échange de paroles, apparemment intenses, mais pénétrées par le silence, seulement nommé, parfois présent. L'abus métaphorique, sensible dans le rôle de la mère (pour elle, Roberto serait un train qui a quitté les rails, une voiture au bord du ravin où elle va s'écraser), est singulièrement limité dans le rôle de Zucco lui-même, dont la mort solaire évolue de la métaphore fondatrice (le soleil a un sexe) à une sobriété qui confine au laconisme.

> UNE VOIX. – Il est fou.
> UNE VOIX. – Il va tomber.
> [...]
> UNE VOIX *(criant)*. – Il tombe.

Il ne manque même pas, insistant dans le texte, le motif de la poubelle, comme venu de *Fin de partie*, la poubelle aux monosyllabes, Nell, Nagg, ou aux individus qui ont subi la même réduction que les mots. Sans doute Zucco n'accepte-t-il pas plus d'être « recroquevillé dans un cagibi » que « fout[u] à la poubelle ». « Zucco est peut-être fichu », dit une voix dans la scène finale, « mais, pour l'instant, il est en train de grimper sur le toit et de se foutre de votre gueule ». S'il n'est un héros, il est peut-être un rhinocéros (« je suis un rhinocéros », dit-il, avec un clin d'œil peu discret à Ionesco). Imaginons-le plutôt « allé avec le soleil », pour reprendre l'admirable formule de Rimbaud et entré dans l'éternité d'ici-bas à laquelle, contre les religions, elle ouvre.

En 1996, Denis Guénoun publiait une *Lettre au directeur de théâtre* dans laquelle il invitait les hommes de théâtre d'aujourd'hui à « laisser les pièces » et à « fuir le dialogue ». En 1998, Jean-Pierre Sarrazac lui a répondu dans la postface, « Le drame en devenir », à la réédition de son livre de 1981, *L'Avenir du drame*, et c'est Koltès qui lui offre la garantie de la permanence d'un « auteur-rhapsode » au théâtre. Sa *voix* est aussi un *geste* :

> *Roberto Zucco* et toutes les œuvres antérieures de Koltès nous donnent à voir ce geste dans sa netteté : coudre et découdre, défaire le dialogue traditionnel [...] pour assembler des blocs de paroles gestuelles — ces « parleries » ou « palabres » que profèrent les personnages l'un en face de l'autre, mais toujours en prenant le public à témoin.

Malgré leurs avis opposés, l'œuvre théâtrale de ces deux professeurs d'université en témoigne, tant *Monsieur Rousseau* de Denis Guénoun, crise dans une famille vivant jusqu'alors dans le culte de Jean-Sébastien Bach que *Plein emploi* et *Vieillir m'amuse !*, de Jean-Pierre Sarrazac, qui donne le spectacle de la lutte contre le vieillissement.

Sylvie Jouanny, professeur elle aussi, à l'université de Paris XII, a compris combien il était difficile de faire un bilan de la littérature dramatique à la fin du XXe siècle. Elle n'a voulu recueillir que des « échos de la vie théâtrale » entre 1990 et 2000. Elle a ainsi montré que « des "sans histoires" aux "sans papiers", le théâtre évoque le présent sous toutes les couleurs », privilégiant « l'état de crise » : *Gauche uppercut* de Joël Jouanneau (1991), *Une envie de tuer sur le bout de la langue* (1999). À partir de là s'est développé un théâtre illustrant de manière nouvelle l'engagement politique et social (*Requiem pour Srebrenica* d'Olivier Py,

1999). Le narratif tend à envahir le texte théâtral, le dialogue à se transformer en monologues alternés. Au terme, le théâtre de la fin du XXe siècle serait « en souffrance de théâtre ». Mis en question par Valère Novarina, il incite l'acteur à remplir un texte tracé[7].

7. Sylvie Jouanny, *La Littérature française du XXe siècle*, tome II, *Le Théâtre*, Armand Colin, 1999.

Chapitre 9

Fin de siècle

Les fins de siècle ont quelque chose de cyclique. On a donc pu retrouver en littérature, à la fin du XXe siècle, certaines caractéristiques de la fin du XIXe. Le passage vers le XXIe siècle ne pouvait se faire sans crises, probablement nécessaires : crise des genres, crise d'une société, dont une illustration frappante est donnée par « la littérature du sida ».

Crise des genres

Un texte célèbre de Mallarmé, élaboré entre 1886 et 1896, et repris dans *Divagations* en 1897, un an avant la mort de l'auteur, s'intitule « Crise de vers ». Il s'y montre sensible à un « fait d'actualité », qui mérite la première place : « on assiste, comme finale d'un siècle, pas ainsi que ce fut dans le dernier, à des bouleversements, à une *crise* », qu'il n'hésite pas à dire « exquise, fondamentale ». Il ne s'agit pas seulement, comme on pourrait le penser, d'une profonde mutation dans le domaine de la métrique (la mise en question de l'alexandrin et, plus largement, du vers régulier), mais d'un refus de l'*étiquette* (dans tous les sens du terme), donc d'un dépassement de la notion de genre à la faveur de ce que l'auteur d'*Hérodiade* appelle déjà « le jeu de la parole ». Or ce jeu s'est prolongé jusqu'à nous, sous des formes incessamment renouvelées.

Les chapitres précédents ont envisagé tour à tour le roman (chapitres 3, 4, 5), la poésie (chapitre 7, et déjà le chapitre 6), le théâtre (chapitre 8), l'essai, la critique littéraire, constituant une sorte de tissu conjonctif[1]. Mais déjà la gêne a pu se faire sentir dans des ensembles qui n'avaient rien de catégories closes. Marguerite Duras est apparue en passe-muraille des genres, quand elle concevait une œuvre qui est à la fois une pièce et un roman, comme *Le Square*, un « texte, théâtre, film » (*India Song*, version 1973) ou quand elle transposait la même donnée d'une forme dans une autre (*Un barrage contre le Pacifique*, roman, *L'Eden cinéma*, théâtre). Les jeux de (dé)construction aggravent une instabilité dans la zone sinon de l'innommable, du moins de l'inclassable.

À lui seul, le théâtre, au sens le plus large du terme, s'ouvre à tant d'incertitude. Déjà Mallarmé avait curieusement envisagé de confier *L'Après-midi d'un faune* au Théâtre-Français ; il le sous-titra finalement « églogue ». Et il s'est voulu persuadé que, « hors du récit fait à l'imitation de la vie confuse et vaste, il n'y a pas moyen de poser scéniquement une action » (« Crayonné au théâtre »). Quand aujourd'hui Fabrice Lucchini joue en *« one man show »* un roman comme *Voyage au bout de la nuit*, il fait fi de la limite. D'une tout autre manière, un théoricien et un chef de file du Nouveau Roman, comme Jean Ricardou, propose une « nouvelle éducation textuelle » et sous-titre « mixte » un ouvrage intitulé *Le Théâtre des métamorphoses* (1982) : un « précis tissage de composants divers », un « assortiment de registres » où « tout se passe en une belligérance curieuse, chaque registre s'en pren[a]nt aux autres ». Le livre se propose comme exemplaire d'un « art du X », qui n'a rien à voir avec le « sonnet en -x » de Mallarmé, pourtant parodié au passage (« Sans verve, le vorace

1. On aurait tort de mettre l'essai et la critique à part de la création. D'Yves Bonnefoy à Claude Esteban, les poètes d'aujourd'hui l'ont prouvé. Et même du côté de la critique universitaire, on trouverait bien des romanciers (Antoine Compagnon, Daniel-Henri Pageaux signant Michel Hendrel, etc.) et des poètes (Jean-Michel Maulpoix, Corinne Bayle-Goureau, etc.). L'œuvre de Marie-Claire Bancquart, l'évolution de Dominique Noguez sont exemplaires à cet égard.

et le double aujourd'hui va-t-il donc déchirer en un seul coup le livre ? », dit Michel dans un dialogue à plusieurs voix). Il s'affiche plutôt comme prolifération du multiple. On devine sans peine qu'*x* pourra être aussi « l'X[2] » d'où sortent des ingénieurs. On retrouve et le jeu sur la lettre, et le jeu sur les mots, sans contrainte, mais plutôt dans une « désinvolture de fabrique », comme si les composantes — les particules élémentaires de la littérature, étaient mises en liberté. Le théâtre du langage devrait avoir tout d'un *happening*.

Il n'y aurait pas de littérature moderne sans subversion ou abolition de la distinction entre les genres littéraires. « Enfin Proust vint » : un soupir d'aise est poussé par l'anti-Boileau de la seconde moitié du XXe siècle, le poéticien hostile à tout art poétique. Ainsi Gérard Genette écrit, dans *Figures III* (1972), qu'*À la recherche du temps perdu* « est ressenti par tous comme n'étant plus tout à fait un roman », comme l'œuvre qui, « à son niveau, clôt l'histoire du genre (des genres) et inaugure, avec quelques autres, l'espace sans limites et comme indéterminé de la *littérature* moderne ». Proust, pourtant, trouvait que le mot *roman* était le moins mauvais pour définir son entreprise. Il n'a pas conçu un *Roman inachevé* qui serait un poème, comme Louis Aragon cherchant en 1956 à évoquer une série de morts successives à soi-même dans un bruissement de la langue et des formes d'où surgit comme seul vrai celui d'Elsa. Le même Aragon récidivait en 1974, avec *Théâtre/Roman* où il apparaissait comme un écrivain du discontinu, dans une entreprise définie par Marie-Claire Bancquart comme « un grand journal de bord où tous les genres sont mêlés : poème, roman, théâtre ».

Du côté des critiques et des théoriciens, la crise aussi est ouverte. « De tous les champs dans lesquels s'ébat la théorie littéraire », écrit Jean-Marie Schaeffer dans un livre important, *Qu'est-ce qu'un genre littéraire ?* (1989), « celui des genres est sans nul

2. C'est-à-dire l'École polytechnique.

doute un de ceux où la confusion est la plus grande ». Et il propose de renoncer à tenter de réduire l'hétérogénéité trop flagrante des distinctions génériques pour rapporter celles-ci aux cinq aspects de cet acte communicationnel complexe qu'est l'œuvre littéraire. La triade attribuée à Aristote, lyrisme – épopée – drame, a été dénoncée comme romantique par Gérard Genette dans son *Introduction à l'architexte* (1979). Et en 1998 a pu se réunir à la Sorbonne un important colloque, aboutissant en 2001 à un livre *L'Éclatement des genres au XXe siècle*[3]. La même année 2001, dans sa très novatrice *Histoire de la littérature française du XXe siècle*, sous-titrée « Les repentirs de la littérature », Mireille Calle-Gruber, professeur à l'université Paris VIII, consacre un chapitre entier à l'« hybridation des formes », à une « esthétique du métissage, de l'autre ». Les genres, écrit-elle à son tour, sont « en question ». La littérature québécoise, qu'elle connaît bien, lui en apporte la confirmation, avec la pratique du déplacement dans l'œuvre miroitante de Nicole Brossard (*French Kiss*, 1974 ; *Baroque d'aube*, 1995). Et pourtant le chapitre s'organise encore autour des grands genres révisés et revisités : « incontinuable roman », « la poésie comme expérience », « vers un théâtre total », « interrogation autobiographique ».

En effet, parallèlement, l'attention se porte sur des livres théoriques où définitions et distinctions sont repensées avec une extrême rigueur. On a l'impression qu'une lente reconquête de la catégorie de genre est possible, surtout dans les deux dernières décennies du siècle tendant à se placer sous le signe du retour. Des travaux universitaires en font foi (*L'Épopée* de Daniel Madelénat, *Les Formes brèves* d'Alain Montandon). Dominique Combe, dans un essai dense, *Poésie et récit – une rhétorique des genres* (1989), revient sur l'anathème jeté par Mallarmé, et tout aussi bien par Sartre, à propos du récit en poésie et montre qu'un

3. Presses de la Sorbonne Nouvelle, dans le cadre de la Société d'étude de la littérature française au XXe siècle, et sous la direction de Marc Dambre et Monique Gosselin-Noat.

retour au récit, dans la poésie aussi bien que dans le roman, semble s'esquisser peu à peu. Denis Roche (*Récits complets*, 1963), Jean Daive (*1, 2, de la série non aperçue*, 1976), James Sacré, commentant son poème « Rougigogne » dans *Autour de la littérature III* (1984) lui en offrent des exemples aussi divers que significatifs.

On ne sera pas étonné de deux références obligées. L'une à un pionnier, le Baudelaire du *Spleen de Paris*, et plus particulièrement de « La fausse monnaie » (XXVIII) où, selon l'analyse de Jacques Derrida, le don ambivalent et paradoxal d'une fausse pièce fait par l'ami du narrateur à un mendiant « requiert à la fois et exclut la possibilité du récit » — le poème en prose se caractérisant par son caractère aporétique, paradoxal et indécidable (*Donner le temps I – La fausse monnaie*, 1991). L'autre référence est un écrivain majeur de notre temps, Francis Ponge, né au moment où Mallarmé venait de mourir, loué tant par Sartre que par Sollers et les telquéliens avant de rompre en 1974 « avec ces gens-là » et d'aller la tête haute jusqu'à sa mort, en 1988. Il s'est voulu confiant dans « les ressources infinies de l'épaisseur des choses, rendues par les ressources infinies de l'épaisseur sémantique des mots », désireux de faire passer, par l'*objeu*, de l'*objet* à l'*objoie*. Lyrisme ou récit ? Prose ou poésie ? Hardiment, Ponge a repris le mot *proême* (terme de rhétorique qui signifie prélude) pour en faire ses *Proêmes*, proses-poèmes plus que poèmes en prose. L'entreprise, déjà ancienne (ils ont été élaborés entre 1930 et 1948), s'est poursuivie dans *Le Grand Recueil* (1961), *Le Nouveau Recueil* (1967), *Le Nouveau Nouveau Recueil* (posthume, 1992) :

> De ce qui est proche je ne jouis plus que comme d'un tableau,
>
> De ce qui est encore plus proche que comme de sculptures, ou architectures,
>
> Puis de la réalité même des choses jusqu'à mes genoux, comme d'aliments, avec une sensation de véritable indigestion,

Jusqu'à ce qu'enfin, dans mon corps tout s'engouffre et s'envole par la tête, comme par une cheminée qui débouche en plein ciel (« Paysage »).

Ce titre de *Nouveau Recueil* est devenu celui d'une revue de poésie extrêmement vivante, dirigée par Jean-Michel Maulpoix, où éclosent de jeunes talents comme celui de Jean-Baptiste Goureau. Dans le numéro de juin-août 2001, Pierre Grouix y vantait, à propos de *Écrire à côté*, de James Sacré, « l'œuvre du va-et-vient ». Mallarmé voulait aboutir au Livre, au Grand Livre, lieu de l'« intégrité », non de la « dissémination » que Derrida lui a empruntée (Jean-Pierre Richard l'a très bien dit, dans son grand travail sur *L'Univers imaginaire de Mallarmé*, 1961 : « Contre la dissémination du sens, le mot heureux campera donc (pour Mallarmé) la vérité d'un dur relief »). À travers ce qu'il reste des genres — formes plus ou moins abâtardies, bribes, mélanges et mixtes —, quand la tradition ne les fige pas, l'écrivain contemporain cherche plus modestement à faire un livre. *Je cherche un livre*, le titre du volume inclassable de Pierre Vilbreau (1985) est emblématique d'une telle recherche de l'œuvre enfouie, mais non perdue. En phrases courtes, rythmées, presque essoufflées, et avec l'apparence seulement d'un récit quelconque dans une Italie de fiction, l'auteur, longtemps impublié, s'aperçoit que le texte a l'air finalement de dégager quelque chose. « Qui cherche un livre ? », demandait Josyane Savigneau, rendant compte de cette quête dans *Le Monde*. « L'auteur, le narrateur, le lecteur, ou tous trois à la fois ? À la dernière page, deux d'entre eux, à coup sûr, auront trouvé le livre puisqu'ils viendront d'en terminer, qui l'écriture, qui la lecture. Le narrateur, lui, a sans cesse craint que n'aboutisse trop tôt sa quête de ce texte perdu. Il l'a lu autrefois, ou seulement commencé, peut-être feuilleté, ou parcouru, qui sait ? » On a invoqué le Calvino de *Si par une nuit d'hiver un voyageur* (1979), brillant roman italien construit sur dix commencements interrompus[4]. Pourquoi pas, tout aussi bien, Aragon dernière manière, celui de *Pourquoi je n'ai jamais appris à écrire, ou les incipit* (1970) ? Mais *Je cherche un livre* conduit plutôt, d'une manière proustienne, vers un livre trouvé ou retrouvé, reconquis à tâtons sur l'oubli.

Écrire la fin de siècle

Didier Decoin, René-Victor Pilhes ne sont pas de ces écrivains qui ont cherché à bouleverser les genres. Assumant pleinement la fonction de romancier, et de romancier d'une nouvelle époque de décadence, ils donnent l'image d'une civilisation où « tout va à rebours »[5].

Dès *Abraham de Brooklyn* (1972), Didier Decoin était apparu à la fois comme le romancier de la ville et comme un écrivain habile à reprendre les grands mythes bibliques. *John l'Enfer*, qui obtint le prix Goncourt en 1977, multiplie dans la mégapole les signes d'une apocalypse : les incendies éclatent, la lèpre de la pierre ronge maisons et immeubles, les chiens sauvages envahissent les rues et les campus universitaires. John, un Indien cheyenne employé à laver les carreaux des gratte-ciel, en est un observateur privilégié. Mais, quand il se trouve confronté, en exerçant son métier, à un python, il rencontre la figure même du mal.

Comme la maison Usher dans la nouvelle fantastique d'Edgar Poe, l'immeuble d'une multinationale se fissure dans *L'Imprécateur* (1974) de René-Victor Pilhes. Dans les colonnes de *L'Événement du jeudi*, Jérôme Garcin a présenté *La Pompéi* (1985), du même auteur, comme « un roman fabuleusement inquiétant qui se promène, tel le miroir de Stendhal, le long de notre fin de siècle ». Ce miroir n'est pas celui des Hussards. Et le placard publicitaire reprenait « Fin de siècle », pour annoncer le livre.

---

4. Je renvoie à mon étude sur ce roman dans *Transparences du roman. — Le romancier et ses doubles au XXe siècle*, José Corti, 1996.
5. L'expression, et le calque de Huysmans sont de Marie-Claire Bancquart et Pierre Cahné, dans leur excellente *Littérature du XXe siècle*, PUF, 1992.

Fin de siècle, tel est le titre choisi par Jean-Edern Hallier pour un roman publié en 1980 dont la première épigraphe, empruntée à Léon Bloy, indique clairement, durement, la volonté d'établir un parallélisme avec la fin du XIXe siècle, et de suggérer un recommencement. La scène n'est plus la thébaïde de Des Esseintes à Fontenay-aux-Roses ou le Paris du comte Robert de Montesquiou. C'est le monde. On passe de l'aéroport de Bangkok, dans les premières pages, à l'Irlande, dans les dernières, en suivant le narrateur Henri Kohler, directeur mondial de l'Unicef, « le plus puissant organisme de la santé, dépendant de l'Organisation des Nations unies ».

Sans doute la littérature décadente n'ignorait-elle pas le mirage oriental (qu'on pense à *Monsieur de Phocas*, le roman de Jean Lorrain publié en 1901). Mais ce n'était précisément qu'un mirage. Ici, l'Orient, élargi à l'Extrême-Orient, est une réalité que l'auteur visiblement connaît et dont les ombres ne sont pas effacées au profit des seules lumières, depuis les prodigieux encombrements de Bangkok jusqu'aux misères des *boat-people*[6].

Quand le narrateur, Pierre Falchu'un, rencontre Kohler dans le célèbre hôtel de luxe de Bangkok, « L'Oriental », un terrible accident d'avion vient d'avoir lieu sur l'aéroport, et il en a été le témoin : un DC 10 annoncé comme venant de Shannon, et transportant sans doute de l'opium, a percuté un Boing 747 qui s'apprêtait à transporter en Europe, terre d'accueil, trois cents Vietnamiens, Laotiens ou Cambodgiens, désireux d'échapper à l'oppression communiste. Kohler ne semble pas s'affliger outre mesure de la disparition dans les flammes de « l'énorme Jumbo-jet de la liberté » et des prétendus libérés. Sans aller jusqu'au cynisme du Narrateur, qui se réjouit de voir que « la carbonisation des corps

6. *Plateforme*, le roman de Michel Houellebecq qui a obtenu en 2001 un effet de scandale, et qui mérite mieux que cela, donne aussi une vision décapante de l'Extrême-Orient, et encore de la Thaïlande, le point de départ étant une critique des guides de voyage et des *tour operators*.

permettait à ces heureux élus d'accéder immédiatement au paradis occidental », le mangeur d'œufs à la coque glaireux a l'air de penser que c'est dans l'ordre normal des choses et que, de toute façon, lui et ses collègues ne sont que « les prud'hommes de la liquidation universelle, chargés de réconcilier les morts entre eux ».

Curieusement, ces populations asiatiques qui crèvent de faim, qui s'entretuent et que parfois leurs prétendus sauveurs déciment un peu davantage, sont celles qui ont le plus de chance de survivre à la liquidation universelle, d'échapper à ce cataclysme qui depuis 1945 menace le monde. « Les Asiatiques », fait observer Kohler, « ce sont des peuples à profondes racines, capables de s'enterrer sous les bombes, le plus terrible déluge d'acier, puis de resurgir comme la lave des volcans, de déferler sur tout un continent ».

Falchu'un jette un regard sans complaisance sur les institutions nationales et internationales. Ni le Collège de France routinier où, tel Renan il y a un siècle, il enseigne l'archéologie et l'histoire comparée des religions, ni l'impuissante Organisation mondiale de la santé, prétexte à de bruyantes publicités et permettant à ses dirigeants de mener une vie de milliardaire, n'échappent à ses sarcasmes. « L'ère de la pharmacie » semble devoir être la quatrième période de l'humanité, car « nous avons besoin du désordre, de la famine et des cataclysmes pour investir notre bonté désintéressée ». On connaît l'impertinence calculée de Jean-Edern Hallier, jusque dans son retournement, et encore par-delà la tombe, contre un président de la République qu'il avait soutenu dans sa campagne. Il a voulu dans *Fin de siècle* (que François Mitterrand avait aimé) nous entraîner dans une « descente aux enfers du bien », et il en a ramené des visions saisissantes, un peu à la manière de Céline : le voyage sur « L'Île-de-Lumière » pour « recueillir à l'éprouvette les *boat-people* », l'avancée dans le pays des khmers rouges, « croisière de plaisance » ou « safari des bienfaisances ».

La figure centrale du roman est l'assistante d'Henri Kohler, une jeune Française, Lisa de Salabreuil, que mai 1968 à la

Sorbonne a lavée de sa sale éducation d'enfance. Intrépide dans l'action, vedette internationale à un point tel qu'on parle d'elle pour le prix Nobel de la paix après la mère Maria-Teresa, elle est aussi une femme folle de son corps. Pierre Falchu'un, pris dans les rets de ses désirs, fait l'épreuve de sa lubricité insatiable et de ses goûts scatalogiques qui nous valent un voyage au bout du répugnant. Atteinte d'un cancer qu'elle refuse de soigner, — étrange inconséquence pour une militante de la santé —, Lisa meurt en Irlande dans la luxueuse maison de l'Unicef où Falchu'un, appelé par Kohler, l'a rejointe. La mort de Lisa, entourée de Kohler, nouveau Chactas, et de Falchu'un, nouveau père Aubry — ou, déjà, autre René —, est une sorte de version moderne de la mort d'Atala, où la gravité cette fois l'emporte sur la dérision.

La référence à Chateaubriand s'impose d'autant plus que Falchu'un, comme Hallier, est originaire de Bretagne. Le manoir de Veuzit, où un père presque centenaire n'en finit pas de mourir, est un autre Combourg. La lèpre qui ronge les murs de granit semble de la même nature que le mal qui s'est emparé du corps de Lisa. Hallier s'est donné ici, parmi d'autres (le motif des jumeaux, par exemple), une facilité romanesque. Adolescent, Pierre Falchu'un a surpris dans les papiers de son père des photographies de sa première femme, nue, Élisabeth, morte un an après son mariage. Dans ses fantasmes, elle est devenue à la fois sa vraie mère (par opposition à la rêche Madeleine), l'objet de son amour fou qu'il a recherché éperdument dans les pollutions de ses nuits, dans ses errances sur la lande bretonne. Cette nouvelle Sylphide, fantôme, mais fantôme de chair, se confond dans les dernières pages avec Lisa, et le narrateur comprend mieux désormais l'aventure passionnelle réelle qu'il vient de vivre.

Ces facilités romanesques se doublent de facilités d'écriture. Elles confirment que Jean-Edern Hallier n'a pas su trouver un style nouveau pour exprimer cette fin de siècle. La composition alternée, le recours à des figures comme celles de Tristan ou d'Orphée, une prose encombrée de clichés au point de donner l'impression d'une marqueterie, interdisaient à l'auteur, malgré une plume brillante, de parvenir à trouver ce qui pourrait être l'équivalent moderne du faisandage décadent.

La fin de siècle, à dire vrai, n'était-ce pas encore pour Jean-Edern Hallier un prétexte, une recette ? Il arrive même que le romancier cherche, après l'avoir utilisée, à s'échapper de l'actualité qui « n'a pas de recul », de la « dictature » d'une « version plate des choses » :

> Quel romancier s'y attarderait ? Ce ne sont là qu'affaires de journalistes, oublieux menteurs des lendemains qui déchantent.

Une expression pourtant le requiert, devenue un autre cliché qui passe et repasse dans le livre. Il vient cette fois de l'emprunt à la formule de Hölderlin déjà citée : « ces temps de détresse » *(dürftige Zeit)*. Il sonne autrement que dans la réflexion de Bonnefoy sur la situation de la poésie dans le monde d'aujourd'hui[7]. *Fin de siècle* présente ces temps comme ceux où « se chevauchent deux époques, deux cultures, deux religions », quand « toute une génération se trouve coincée entre deux temps, entre deux genres de vie, tant et si bien qu'elle en perd toute spontanéité, toute moralité, toute fraîcheur d'âme ». Pour l'écrivain, ces temps où « le nouveau n'existe pas, et l'ancien n'existe plus » correspondent à l'attente d'un mieux qui ne se produit pas. Le livre témoigne de cette attente, aussi vaine que celle de Godot, par son échec esthétique. Mais Hallier ne l'avait sans doute pas voulu ainsi.

Fuite et exotisme

Entendre le chant des matelots, « fuir, là-bas fuir », tel était le refuge rêvé de Mallarmé dans les moments de lassitude, et l'exotisme, celui de Loti, celui de Segalen même, avait sa place

7. Voir plus haut, p. 160-164.

comme complément du sentiment d'une décadence[8]. Fuir, le mot-refrain revient dans la littérature de la fin du vingtième siècle, et déjà en 1969 dans le livre de J.M.G. Le Clézio, alors un jeune homme, *Le Livre des fuites*.

Le livre qui avait en 1963 attiré l'attention sur Le Clézio, *Le Procès-Verbal*, se situait dans le sillage d'Albert Camus, et Adam Pollo pouvait être un autre Meursault, marginal faisant non seulement le procès-verbal, mais le procès du monde. Harcelé par la police et les psychiatres, prétendu aliéné, il découvrait finalement une inaliénable beauté de la vie. Le Clézio avait sans doute mis beaucoup de lui-même dans son premier personnage, et son propre itinéraire l'a conduit dans une fuite de son corps ou de son imagination vers le Panama et vers le Mexique (« Je suis un Indien », écrit-il dans *Haï* en 1971), ou vers le désert où Nour recueille l'ultime message des « hommes bleus » — la pauvreté, la liberté et la foi (*Désert*, 1980). L'idéal nouveau est celui de *L'Extase matérielle*, titre d'un essai de 1967.

La destinée de J.M.G. Le Clézio est voyageuse, comme le fut celle de sa famille, émigrée au XVIIIe siècle de Bretagne à l'île Maurice (il en reste quelque chose dans son roman de 1995, *La Quarantaine*). *Le Livre des fuites* aurait pu s'intituler « Le livre des voyages », s'il n'y avait quelque chose en plus, l'échappée dans l'espace pour laisser à distance les laideurs du temps. La phrase de Marco Polo placée en épigraphe est significative : « Or laisserons de ceste cité & irons avant ». Plus significatif encore ce passage de Pollo à Polo, de l'aliéné au voyageur.

Déjà le sujet du *Livre des fuites*, tel qu'il est présenté sur la quatrième de couverture, en fait un roman des voyages :

> J.H.H. (Jeune Homme Hogan), vingt-neuf ans, né à Langsom (Viêt Nam), entreprend autour du monde une déambulation qui

8. Sur littérature et exotisme, on consultera les ouvrages de Jean-Marc Moura, à commencer par *Lire l'exotisme*, Bordas, 1992. Jean-Marc Moura romancier de l'exotisme sera évoqué plus bas, p. 228.

est une fuite perpétuelle. Du Cambodge au Japon, de New York à Montréal et Toronto en passant par la Californie et le Mexique, il se radiographie en radiographiant l'univers et ses villes monstrueuses, ses autoroutes et ses déserts, ses montagnes et ses ports, les grouillantes populations mourant de misère sur des sols pourris.

Comme cela arrive souvent dans le roman moderne, le récit pur s'augmente d'une réflexion sur ce récit même. Le Clézio s'interroge sur l'écriture du voyage, et son héros, qui a tant de lui-même (à commencer, à cette date de 1969, par son âge), exprime cette réflexion. Les premières pages mettent en place celui qui n'est même pas encore un jeune homme, mais un petit garçon, à cet âge qui est celui des possibles. Et ce petit garçon, explorant la salle d'attente d'un grand aéroport, s'interroge précisément sur les possibles : par exemple que l'avion qui s'envole à l'instant explose soudain, devenant « une tache rouge et or, vulgaire, silencieuse fleur de feu qui reste là suspendue quelques secondes, puis est effacée, disparaît au milieu de milliers de points noirs ». Poésie sans doute, dans un roman qui voudrait échapper aussi au roman (« Comment échapper au roman ? »), mais poésie qui naît d'un défaut de la technique industrielle, d'une faille de la civilisation extrême prête à se retourner en son contraire.

Comme beaucoup de nos contemporains, Le Clézio est fasciné par la figure de Rimbaud, celui que Verlaine avait appelé « l'homme aux semelles de vent ». Il occupe une place importante dans *La Quarantaine*, le plus ambitieux sans doute de ses livres, mêlant les éléments d'une saga familiale à l'histoire de l'homme d'Aden et du Harrar et à celle d'un amour « sauvage » avec Suryavati. Dans l'espace étroit d'une île de l'océan Indien où des voyageurs se trouvent retenus en quarantaine, le « voyageur sans fin » est bien, comme Rimbaud, à la recherche de « L'Éternité ». *« Ananta, Ananta, ô éternité ! »*, le nom que répète Surya, Rimbaud l'avait exprimé dans un poème bref de 1872, faussement grêle. Le Clézio a atteint son point extrême de réussite, plus que dans ce long roman de 1995, dans une admirable nouvelle recueillie en 1978 dans *Mondo et autres histoires*, « Celui qui n'avait jamais vu la mer », histoire de la disparition d'un adolescent, Daniel, pour une évasion vers la mer, vers l'élémentaire, qui doit être le sommet du bonheur.

Mais il ne suffit plus de fuir vers l'île Maurice ou vers le Japon pour échapper à la décadence du monde. À une époque où l'histoire est vraiment devenue *universelle*, les mêmes préoccupations se retrouvent à tous les points du globe. On ne peut fuir le monde dans le monde — Hallier le faisait parfaitement comprendre dans *Fin de siècle*. D'où sans doute la fascination exercée encore sur les écrivains de la seconde moitié du XXe siècle par la robinsonnade. *Robinson 86* (1986) de l'écrivain belge Gaston Compère en serait un exemple parmi bien d'autres. Perec la retourne en son contraire, dans son île W. qui se met à ressembler, terrifiante, à l'Allemagne nazie. Et ce retournement pourrait bien être encore la menace qui pèse sur la robinsonnade de la fin du XXe siècle.

L'exemple majeur reste *Vendredi ou les Limbes du Pacifique* de Michel Tournier, mais on ne peut négliger le fait que ce livre, publié en 1967 dans sa version pour adultes (la version pour enfants, *Vendredi ou la Vie sauvage*, est postérieure de quatre ans), s'est élaboré en même temps que *Le Roi des aulnes*, publié seulement en 1971, parabole ambiguë où le garagiste de la porte des Ternes, l'ogre, Abel Tiffauges, va au bout de sa vocation de voleur d'enfants dans l'Allemagne de Goering et d'Hitler.

Vendredi, renouvelé de Daniel de Foe, a quinze ans. Son successeur auprès de Robinson, Jeudi (dans la version de 1967), Dimanche (dans la version de 1971), n'en a que douze : il tend à devenir le lecteur idéal pour Tournier, qui fera encore d'un enfant maghrébin, Idriss, le héros de *La Goutte d'or*, en 1985. Attiré vers les enfants, comme l'ogre, Tournier ne résiste pourtant pas, dans l'écriture, à des tentations d'adulte : le pastiche, à commencer par celui de *Robinson Crusoé* (ici Robinson, seul survivant avec le chien Tenn du naufrage de *La Virginie*, le 30 septembre 1759, échoue sur le rivage de l'île de la Désolation pour laquelle, dans un sursaut d'énergie, il choisit le nom de *Speranza*) ; la parodie (dans l'organisation voulue par Robinson, l'île devient ultra-britannique).

Si Robinson réussissait dans son entreprise de recréation de la civilisation, et si toute sa belle organisation se révélait d'une solidité à toute épreuve, le héros et son aventure sembleraient vite inintéressants. Mais obscurément, il pressent que « tout cet échafaudage artificiel et extérieur — branlant, mais sans cesse fiévreusement perfectionné — n'avait pour raison d'être que de protéger la formation d'un homme nouveau qui ne serait viable que plus tard ». Le temps de Robinson, conservé dans un bocal ou consciencieusement tiré en arrière, connaît d'étranges caprices, des anomalies même. Il arrive que, la clepsydre arrêtée, le naufragé se réfugie au fond de sa grotte, dans l'alvéole aux dimensions de son propre corps, et surtout dans la combe où, empruntant la « voie végétale », il connaît des moments de liaison heureuse avec les fleurs. Sans qu'on puisse parler cette fois de parodie ou de pastiche, on ne peut manquer de retourner en jeunes fleurs en filles les jeunes filles en fleurs de Proust.

Une autre tentation s'exerce alors sur Tournier, d'autant plus trompeuse qu'elle est double ou dédoublée. Poétiquement, et littéralement, elle apparaît comme une manière de pansexualisme. Non seulement Robinson fait l'amour avec la terre (et son inhumation ne serait qu'un achèvement de cette possession), mais encore Vendredi renouvelle son acte. Le jeune Araucanien qui, menacé d'un sacrifice rituel, a pu être sauvé par Robinson, mais à qui il a voulu imposer sa réglementation rigoureuse, s'échappe parfois, comme le gouverneur lui-même, et celui-ci le surprend dans la combe rose, ses deux petites fesses noires en plein travail dans le nid d'amour vert. La rivalité amoureuse qui les oppose est une rivalité autour de la terre. Elle est déjà rivalité de jumeaux, donc, selon Tournier, d'êtres qui sont faits pour reformer un couple originel, tels Jean et Paul dans *Les Météores* (1975).

Tournier a eu tellement conscience du passage qui s'opérait dans son livre de la sexualité végétale à la sexualité gémellaire et à l'homosexualité, qu'il a donné un coup d'arrêt pour écarter une tentation à laquelle il allait céder volontiers par la suite. « Or s'agissant de ma sexualité », note Robinson, « je m'avise que pas une seule fois Vendredi n'a éveillé en moi une tentation sodomite. C'est d'abord qu'il est arrivé *trop tard* : ma sexualité était déjà devenue *élémentaire*, et c'était vers Speranza qu'elle se tournait ». Pourtant Vendredi va rendre Robinson à la vie sauvage. Profitant d'une interruption de la clepsydre, il a surpris le secret du gouverneur. D'abord involontairement, puis volontairement, il s'emploie à la subversion du système gouvernemental. Un renversement se produit, analogue à celui du maître et de l'esclave chez Hegel. Et dans cette saturnale à deux, dans le commentaire un peu théorique, un peu sec, qui l'accompagne, Tournier cède à une autre tentation, la tentation philosophique.

Le romancier a fait des études de philosophie, et ce n'est pas un hasard si le premier commentateur de *Vendredi* a été l'un des premiers philosophes de notre temps, Gilles Deleuze, dans *Logique du sens* (1971). Il a mis en valeur une dualité, un dualisme même, qui frappe tout lecteur du livre. Robinson pressentait derrière Speranza l'autre île, celle qu'il trouve quand il accède à la vie sauvage ou, si l'on préfère, à l'état de Fils du soleil. Bien plus, chaque élément matériel est double — le feu, l'eau, le ciel. Les êtres sont doubles : il y avait en Robinson un sauvage en puissance, et en Vendredi un civilisé qui s'ignorait. D'où leur choix final, qui consomme l'échange. Peut-on aller jusqu'à dire que Vendredi soit le double de Robinson ? Le problème d'*autrui*, classique en philosophie, renouvelé par Sartre[9], se trouve à nouveau posé et Robinson (ou

9. Tournier cherche à échapper à la philosophie sartrienne, comme Boris Vian (Jean-Sol Partre dans *L'Écume des jours*). Le choix de Jean ou de Paul comme prénoms des jumeaux dans *Les Météores* n'est nullement un hasard.

Tournier) multiplie, en professeur cette fois, les formules, les fausses étymologies qui se veulent plus éclairantes que les vraies (« Ce qui n'*ex-siste* pas *in-siste*. Insiste pour exister »). Décevantes quand il s'agit de l'équipage du *Whitebird*, qui aborde dans l'île, exaltantes quand il s'agit du Vendredi solaire, les retrouvailles avec autrui sont simplement humaines et émouvantes dans la page finale quand, après la fuite de Vendredi, Robinson s'aperçoit que le petit Jâan à son tour a cherché refuge auprès de lui.

La question fondamentale, selon Deleuze, serait : « Que va-t-il arriver dans le monde insulaire sans autrui ? » Vendredi ne fonctionnait pas comme autrui, mais comme un double. D'où la nécessité de son départ. Mais la robinsonnade court le danger de rester un « monde sans autrui ». L'évasion *« anywhere out of the world »*[10] ne serait qu'une manière de rester seul avec soi-même. L'extase matérielle désirée par Tournier comme par Le Clézio serait une régression vers le stade du miroir, étudié par le docteur Jacques Lacan. Robinson dans son île risque d'être enfermé dans son « Log-book », comme l'écrivain dans son texte. « Il lui semblait soudain s'être à demi arraché à l'abîme de bestialité où il avait sombré (dans sa *souille*) et faire sa rentrée dans le monde de l'esprit en accomplissant cet acte sacré : écrire. » L'expression est elle-même problématique : elle ne situe pas l'acte d'écrire dans le relatif — écrire-pour-autrui —, mais au regard de l'absolu. Écrire serait un acte solaire, en quelque sorte, alors que le Robinson solaire n'écrira plus.

Tournier avait attendu l'âge de quarante-trois ans pour publier ce premier livre. Il l'avait d'abord écrit pour lui-même, avant de l'écrire pour les adultes, puis pour les enfants. Il a, sans nul doute, appris à écrire pour les autres, et son succès le prouve, jusque dans la chronique journalistique, le texte bref, qui sem-

10. Poème en prose XLVIII dans *Le Spleen de Paris* de Baudelaire : « Enfin, mon âme fait explosion, et sagement elle me crie : "N'importe où ! n'importe où ! pourvu que ce soit hors de ce monde !" ».

blent aujourd'hui l'occuper davantage. Il reste sans doute chez ce voyageur qui peut être aussi un sédentaire, l'ermite de Choisel, un « chercheur d'or », comme en Le Clézio. Mais il a bien montré qu'Idriss peut venir à Belleville chercher « la goutte d'or ».

L'exotisme avait été en vogue à la fin du XIXe siècle et au début du XXe, de Pierre Loti aux frères Tharaud[11]. Jean-Marc Moura, qui a consacré plusieurs ouvrages à cette intéressante question, est aussi l'auteur d'un roman au charme prenant, *Gandara* (2000) : à travers le souvenir d'un homme près de mourir, l'histoire d'une vallée perdue dans le Nord-Ouest indien et des derniers jours d'une civilisation restée deux mille ans quasi hors du monde. Après les récits à succès de Jean Hougron, réunis en 1989 sous le titre *La Nuit indochinoise*, sorte de grande liquidation de l'époque coloniale, Olivier Rolin explore le Soudan de ses expériences et de ses fantasmes (*Port-Soudan*, 1994 ; *Meroé*, 1998), Jean-Christophe Rufin évoque, dans *Asmara et les causes perdues* (prix Interallié 1999), une Éthiopie ensorceleuse dans laquelle évolue une mission humanitaire, et le XVIIIe siècle au Brésil dans *Rouge Brésil* (prix Goncourt 2001), tandis que Claire Fourier raconte un échec lourd de conséquences sur la *RC4, Route de sang* (2000).

Littérature du sida

L'Afrique, le « vrai royaume des enfants de Cham » vers lequel se tournait Rimbaud dans *Une saison en enfer*, devient dans *Les Quartiers d'hiver* (1990) de Jean-Noël Pancrazi une Afrique intolérante, mais aussi une Afrique infectée où on jette les cadavres, « comme des sacs lépreux, sur les bûchers qui les consum[ent] avant le lever du jour ». L'épidémie a toujours été

11. D'une manière significative le roman de Jérôme et Jean Tharaud, *L'Ombre de la croix*, publié en 1917, a été réédité par Les Belles-Lettres en 2001. Il raconte la vie de juifs du Shetl, en Hongrie et en Pologne. Il y a là une veine qui s'est prolongée de nos jours jusqu'à Marek Halter.

une des grandes craintes de l'humanité et elle a pris une dimension mondiale avec ce qui n'est d'ailleurs même pas vraiment une épidémie, le sida. La relation, ancienne elle aussi, de l'écrivain avec la maladie s'en est trouvée renouvelée dans les deux dernières décennies du XXe siècle où le fléau s'est répandu.

Il était inévitable de voir s'affronter deux attitudes grossièrement. Celle, rigide, des moralistes austères qui veulent croire à une sorte de purification providentielle en des temps de décadence (mais ils rappellent dangereusement Gerbère qui, lors d'une soirée entre collaborateurs, dans *La Place de l'étoile* de Modiano, crache verbalement sa haine de la décadence et en appelle à une violence purificatrice, souhaitant la bienvenue à un nouveau « temps des assassins »). Celle, « compassionnelle » (pour reprendre le mot d'Hervé Guibert[12]), des défenseurs de la sexualité libre ou, après Gide, de l'homosexualité. C'est toujours l'histoire du terrible Henri Prouillan, tenant du conformisme bourgeois, en face de son fils Bertrand dans le beau roman d'Yves Navarre, *Le Jardin d'acclimatation* (1980), avant même que soit identifié le sida. Mais nous savons que ni l'homosexualité ni même la sexualité ne suffisent à expliquer la diffusion du virus, ce *cytomegalovirus* brandi comme nouvelle figure de l'épouvante et comme titre d'un livre par Hervé Guibert, écrivain mort du sida en 1991, qui a organisé son temps de survie dans le sens d'une exploitation littéraire systématique de cette maladie. La métamorphose, ici, elle est celle d'un homme de trente-cinq ans sur lequel s'est greffé le corps d'un vieillard.

12. Hervé Guibert, *Le Protocole compassionnel*, Gallimard, 1991. *Le Mausolée des amants*, publié à titre posthume en 2001, rassemble le journal de Guibert entre 1976 et 1991, « journal incommode », écrit Josyane Savigneau dans *Le Monde des livres* du 23 novembre 2001, en soulignant le « regard décapant », le « dédain des convenances », « l'inflexibilité d'adolescent jamais guéri de sa révolte ».

Il est des évocations diverses de ce nouveau *loimos*[13], qui ravage le monde à la fin du XXe siècle comme la Thèbes d'*Œdipe roi*. Douce, quand il est question du « mal mauve » dans *Les Quartiers d'hiver* (mais Pancrazi laisse deviner la sévérité de la sœur d'Eduardo pour annoncer sa mort, qui « devait tous nous maudire, nous englober — ainsi que Paris, ses cabarets et sa profusion de libertés — dans une même rancune désespérée »). Dures, fauves dans *Les Nuits fauves* de Cyril Collard (qui écrivit le livre, publié en 1989, avant d'en faire un film et d'y jouer son propre rôle), implacables comme la dégradation physique dans les descriptions minutieuses d'Hervé Guibert (*À l'ami qui ne m'a pas sauvé la vie*, 1990). Grandioses quand Guy Hocquenghem, dans un livre posthume, *L'Amphithéâtre des morts* (1994) que la mort par le sida ne lui a pas laissé le temps d'achever, donne à lire cette « inscription énigmatique, plantée comme un "Mané, thécel, pharès"[14] dans l'allée de l'hôpital ».

13. Ce mot grec, qui apparaît au début de la tragédie de Sophocle, est habituellement traduit par « peste ». Mais cette traduction est inexacte, car le *loimos* ravage tout dans la ville et sur le territoire de Thèbes : hommes, animaux et plantes. L'écrivain belge Henry Bauchau a su renouveler le mythe thébain dans ses romans *Œdipe sur la route* (1990), *Antigone* (1997), retrouvant une « lumière » qui était « une façon d'exister ».

14. Trois mots mystérieux que le dernier roi de Babylone, Balthazar, vit tracés en lettres de feu au cours d'un festin orgiaque. Le prophète Daniel les interpréta comme l'annonce de la chute prochaine du souverain, qui en effet fut tué. Michel Butor a fait une reprise originale de ce motif biblique dans son roman de 1956, *L'Emploi du temps*, où Jacques Revel, pris dans la ville maudite de Bleston, croit lire lui aussi trois mots sur le mur de briques qu'il voit de la fenêtre de sa chambre. L'exemple est caractéristique d'une création mythopoétique largement représentée dans le roman français contemporain (voir le livre collectif dirigé par Véronique Gély-Ghédira, *Mythe et récit poétique*, publications de la faculté des Lettres de Clermont-Ferrand, 1998, où figurent une étude consacrée à *L'Herbe* de Claude Simon, par Jeannine Guichardet, et une autre consacrée à *L'Acacia* du même écrivain, par Pascal Mougin, qui démontre d'ailleurs que dans ce roman de 1989, le mythe est « congédié », et comme présent dans l'absence).

« Écrire sauve », tel est le dernier espoir du malade en sursis. À défaut de pouvoir exercer une fonction véritablement conjuratoire et salvatrice, l'écriture a permis à Hocquenghem de donner ce qui, même sous cette forme fragmentaire, est de loin son meilleur livre. Datés de « Paris-Montparnasse, mai 2018 », ces pseudo-mémoires veulent prendre toutes les distances possibles. Ce n'est pas le cas dans une littérature du sida qu'on dira *primaire*, et dont les livres de Guibert donnent trop souvent l'exemple.

Pourquoi d'ailleurs serait-on nécessairement malade, ou mourant, pour écrire sur le sida ? Aux règlements de compte de Collard (en risquant de contaminer Laura, une jeune fille de dix-sept ans, il semble chercher à tuer sa mère en elle) on peut préférer le second roman très maîtrisé de Guillaume Le Touze[15], *Comme ton père*, qui valut à un romancier de vingt-six ans, et bien portant, le prix Médicis en 1994. L'autobiographie cède la place ici à une fiction qui, comme dans *L'École des femmes*, *Robert* et *Geneviève* de Gide, s'organise autour de plusieurs points de vue successifs des personnages concernés. Le fils, Giuseppe, jeune Italien malade, qui vient chercher refuge auprès de son père dans une grotte sud-africaine. Le père, Paul, homosexuel lui aussi. La mère, Claudia, séparée de son mari, qui les rejoint trop tard.

Giuseppe a pu se sentir un enfant abandonné, à Paris, quand il vivait avec sa mère, mais avait besoin de se chercher un protecteur en Mouad ; à Rome, quand il s'est trouvé dans le salon aux deux canapés ventrus et prétentieux, celui de sa mère et celui de son nouveau mari, Luigi ; à Paris de nouveau, où il s'est enfui. Mais c'est l'Afrique du Sud qui est le point de convergence de ce livre des impossibles fuites. Claudia a répondu à l'appel de son fils, quand il lui a écrit qu'il était atteint du sida. Elle a cru voir Giuseppe et Paul « en train de comploter », et elle n'a pu s'empêcher de penser que, si Giuseppe écrivait des romans, il présente-

15. Il a publié en 2001 *Tu rêves encore* aux éditions Actes-Sud.

rait des héros sans mère, ou il inventerait « un grand garçon dont la maman est morte il y a très longtemps et qui reste seul avec papa ». Mais Giuseppe serait plutôt un anti-Collard, et il n'y a pas ici d'Érinye acharnée sur sa victime. Pour Claudia, à qui revient le point de vue final, un rendez-vous a été manqué. Un rendez-vous avec le mort, mais aussi avec la mort. Son dernier mot, devant un verre de vin rouge, est « J'attends ».

À défaut d'un espoir de la victoire sur la maladie, la littérature du sida, à la fin du XXe siècle, était vouée à un recommencement dont, encore en 1996, Christian Giudicelli a donné un exemple avec *Celui qui s'en va*, histoire simple et déchirante d'un jeune étudiant, Malik, qui meurt du sida dans un hôpital parisien sans avoir dit à ses proches qu'il était séropositif. Elle est surtout, elle aussi, en attente.

> – Curieuse fin de siècle.
> – Vous voulez dire curieux commencement du suivant ?

Le dialogue entre Frénard et Clément, dans la dernière page du *Secret* (1992) de Philippe Sollers pourrait être le point de départ d'un autre roman, mais aussi d'une autre littérature. Pour éviter le piège du ressassement — une littérature de la fuite en avant.

Chapitre 10

Le temps du bref

Nouvelles ou romans minuscules

Le succès commercial remporté en 1998 par le dernier livre de Philippe Delerm, *La Première Gorgée de bière*[1], est rassurant. Il prouve qu'un professeur de collège, honorablement connu dans son métier, peut être promu écrivain comme Balzac imprimeur devenait en 1830 de Balzac. Il prouve aussi qu'on peut publier une douzaine de volumes sans guère avoir de lecteurs, même si l'éditeur (les Éditions du Rocher principalement) est puissant, et même si un treizième parvient à s'imposer, alors que l'éditeur est apparemment modeste et que seule a agi, nous assure-t-on, la renommée qui se fait de bouche à oreille. *La Première Gorgée de bière*, c'est vrai, a échappé au circuit des prix annuels et de la publicité qui se fait autour d'eux. C'est un succès hors saison, et un succès hors norme.

Pourtant ce succès est inquiétant aussi. Le journaliste Yann Moix faisait part d'une telle inquiétude, bien plus, de son irritation, quand il intitulait en juin 1998 un article publié dans *Le Figaro* « Postérité des mouches ». Et ces mouches ne se laissent pas confondre avec celles de Jean-Paul Sartre, modernes Érinyes acharnées sur Oreste meurtrier de sa mère. Elles représentent le minuscule, l'insecte qui se nourrit de n'importe quoi. « En idolâ-

1. Philippe Delerm, *La Première Gorgée de bière et autres plaisirs minuscules*, L'Arpenteur, 1997 (cet éditeur se situe en fait dans la mouvance de Gallimard).

trant les mouches, écrit Yann Moix, Delerm a fait son beurre. Mais passée la première gorgée, il nous saoule. Il publie plus vite qu'il n'écrit. Delerm n'est pas un romancier, c'est un hebdomadaire. »

La critique d'humeur n'a pas perdu aujourd'hui ses droits, et il ne faut pas lui accorder plus d'importance qu'elle n'en a. La polémique n'a pas sa place ici. Mais le succès de ce livre, son existence, son prolongement au-delà de l'an 2000 (*La Sieste assassinée*, 2001) permettent de poser de manière plus aiguë que jamais la question : « Où va la littérature française aujourd'hui ? »

Le titre complet du best-seller de Philippe Delerm est *La Première Gorgée de bière et autres plaisirs minuscules.* Un autre de ses livres est *La Première Nuit dehors et autres galères minuscules.* Cela rappelle un autre best-seller de notre temps, *Vies minuscules* de Pierre Michon (Gallimard, 1984), l'un des écrivains interrogés par *La Quinzaine littéraire* en 1989, qu'on a pu rapprocher de François Bon, l'écrivain des destins brisés, et de Pierre Bergounioux, revenant sans cesse aux souvenirs d'une enfance rurale. L'adjectif fait florès, et un écrivain interrogé par *La Quinzaine littéraire* en 1997, Michel Orcel, a sous-titré « Roman minuscule » *Une baignoire à l'Opéra-comique,* (Obsidiane, 1990, 38 pages), puis son *Histoire d'une ascension* (Le Temps qu'il fait, 1996), qui ne compte en effet que 29 pages. Cela ne l'empêche pas de se chercher de « grands aînés »[2] du côté de Shakespeare, de Marcel Proust et même d'Alexandre Dumas, tous plutôt abondants, même si les deux derniers (et le premier en poésie) n'ont pas ignoré la forme brève.

La subversion des genres aboutit à ce premier résultat, l'indistinction du roman et de la nouvelle. Delerm se contente de « récits » comme sous-titre pour *La Première Gorgée de bière et*

2. Réponse à l'enquête dans *La Quinzaine littéraire*, n° 117, p. 8. La nouvelle reste un art très vivant aujourd'hui. Un écrivain y fait ses gammes, ou il acquiert la maîtrise de la brièveté, tel Yves Frontenac dans *Diamants aux feux obscurs* (2001).

autres plaisirs minuscules. Mais il adopte celui de « nouvelle » pour *Le Panier de fruits* (Éd. du Rocher, 1998), et Orcel revendique celui de « roman ». Déjà les contempteurs du Nouveau Roman s'en étaient pris à ce que Jean-Bertrand Barrère a appelé *La cure d'amaigrissement du roman* (Albin Michel, 1964), et Pierre de Boisdeffre avait choisi comme point de départ de sa critique la première phrase de ce qu'Alain Robbe-Grillet ne présentait que comme des *Instantanés*, « La cafetière est sur la table »[3]. À l'inverse, Jean-Pierre Richard traite bien en « roman » les *Vies minuscules* de Pierre Michon, quand il écrit en 1996 : « Chaque fois (chez Pierre Michon) une sorte d'autobiographie ou de petites biographies obliques, fondées sur le regard d'un témoin médiocre, oublié, romanesquement réinventé. Dans *Vies minuscules* plusieurs de ces assistants infimes, magnifiés pourtant du fait de leur petitesse même, permettaient de suivre, comme en écharpe, l'histoire du narrateur-héros : celle de quelqu'un en train de devenir, difficilement, un écrivain, l'auteur du roman que nous lisions. »[4]

La question du minuscule, redoublée par la question du genre, est posée aussi par un texte comme *La Chevelure de Bérénice*, de Claude Simon. Il a été publié aux éditions de Minuit, en 1983. Mais il avait déjà été publié en 1966, à tirage limité, aux éditions de la Fondation Maeght, sous le titre *Femmes*, que l'habile Philippe Sollers a repris en 1983 pour inaugurer une nouvelle manière, plus commerciale que celle à laquelle il nous avait habitués jusque-là. Est-ce un poème ? Est-ce un récit ? Le second titre vient d'une élégie du poète alexandrin Callimaque, dont ne nous reste qu'un fragment de quinze vers plutôt mutilés, tout à la louange de « la belle boucle de Bérénice » (« *Berenikeios kalos*

3. C'est la première phrase du premier de ces *Instantanés* (Éd. de Minuit, 1962), « Le Mannequin «. Le pamphlet de Pierre de Boisdeffre, *La cafetière est sur la table*, est de 1967. Voir plus haut, p. 101.

4. *Terrains de lectures*, Gallimard, 1996, p. 11.

(...) plokamos »). Catulle s'en est inspiré dans son poème 66, comparant les astres et la chevelure royale (« *Sidera corruerint ; utinam coma regia fiam !* »). À la faveur de ces réminiscences, Claude Simon a pourtant bien introduit une narration (« elle traversa la place déserte arrivée près du bord elle s'assit sur le sable fit s'asseoir l'enfant à côté d'elle après quoi elle resta là », p. 7), dans une prose sans ponctuation qui ne recule ni devant le jeu de mots plutôt grossier, ni devant un système itératif de motifs et de mots (« cyclamen », « noir », par exemple), ni surtout devant l'attrait d'une poétique du glissement de sons (« U répété, UI en forme de cri d'oiseau le bec de cuivre ouvert en croissant la langue dardée vermillon pâle », p. 13). Le texte passe par James Joyce plus que par les références antiques obligées et dessine, plus que la ligne courbe d'une aventure qui se clôt, la ligne infinie d'une attente qui, même pour un écrivain déjà consacré, est celle d'un livre à venir. Ce titre constituait dès 1959 le titre d'un essai paradoxal du plus mystérieux de nos critiques d'aujourd'hui, Maurice Blanchot, auquel Jacques Derrida a consacré un livre profond, *Demeure* (Galilée, 1998).

À cette ligne d'attente faut-il conférer une valeur négative, ou une valeur positive ? Cette question est au centre d'une interrogation sur la littérature d'aujourd'hui.

Le livre sur rien

L'attention extrême portée par la Nouvelle Critique à Flaubert s'explique en partie par son projet d'écrire « un livre sur rien », annoncé dans une lettre à Louise Colet du 16 janvier 1852, au temps où il travaillait à *Madame Bovary*[5].

5. « Ce qui me semble beau, ce que je voudrais faire, c'est un livre sur rien, [...] qui se tiendrait de lui-même par la force interne de son style. » Sylvie Thorel-Cailleteau a étudié cet idéal impossible dans *La Tentation du livre sur rien. Naturalisme et décadence*, Éditions InterUniversitaires, 1994.

Après *Le Degré zéro de l'écriture* étudié par Roland Barthes dans un essai de 1953, voici le degré zéro de la littérature, ou du moins de la littérature narrative dans *La Bataille de Pharsale*, roman de Claude Simon publié pour la première fois en 1969 et plutôt épais cette fois : « sept points de repère » sont fixés « autour desquels l'écriture va s'organiser et se combiner : Bataille, César, Conversation, Guerrier, Machine, Voyage, O ». Chacun d'eux a déjà figuré plusieurs fois dans la première partie du livre et jouera un rôle non moins important dans la troisième et dernière. Il s'agit sans doute de « repartir », de « reprendre à zéro », un peu comme Descartes décidant à Leyden, le 8 juin 1637, de faire table rase pour rebâtir. Mais le romancier met en place un personnage qui est désigné par cette lettre, ou par ce chiffre, O, personnage qui est tour à tour masculin et féminin, et qui en définitive est sans doute essentiellement neutre. Le commentateur américain de Claude Simon, Stuart Sykes, le déclare « susceptible de revêtir l'identité de toute une galerie de "personnages" réduits la plupart à des points de vue qui offrent ainsi des perspectives changées sur une "réalité" en effet peu stable »[6].

Claude Simon a fait école : Jean Echenoz, dans *Un an* (1997), introduit un personnage d'ailleurs secondaire, Zéro Mosel, qui pour l'état civil est Jean-Pierre Poussin. Ceux qu'il est convenu d'appeler les Nouveaux Romanciers avaient pratiqué d'autres formes de quasi-abolition d'identité pour des personnages qu'ils voulaient aussi peu balzaciens que possible dans leur volonté non de faire concurrence, mais de faire échec à l'état civil : ce sont les Dupont, Daniel ou Albert, du premier livre publié d'Alain Robbe-Grillet, *Les Gommes*. Ces victimes des tueurs ou du détective sont aussi victimes du romancier qui les gomme. « Tu ne vas pas nous faire croire, dit Antoine, l'un des piliers du cabaret dans cette petite ville du Nord, qu'on tue tous les soirs un

6. *Les Romans de Claude Simon*, éd. de Minuit, 1979, p. 140.

type qui s'appelle Dupont[7] ». La réponse est « si », quand on considère, à la manière de Thomas de Quincey, que l'assassinat est un des beaux-arts ou, à la manière des Nouveaux Romanciers, que les héros doivent être réduits à zéro. Robert Pinget a adopté, lui, le mode de l'anonymat dans *Quelqu'un* (éd. de Minuit, 1965). Mais qui est quelqu'un ? Celui qui parle, qui raconte ce qui tient lieu d'histoire ? L'autre, celui à qui on parle ? Le « personnage » du « roman », celui dont on parle ? Des noms peuvent apparaître au fil de ces 258 pages : Reber, Fanfan, Apostolos, Gaston, ou Marie, etc. Ils ne changent rien à une grisaille volontaire.

Cet effacement même traduit la présence d'un problème qui ronge les écrivains de cette génération, et encore les plus jeunes d'aujourd'hui. *Je cherche un livre*, annonce Pierre Vilbreau, mais qui est ce « je » ? Est-il « un autre », comme le découvrait Rimbaud en mai 1871 ? Le livre parle de quelqu'un : mais qui est ce quelqu'un ? Qu'est-ce que la personne humaine ? Existe-t-elle ? Dans *Djinn* d'Alain Robbe-Grillet, l'identité de Simon Lecœur est dite « problématique ». Il peut être Boris Koershimen (un nom qui fleure *Le Cid* !), ingénieur électricien né à Kiev, ou Robin Körsimos, hongrois, finlandais ou grec. Il est appelé Yan, écrit Jan, par ses collègues de l'École américaine, 56, rue de Passy, dont les élèves utilisent sans doute *Djinn* pour les leçons de grammaire. « Je » peut être aussi les autres : c'est sans doute la leçon des *Vies minuscules* de Pierre Michon. Et l'écrivain naît à faire renaître ces figures du village de la Creuse où il a passé son enfance. « J'ai eu de la joie », reconnaît-il dans la dernière page, « et peut-être fut-ce aussi la leur ; j'ai failli naître souvent de leur naissance avortée, et toujours avec eux mourir ». Les jeux sur les noms et sur l'anonymat se déroulent sur ce même fond de terreur du personnage qui ne serait personne, tel Ulysse-*Outis* dans l'*Odyssée*, ou Daniel Eyssette qui, dès le célèbre roman

7. Alain Robbe-Grillet, *Les Gommes*, éd. de Minuit, 1953, p. 262.

d'Alphonse Daudet, publié en 1868, craignait de n'être jamais que *Le Petit Chose* (Jean-Louis Curtis jugeait l'épilogue de ce livre aussi déprimant que celui de *L'Éducation sentimentale*, autre « livre sur rien »).

Le « livre sur rien », voilà bien une autre hantise et une autre tentation des écrivains français d'aujourd'hui. Stuart Sykes en fait une des caractéristiques, déjà, de *L'Herbe*, roman de Claude Simon publié aux Éditions de Minuit en 1962. Il a mis en valeur un système de phrases répétées, qui scandent le récit et où figure le mot « rien », déjà au cœur de *La Nausée* de Sartre en 1938 (« Rien. Existé »). L'» intrigue » du roman de Claude Simon repose sur peu de choses — deux questions : Louise quittera-t-elle ou non son mari pour l'amant à qui elle exprime son trouble ? La vieille tante agonisante, Marie, mourra-t-elle pour de bon ? En fait, comme l'écrit Sykes, « le livre sur rien devient réseau de signes apparents et durables : un roman. Fiction s'occupant du temps, il offre des descriptions saisissantes de pendules, symboles baroques du passage du temps qui le traduisent dans l'espace ». Et pendant tout ce temps, on parle, l'écrivain écrit, écrit. La littérature semble se réduire à ce que Michel Foucault appelait le « pouvoir dénudé de parler »[8].

Les romans sur rien abondent dans la littérature française d'aujourd'hui, quelle que soit leur longueur, quel que soit le degré d'enfoncement de leurs personnages dans l'anonymat. Christian Bobin a même écrit un *Éloge du rien*[9], texte qui se présente comme une réponse à une lettre qui lui demandait : « Qu'est-ce qui donne du sens à votre vie ? » Il semble hésiter entre plusieurs réponses, mais le bilan paraît terriblement négatif. Il se situe bien en deçà de la solution proposée par Albert Camus au problème de l'absurde qui tourmenta la génération existentialiste : « Il faut imaginer Sisyphe heureux. »

8. *Les Mots et les Choses*, Gallimard, 1966, p. 313.
9. *Éloge du rien*, éd. Fata Morgana, 1990.

Un sourire pourtant vient éclairer le dernier des fragments qui constituent *L'Inespérée*, livre publié en 1994 chez Gallimard par cet écrivain né en 1951 au Creusot. Il s'agit encore d'une lettre, cette fois d'une « lettre à la lumière qui traînait dans les rues du Creusot, en France, le mercredi 16 décembre 1992, vers 14 heures ». La destinataire est-elle une femme réelle (« Mina », titre du huitième fragment), une inconnue comme la passante de Baudelaire, la lumière elle-même ? Le livre est peu explicite à cet égard. Il ne se conçoit d'ailleurs pas sans les autres livres de Christian Bobin. Son œuvre est faite de l'enfilade d'une vingtaine de textes dont les titres s'éclairent les uns les autres comme les fragments d'un seul puzzle : *Une petite robe de fête, Souveraineté du vide, Éloge du rien, Le Très-Bas, La Part manquante, Isabelle Bruges, La Folle Allure*. Jean-Pierre Richard a reconnu en Bobin « ce goût de la petitesse qui anime tant d'œuvres littéraires aujourd'hui ». Pour le grand critique pourtant, le minuscule ne se réduit pas ici au rien et, analysant *Du sang sur la neige*, il affirme que « le tout-petit doit, pour le satisfaire, demeurer vital, complexe, riche de mouvements internes ». Ou encore, « quelque chose s'est produit : un duvet de lumière, lentement, est descendu le long du mur de crépi. Pas plus. Rien de plus, et cela suffit pour que ce jour soit à jamais impérissable. Une once de réel pur suffit, à qui sait voir »[10]. Il irait même jusqu'à parler d'une « euphorie du minuscule ».

Il faudrait étudier en détail les modalités et les variantes de ce rien dans la littérature française d'aujourd'hui. Il peut s'assimiler à *rem*, la chose du roman qui lança Georges Perec, *Les Choses* (Prix Renaudot, 1965) aux romans de Jean-Philippe Toussaint, *La Salle de bain* (éd. de Minuit, 1985), *La Télévision* (même éditeur, 1997). « Il ne se passait pratiquement rien dans la cour », note celui qui passe tout son temps dans sa baignoire. De ce « prati-

10. *Terrains de lectures*, p. 46-47.

quement rien » on peut encore tirer quelque chose, et c'est de la littérature. Plus ambitieusement, et dans un autre ordre de valeurs, Jean d'Ormesson a voulu passer de « presque rien » à « presque tout » dans un livre de 1996 qui s'est voulu ouvert sur le cosmos et devait faire figure de *Big Bang Story*[11].

Il est trop évident que tout, dans une telle présentation, devrait être corrigé par son contraire. À côté du roman minuscule survit le roman long, dont Boris Schreiber a offert une belle survivance avec un roman primé en 1996, *Un silence d'environ une demi-heure* (éd. du Cherche-Midi), le treizième roman, lui aussi, d'un écrivain resté quasiment inconnu à soixante-dix ans depuis ses débuts littéraires, en 1958, avec *Le Droit d'asile* (éd. Denoël). La longueur ici s'explique par la donnée autobiographique, l'impossible épuisement de la jeunesse d'un déraciné qui, tenu debout par sa rage à écrire et à vivre, a affronté la monstruosité du monde.

Le héros de ce livre a le prénom même de son auteur, Boris, et ce n'est pas un prétexte à anonymat, comme dans l'œuvre de Robbe-Grillet. La littérature française d'aujourd'hui ne cherche d'ailleurs pas toujours à se cacher sous les voiles de l'anonymat ou les masques du pseudonyme. Tous les personnages ne sont pas des fantômes, comme le Crab d'Éric Chevillard[12]. Ils se nomment Raphaël Schlemilovitch *(La Place de l'Étoile)*, ou René Meinthe *(Villa triste)*, ou Guy Roland *(Rue des boutiques obscures)* ou Dora Bruder (dans le livre homonyme), au fil des romans de Patrick Modiano.

Enfin, il serait faux de dire que ces livres, même quand ils sont des livres sur rien, n'ont rien à dire. Christian Bobin a suggéré « l'exquise saveur d'un thé sans eau », de « l'enfance sans remède », de « la vérité inguérissable », et « la perfection du thé sans thé », dans le troisième fragment de *L'Inespérée*. Sans aller

11. *Presque rien sur presque tout*, Gallimard, 1996.
12. *Un fantôme*, éd. de Minuit, 1995.

jusqu'à ces jeux sur le rien, ou le presque rien, il faut souligner que le « Sans nom », comme l'a rappelé le philosophe Emmanuel Levinas, évoque douloureusement les camps de concentration et l'holocauste, toujours présents dans la mémoire et les hantises des hommes plus de cinquante ans après[13]. Il faut suggérer aussi que la brièveté peut être une chance de plénitude, en prose comme en poésie. Jean Echenoz l'a bien montré avec cet admirable texte de 22 pages, *L'Occupation des sols* (éd. de Minuit, 1988), unanimement salué par la critique et figurant déjà dans les manuels scolaires comme morceau d'anthologie[14].

À partir de là, pouvait-on, en faisant varier la question première, se demander : « Quelle littérature pour l'an 2000 ? » et, au-delà, pour le troisième millénaire. Cette question, Italo Calvino l'avait placée au seuil de ses *Leçons américaines*, dont la mort, en septembre 1985, interrompit la rédaction. « En un temps où d'autres *media* triomphent », se proposait-il de dire, *media* « dotés d'une vitesse très élevée et d'un rayon d'action très étendu, menaçant de réduire toute communication à une croûte uniforme et homogène, la fonction de la littérature est de faire communiquer le divers avec le divers comme tel ; sans émousser sa différence, mais en l'exaltant au contraire, selon la vocation du langage écrit »[15].

Le temps du centenaire de la mort de Mallarmé (1998) est passé. La littérature peut être tentée par le bref ; elle n'est pas vouée à l'« aboli bibelot d'inanité sonore ». On a le droit, peut-être le devoir, d'espérer plus que de douter. André Breton le proclamait en 1947, dans *Arcane 17*. Ses mots résonnent encore en nous : « la confiance reviendra », « la pensée humaine parviendra

13. « Sans nom «, dernier texte de son livre *Noms propres*, Fata Morgana, 1976, rééd. Librairie générale française, Livre de poche Biblio/essais, n° 4059.

14. *Littérature XXe siècle*, Nathan, coll. Henri Mitterand, 1989, p. 811.

15. *Lezioni americane - sei proposte per il prossimo millennio*, Milan, Garzanti, 1988, traduction de Yves Hersant, *Leçons américaines*, Gallimard, « Folio », p. 80-81.

à reprendre le large ». Non, il ne suffit pour cela ni de boire ni même de dire une gorgée de bière, fût-elle « or mousseux, fraîcheur amplifiée par l'écume, puis lentement sur le palais bonheur tamisé d'amertume » ou, Rimbaud le disait déjà, « liqueur d'or, fade et qui fait suer ».

Rimbaud, précisément, a renoncé à ce titre dont nous parle Verlaine, *Études néantes*. La littérature française de demain cessera-t-elle d'être une littérature du rien ? C'est la grâce que tous nous lui souhaitons.

Chapitre 11

Écritures féminines

Toujours le bref

Mireille Calle-Gruber a insisté, dans son récent manuel, sur « la formidable éclosion des écritures de femmes à partir des années soixante «, et en particulier dans l'ordre du récit. Car le récit, note-t-elle, « favorise l'émancipation artistique des femmes que le romanesque, au contraire, exigeant les hiérarchies et les codes du logocentrisme leur refuse »[1]. Elle-même, en tant que créateur, illustre fort bien son propos, avec *Arabesque* (1985), *La Division de l'intérieur* (1996), *Midis, scènes au bord de l'oubli* (2000).

La littérature féminine d'aujourd'hui donne moins dans le minuscule que dans le bref. Souvent, pour reprendre le titre d'un roman célèbre d'Anne Philipe, l'œuvre dure *Le Temps d'un soupir* (1963). La veuve de Gérard Philipe aurait pu se contenter, après la mort prématurée du grand acteur en 1959, d'accumuler souvenirs et témoignages (elle l'a fait en 1978, avec la collaboration de Claude Roy), mais elle a trouvé sa manière propre en écrivant des romans qui expriment l'intensité d'un amour, la fragilité d'un bonheur, l'intimité malgré tout au-delà d'une douloureuse séparation. *Les Rendez-vous de la colline* (1966), *Un été près de la mer* (1977), *Les Résonances de l'amour* (1982), *Je l'écoute respirer* (1984), *Le Regard de Vincent* (1987) ne viennent pas se superposer pour créer un effet de masse. Ils reviennent pour dire l'éphémère et la perte.

1. *Histoire de la littérature française du XXe siècle, ou les repentirs de la littérature*, Champion, 2001, p. 96.

Certes, toute littérature du deuil n'est pas féminine. André Miquel, dans *Le Fils interrompu* (1971), roman auquel fait écho le recueil de poèmes en deux langues arabe/français *L'Enfant et la Promesse* (1999), Philippe Forest, dans *L'Enfant éternel* (1997) ont su exprimer, avec une pudeur exemplaire et une grande force d'âme, la terrible épreuve de la mort d'un enfant. Aline Schulman, Laure Adler *(À ce soir)* ont, sur le même thème, fait entendre en 2001 leur note propre.

Vénus Khoury-Ghata, surmontant des deuils successifs et les blessures de son pays d'origine le Liban, renonce aux diversions de l'exotisme (*Les Fiancés du cap Ténès*, 1996, se déroulait en Algérie ; *La Maestra*, 1996, au fin fond du Mexique) pour évoquer la destinée malheureuse d'un frère doué mais appelé par la folie et par la mort (*Une maison au bord des larmes*, 1998). Moins directement inspiré par les souvenirs personnels, *Privilège des morts* (2001) vient confirmer que les disparus demeurent parmi nous, « lorsque le drame ne s'est pas achevé de leur vivant ». Dès le début du roman, Hélène, qui revient vingt ans après dans l'île de Khalfi, cherche du regard Magdalena, la servante défunte qui, dans les dernières lignes, « prend la direction du cimetière au lieu de se diriger vers le débarcadère ».

139 pages pour le *Journal amoureux*, 171 pages pour *Privilège des morts*, et aérées : ce n'est pas seulement en raison de consignes éditoriales que Dominique Rolin ou Vénus Khoury-Ghata font bref. Il y a là un pôle de l'« écriture-femme », à l'inverse de ce qu'ont pu produire Mademoiselle de Scudéry au XVIIe siècle ou George Sand au XIXe. On peut l'expliquer par une hésitation, ce que Béatrice Didier a présenté comme « un certain malaise de la femme à l'égard de l'écriture qui ne lui semble pas toujours adéquate pour transcrire [son] chant ». « Écrire », ajoute-t-elle, « c'est figer sur une feuille de papier qui risque d'y perdre vie. Pour la femme, plus que pour l'homme, la lettre est morte »[2].

---

2. *L'Écriture-femme*, PUF, 1981, p. 17.

Maternel ou passionnel, un amour paraîtra toujours trop bref s'il est interrompu. Albert Cohen avait tenu la gageure, dans *Belle du Seigneur* (1968), de donner l'impression de sans fin en évoquant la relation quasi tristanesque d'Ariane et de Solal, ce personnage qui pourtant apparaissait au point de départ comme un Don Juan. L'épisode d'Agay, le retour à Genève, pour un suicide à deux, adoptent un *tempo* presque wagnérien, et parfois même brucknérien. « Et maintenant, maintenant » revient comme un *leitmotiv*. On est, avec ce livre de quelque 1 200 pages, aux antipodes de la littérature féminine de la passion qui, à la fin du XXe siècle et au début du XXIe, est plus abondante que jamais.

Le *Journal amoureux* (2000) de Dominique Rolin a prouvé que l'amour n'a pas d'âge. Née à Bruxelles en 1913, petite-fille du romancier Léon Cladel, l'auteur avait obtenu le prix Femina en 1952 pour un roman au titre significatif, *Le Souffle*. Elle semblait avoir, elle aussi, la vocation du fugitif, de l'impalpable. La mort de son mari, en 1957, a fait d'elle, à son tour, un écrivain du deuil (*Le Lit*, 1960), renonçant au récit linéaire au profit de la discontinuité dans l'analyse qui procède par touches rétrospectives et intuitives. Cette mutation, accélérée par de nouveaux deuils (la mort de la mère dans *Maintenant*, 1967 ; celle du père dans *Dulle Griet*, 1977), conduit à l'éclatement du texte, à sa fragmentation (*Le Corps*, 1969 ; *Deux*, 1975). On ne doit donc s'étonner ni de la volonté de ressaisir un ensemble par la constitution d'une trilogie romanesque (*L'Infini chez soi*, 1980 ; *Le Gâteau des morts*, 1982 ; *La Voyageuse*, 1984), à peu près au moment où Marguerite Yourcenar tentait d'achever la sienne, *Le Labyrinthe du monde*[3], ni, à l'inverse, du choix du journal, d'ailleurs non

3. Il s'agit d'une chronique romancée des lignées parentales ouvrant vers une autobiographie. Après *Souvenirs pieux* (1974) et *Archives du Nord* (1977), la trilogie devait se clore avec *Quoi ? l'Éternité* que la première femme à accéder à l'Académie française (1980) a laissé inachevé à sa mort en 1987, et qui a paru à titre posthume en 1988. Dominique Rolin a succédé à Marguerite Yourcenar à l'Académie royale de Belgique en 1989. Par la suite l'Académie française

daté. Que Jim soit en réalité Philippe Sollers, cette révélation n'a surpris que le temps d'une émission télévisée, et elle n'a pas d'autre importance. Ce n'est plus le souffle du vent qui passe, mais « un courant secret ne souffrant aucune enquête venue du monde extérieur »[4].

Une certaine épaisseur

Grâce et dénuement, le titre donné par Alice Fernay à son livre de 1997, semble vouer son œuvre à se situer dans la continuité du bref. C'est le cas pour *L'Élégance des veuves* (2000), même s'il s'agit d'évoquer en 128 pages le cycle de destins féminins dans la société bourgeoise. Pourtant, son roman le plus apprécié, *La Conversation amoureuse* (2000), nous vaut la surprise de 472 pages, auxquelles de nombreuses autres auraient pu s'ajouter, puisque l'épilogue est sous-titré « S'il n'y a pas de fin ».

C'est qu'une conversation romanesque peut être ou sembler sans fin. Marguerite Duras, dans *Le Square*, avait hésité entre roman et théâtre. Claude Mauriac avait, lui, délibérément opté pour le théâtre dans *La Conversation*. Alice Fernay part d'un fragment de dialogue emprunté à Shakespeare et placé en épigraphe, mais elle adopte d'entrée de jeu l'écriture du récit. Un récit à venir, puisqu'il s'agit d'« un couple de futurs amants » qui, banalement, « marchait, au milieu de la chaussée, dans une rue piétonne, un peu avant l'heure du dîner ». Elle ne nous laisse rien ignorer, ni de l'âge des deux protagonistes, ni de leur vêtement,

devait accueillir Jacqueline de Romilly (*Les Œufs de Pâques, Le Trésor des savoirs oubliés*), la grande helléniste qui est aussi un écrivain très attachant, Hélène Carrère d'Encausse, spécialiste de la Russie, et Florence Delay, dont l'œuvre romanesque est aussi riche que séduisante (voir l'hommage qui lui a été consacrée, *Pour fêter Florence Delay*, Presses de l'Université de la Sorbonne Nouvelle, 2001).

4. Dominique Rolin, *Journal amoureux*, Gallimard, 2000, Folio n° 3525, 2001, p. 132.

ni du caractère galant de leur rencontre. Ils dansent en marchant pour cacher une crispation secrète, « l'expression gracieuse d'un tremblement intérieur ».

Le livre ne serait que grisaille et pauvreté, si le mouvement imprimé dès le début vers le devenir ne prenait une force grandissante. « Un futur implacable leur était échu », note la romancière[5]. Et on ne sera pas étonné de voir inscrit bientôt le mot « fatalité », comme « *anankè* » pouvait l'être par Victor Hugo dans *Notre-Dame de Paris*. Pauline Arnoult et Gilles André sont comme aspirés par ce futur et emportés par ses « ondes ensorcelantes ». Sans doute, ils parlent, mais le récit ne retient que quelques bribes de leur conversation, à laquelle d'autres viennent se mêler.

Le principe d'épaississement, dans *La Conversation amoureuse*, est la multiplication des couples à partir d'un couple initial. Un contrepoint romanesque s'organise, sans qu'il ait jamais la forme serrée d'une fugue. La poésie des prénoms (Mélusine Tropp, Pénélope Lepeintre) ne va jamais jusqu'à la mise en place de figures mythiques. La femme, ici, est d'abord un corps, et pourtant elle est soucieuse avant tout de « la gloire intérieure que donne l'assurance d'être aimée »[6]. Le secret lui-même, invoqué avec insistance, est aussi transparent que possible. Le roman d'Alice Fernay ne se perd jamais dans le silence, mais il risque de s'enliser dans la banalité. Quand, enfin, dans l'épilogue, la conversation prend un tour suivi, elle n'est que sentimentalités, incapables d'alimenter autre chose qu'une manière de casuistique amoureuse[7]. L'« idylle » est « asymétrique », mais comme il en est tant. Aimer importe moins en définitive qu'exister. Avait-on besoin de 472 pages pour s'en persuader ?

---

5. Alice Fernay, *La Conversation amoureuse*, éd. Actes Sud, p. 21.
6. *Ibid.*, p. 132. C'est la fin de la première partie, « Début de soirée ».
7. Voir p. 471 : « N'avait-elle pas été tout simplement une qui aime un fantôme ? Ne l'avait-elle pas poursuivi justement parce qu'il lui échappait ? Ne tenait-elle pas au sentiment qu'elle avait conçu pour lui bien plus qu'à lui-même ? »

Le roman de Claire Etcherelli, *Élise ou la vraie vie*, a obtenu le prix Femina en 1967, et il a été salué par Simone de Beauvoir : « Une admirable et tragique histoire d'amour entre un Algérien et une Française. Et surtout, quelqu'un : quelqu'un qui parle avec une voix d'une inoubliable justesse. » Il a été porté à l'écran par Michel Drach, et Marie-José Nat a prêté son visage à Élise Letellier, l'héroïne et la narratrice de l'histoire. La technique romanesque est sans surprise : une ligne chronologique continue conduit de l'ancienne vie d'Élise et de son frère Lucien auprès de la grand-mère qui les a élevés, dans une petite ville de province, vers la « vraie vie » qui, pour l'un et pour l'autre, doit avoir pour cadre Paris.

Cette vraie vie, Lucien semble incapable de la connaître jamais. Adolescent instable, et tout aussi instable dans sa vie amoureuse, il a subi la double influence d'Anna qui l'emprisonne dans une vie sensuelle dévorante et d'Henri, un ancien condisciple plus âgé que lui, de famille aisée, théoricien de la révolution qui a fait de lui son instrument et qui l'utilise pour une expérience. À l'usine Citroën où il s'est fait embaucher, Lucien fait de la propagande pour les Algériens en guerre (c'est l'année 1957). Mais ses propos de commande dépassent ses convictions profondes. Atteint de tuberculose et soigné en banlieue, il est tué dans un accident de la circulation alors qu'il cherchait à revenir à Paris en cyclomoteur pour participer à un meeting. Même alors, il n'est pas sûr qu'il ait eu sa vraie mort.

Il en va tout autrement pour Élise. Entraînée par son frère et contrainte par la gêne financière, elle a décidé elle aussi de travailler dans l'usine de la porte de Choisy. Dans l'atelier 76 elle s'habitue difficilement au rythme de la chaîne. Mais même là, des habitudes se créent, ne fût-ce que le voisinage des ouvriers étrangers, « le Magyar », le jeune Marocain Mustapha et un Algérien plus mûr et plus grave, Arezki. Peu à peu une intimité se crée entre Lise et Arezki, qui se retrouvent en secret pour de longues promenades dans Paris. Il faut changer de quartier sans arrêt pour éviter les rafles, pour échapper aussi à des regards prolongés de réprobation sur une Française qui accepte la compagnie d'un « bicot », d'un « raton ». À l'usine, il faut veiller à ce que nul ne s'aperçoive de rien.

Ces rencontres difficiles, espacées, d'une extrême pudeur permettent à Élise de découvrir ses aspirations secrètes :

> Mutilée par ma vie rabougrie, par ma passion fraternelle et mes horizons bornés, ma sensualité bien vivante, et qui n'avait trouvé pour s'exprimer que ces contemplations nocturnes et les joies mystiques du renoncement, éclata à la chaleur de cette amitié secrète[8].

Le rapprochement physique tant attendu se produit un jour de grande rafle dans l'hôtel pour immigrés du quartier de la Goutte d'or où Arezki partage une chambre avec un compatriote. Les policiers humilient l'ouvrier algérien devant Élise qui souffre autant que lui. Elle se croit au-dessus de tout racisme et l'accueille à son tour, malgré les remarques du gérant, dans la chambre que son frère lui a laissée. Mais pourquoi n'ose-t-elle pas écrire à la grand-mère, pourquoi n'entraîne-t-elle pas Arezki comme il le souhaite et comme il le lui demande plusieurs fois ? A-t-elle peur d'un accueil pire encore là-bas ? Sa timidité ne s'explique-t-elle pas parce qu'elle échappe difficilement au racisme ambiant et à la terreur qu'il fait peser ?

À l'usine, la situation s'est détériorée. Lucien, par légèreté ou par inconséquence, avait commis la première indiscrétion. Mustapha, par frustration ou par jalousie, a continué. Pour tous, Élise est désormais celle qui « va avec ». Arezki est licencié, pour avoir pris la défense de la jeune femme devant le chef d'atelier. Sans carte de travail, il n'est plus protégé. Il est pris dans une rafle, et on perd sa trace. La vraie vie se perd dans l'évanescence, et Élise peut se demander :

8. Claire Etcherelli, *Élise ou la vraie vie*, Denoël, 1967, rééd. Gallimard, Folio n° 939, 1980, p. 144.

> Quelle force nous a manqué ? Où est la faille qui ne nous a pas permis de dominer ce qu'il est facile d'appeler le destin ? Jusqu'à quel degré sommes-nous coupables ? Ces belles fleurs qui se mêlaient en nous aux herbes vénéneuses n'auront donc servi qu'à tresser des couronnes mortuaires. Ce que nous avions à défendre, ce que nous devions conquérir, nous le laissons derrière nous.[9]

Courageux, le livre l'eût sans doute été davantage encore dix ans plus tôt, au moment où se déroulaient les événements douloureux qu'il évoque. Élise ne parvient pas à une conscience politique précise, et c'est mieux ainsi. Elle perçoit d'une manière diffuse la haine qui rôde autour d'elle. Les rafles ressemblent, à quelques nuances près, à celles qui pouvaient avoir lieu sous l'Occupation allemande, et ce n'est pas par hasard que Claire Etcherelli suggère cette analogie sans jamais la dire. En revanche Élise a l'intuition infaillible de ce qui lui a été révélé tardivement, l'amour et le désir, et aussi de l'espérance malgré tout, sur laquelle s'achève le livre.

Abondance ou intensité

L'épaisseur, plutôt que celle d'un livre, peut être celle de l'ensemble de l'œuvre d'un écrivain. Elle ne se confond pas pour autant avec l'abondance, par exemple avec ce qu'Amélie Nothomb a appelé elle-même sa graphomanie. Mais la production va ici de pair avec le talent, et le succès, considérable, a suivi. Depuis *Hygiène de l'assassin*, en effet, en 1992, cette jeune romancière a publié à la cadence d'un livre par an, annoncé avec une trompe dans la presse et soutenu tant par l'éditeur, particulièrement clairvoyant et actif, que par la critique. *Stupeur et tremblements*, en 1999, a valu à son auteur le Prix du roman de l'Académie française. C'est le récit d'une descente aux enfers de la hiérarchie dans une puissante firme japonaise, une

9. *Ibid.*, p. 275.

course absurde vers l'abîme qu'Amélie Nothomb veut considérer comme une image de la vie. Mais reconnaîtra-t-on la romancière à succès dans cette « aimable geisha blanche », servant du thé et du café aux cadres sans recevoir l'ombre d'un remerciement[10] ? Efficace sans doute, l'écriture romanesque d'Amélie Nothomb peut sembler sans surprise. C'est une des raisons du charme qu'elle exerce. *Mercure* (1998), découverte par une infirmière sur une île qui n'est pas celle de *La Tempête* de la mystérieuse relation entre un vieil homme et une jeune fille, paraît d'une technique simple au regard de *Portrait d'un inconnu*, le roman de Nathalie Sarraute qui, cinquante ans plus tôt, explorait une relation analogue : fragment de journal intime précédant le récit, descriptions de réactions physiques et psychologiques (« elle avisa une avancée de pierre en forme de flèche qui fendait les eaux. Elle la contempla longtemps et sans qu'elle fût sûre de rien, son cœur se serra »), références attendues (*La Chartreuse de Parme*, *Le Comte de Monte-Cristo*), et pourtant aussi une analyse sensible de l'enfermement en soi-même que l'extériorisation des personnages romanesques permet peut-être à Amélie Nothomb de briser.

Marie-Claire Bancquart, loin de céder au vertige du nombre, construit patiemment une œuvre romanesque, qui est le contrepoint de son œuvre poétique, mais s'en distingue fondamentalement, même si elle ne peut qu'être enrichie par elle. Le thème majeur n'est pas ici le deuil, mais la maladie. Dès *Le Temps immobile* (1960) l'héroïne, Mariane, vivait à l'hôpital, dans son corps immobilisé, l'expérience double de l'intimité et de la distance, avec les autres et avec ce corps qui fait inévitablement partie du soi-même. Confrontée à une situation analogue, Cécile, dans *La Saveur du sel* (1993), en tire plutôt une leçon de vie, comme si ses sens et sa sensibilité acquéraient une intensité plus grande. Ainsi se trouve prolongée la quête d'une autre Élise, *Élise en automne* (1991).

10. *Stupeur et tremblements*, Albin Michel, 1999, rééd. Le Livre de poche n° 15071, 2001, p. 27.

Formée à l'école des grands romanciers qu'elle a édités et commentés au cours d'une carrière universitaire très riche (Maupassant, Anatole France, en particulier), Marie-Claire Bancquart s'inscrit sans doute dans une tradition. Mais cette manière autre correspond aussi à une triple préoccupation : conserver des attaches avec le réel au lieu de s'abandonner au flux des rêveries et des fantasmes ; revenir aux origines du terroir et de la famille (*Photos de famille*, 1989) ; composer des œuvres fortes, ce qui reviendrait à « organiser l'espace de l'absence »[11], si tout ne s'ordonnait aussi autour du couple, aussi solide dans l'œuvre que dans la vie de Marie-Claire Bancquart. Là, le roman rejoint la poésie d'*Énigmatiques*, de *La Vie, lieu-dit*, ou, mieux encore, de *Contrées du corps natal* (1999) :

> Deux pays dans le sang. Deux qui insistent,
> tirent chacun de son côté,
> l'un vers la Flandre, et, plus loin, vers des glaces mystérieuses,
> l'autre vers les Espagnes, violence idolâtre et rousseurs[12].

Mireille Sorgue eut le sens du resserrement sans se réduire au bref. Il est passionnant de comparer l'unique roman de cette jeune femme disparue en 1967 à l'âge de 23 ans, *L'Amant* (198 pages), et l'ensemble de ses *Lettres à l'Amant* (354 pages). Il est plus vieux qu'elle, comme dans *La Conversation amoureuse*, Gilles a dix-neuf ans de plus que Pauline. Elle voudrait s'élever jusqu'à lui, jusqu'à la hauteur de ses exigences, mais elle sent son corps comme un sable qui s'écoule, et qui en effet va s'écouler trop vite. Le roman est un texte lyrique, violent dans son désir de sincérité ; non plus seulement la chronique, mais la célébration d'une passion naissante.

Un tel resserrement s'opère aussi quand l'écriture romanesque tend vers le poème en prose, et en tout cas quand l'œuvre se

11. « D'une fougère bleue les veines », dans le recueil poétique *Mémoire d'abolie* (1978). Le poème a inspiré à son mari, le compositeur Alain Bancquart, un superbe concerto pour violoncelle et orchestre qui porte ce titre.
12. *La Paix saignée*, précédée de *Contrées du corps natal*, Obsidiane, 1999, p. 7.

donne un modèle poétique ou artistique. Yasmina Reza doit sans doute à son expérience de théâtre[13] et à son goût de la musique la manière moins brève que concentrée de *Hammerklavier* (1997), le premier récit de cet écrivain à succès. Le centre en est l'immense mouvement lent de cette extraordinaire sonate pour piano de Beethoven, son opus 106, qui a fortement marqué aussi la poésie de Michel Deguy[14]. Un père et une fille le travaillent, d'abord séparément, puis en confrontant leurs manières d'exécuter et d'interpréter. Mais la fille se rend compte de ce qu'il y a de faible dans le jeu de son père : derrière cette sonate *Hammerklavier* défigurée, elle voit son père mourant. Ce « clair-obscur accusant tous les signes de la perdition » est plus mystérieux que le début, qui pouvait paraître trop dans la manière fantastique du « Chevalier Gluck » de E.T.A. Hoffmann : l'apparition devant le père du spectre de Beethoven. « Le masque de la mort » qui bientôt se pose sur le visage du père n'est pas celui qui reste collé sur le visage du Don Juan de Montherlant à la fin de sa pièce *La mort qui fait le trottoir* (1958) ; il est lourd de tous les morts, de tous les martyrs d'Auschwitz. Le roman de Yasmina Reza ne se réduira donc ni au roman de la mort du père ni au cortège des deuils, même si vient ensuite la mort de Marta, l'amie et l'agent littéraire. « Le temps » doit être « le seul sujet »[15], inséparable du *tempo* et de l'*adagio*, du trop-plein du monde et de sa dispersion. Le récit, éclaté, suite de fragments, ou si l'on veut de poèmes en prose, se recentre autour de « la force, l'absurdité, toute la magie ambivalente de l'identité »[16].

---

13. Elle a écrit quatre pièces de théâtre : *Conversations après un enterrement*, *Art*, *La Traversée de l'hiver*, *L'Homme du hasard*. Ses œuvres sont publiées aux éditions Albin Michel.
14. « Opus 106 », dans *Brevets*, Champ Vallon, 1986. Le poète illustre ce troisième mouvement de la sonate *Hammerklavier* par le mythe d'Orphée et d'Eurydice.
15. Yasmina Reza, *Hammerklavier*, Albin Michel, 1997, rééd. Le Livre de poche n° 14664, 1999, p. 25.
16. *Ibid*, p. 45.

Le « capital du désir »

Au centre de *Hammerklavier*, un court chapitre intitulé « L'hémisphère sombre » introduit la représentation d'un livre, qui pourrait être en abyme et qui ne l'est pas. L. a offert à la narratrice un livre qu'elle lui recommande chaudement : écrit par une femme, c'est « un chant à l'amant, vibrante scansion du désir, cantique des cantiques de la volupté »[17], mais avec une épigraphe grossière, un dialogue plein de ces « mots épicés qui vrillent le corps », la description des exercices les plus osés, des plus impudiques postures. Yasmina Reza se détourne en pensant au Grand Meaulnes d'Alain-Fournier et à Yvonne de Galais, et dit sa préférence pour « le versant sombre de l'amour, le seul où l'on puisse se perdre », pour le chemin du secret, du silence, de la solitude, de l'extase mêlée de douleur.

Pourtant on a vu se développer, au tournant du XXe et du XXIe siècle, une littérature féminine de la jouissance. *Jouir*, tel est même le titre d'un roman, déjà cité, de Catherine Cusset[18]. Point de deuil familial chez cette jeune femme qui proclame la haine de la famille, point de sentimentalité dans ce tourniquet de liaisons. Tout y passe, homosexuel et lesbienne compris. C'est que Catherine Cusset, si légère soit-elle, semble connaître aussi le démon de la totalité. *Le Problème avec Jane* (1999, texte révisé, 2001) en apporte la confirmation, et dès le projet même : un « thriller psychologique », « une radiographie des rapports amoureux et sociaux dans l'Amérique contemporaine ». Curieusement on voit reparaître la fiction du manuscrit, sinon trouvé, sinon expédié dans une enveloppe, sous la forme moderne d'une disquette. On découvrira, à la fin qu'il est l'enfant de l'amour. Alex, Xavier, Alexavier : on n'échappe pas au catalogue, à l'alphabet. On est passé de A à X, mais on a hâte d'arriver à Z.

---

17. *Ibid.*, p. 74.
18. Voir plus haut, p. 30.

C'est une raison supplémentaire pour éviter le catalogue de tous les romans féminins des dernières années qui passent pour licencieux et qui sont trop souvent sentencieux. À des truies qui sont aussi des chiennes, à des quinquagénaires qui trouvent une autre façon de s'exhiber, on opposera ce beau livre, sobre et grave, d'Annie Ernaux, *Passion simple* (1991), qui porte en épigraphe cette phrase de Barthes :

Nous deux — le magazine — est plus obscène que Sade.

Le départ du livre, à dire vrai, est abrupt : une image choc à la télévision, le va-et-vient des deux sexes sous plusieurs angles pendant un temps très long ; l'idée que « l'écriture devrait tendre à cela, cette impression que provoque la scène de l'acte sexuel, cette angoisse et cette stupeur, une suspension du jugement moral »[19]. Tout commence avec l'attente d'un homme, le lent épuisement du « capital du désir » vécu de temps en temps avec lui, la fatigue qui s'ensuit, l'accoutumance sans vie régulière. La vie et l'écriture semblent alors pouvoir idéalement, aller de pair :

> Souvent, j'avais l'impression de vivre cette passion comme j'aurais écrit un livre : la même nécessité de réussir chaque scène, le même souci de tous les détails. Et jusqu'à la pensée que cela me serait égal de mourir après être allée au bout de cette passion — sans donner un sens précis à « au bout de » — comme je pourrais mourir après avoir fini d'écrire ceci dans quelques mois.[20]

Le récit est fait une fois l'aventure vécue et achevée. Le passé trouve sa justification dans une note, où cette fin est reléguée[21]. Un délai est ménagé, et c'est lui qui, contrairement aux premières apparences, permet l'écriture. Le départ n'est pas celui de la femme, comme dans *L'Amant* de Duras, mais celui de l'amant lui-même, un étranger qui a dû rentrer dans son pays. Alors a

19. Annie Ernaux, *Passion simple*, Gallimard, 1991, p. 12.
20. *Ibid.*, p. 23.
21. *Ibid.*, p. 33, note « Cet homme continue de vivre quelque part dans le monde. »

commencé l'absence, avec les frustrations, les médiocres tentatives de substitution, le rêve d'un temps réversible. Alors a commencé aussi « le temps de l'écriture [qui] n'a rien à voir avec celui de la passion »[22].

Le monde est là pourtant, l'Histoire continue, avec à cette date la guerre du Golfe. Un soir, le téléphone sonne : de brèves retrouvailles, un nouveau départ. Pour le coup, le modèle durassien semble fonctionner trop bien, jusqu'à ce qui pourrait être la justification de l'écriture et ne l'est pas :

> Il m'avait dit « tu n'écriras pas ce livre sur moi ». Mais je n'ai pas écrit un livre sur lui, ni même sur moi. J'ai seulement rendu en mots — qu'il ne lira sans doute pas, qui ne lui sont pas destinés — ce que son existence, par elle seule, m'a apporté. Une sorte de don reversé.

Situation d'un écrivain-femme aujourd'hui

Comme l'a fait observer Beniamino Orteski, les textes de Christine Angot « engagent dès la première phrase, qui en est le moteur ». C'est le cas pour l'*incipit* de *L'Usage de la vie.*

> Qu'on arrête de dire que la littérature française c'est fini[23].

Cette phrase s'insère parfaitement dans le projet du présent livre, et elle contribue à l'optimisme mesuré qu'il voudrait inspirer. Christine Angot ne néglige pas ses confrères masculins, Christophe Donner, Mathieu Lindon, Michel Houellebecq. Mais

22. *Ibid.*, p. 61.
23. Christine Angot, *L'Usage de la vie*, Fayard, 1998 (il s'agit d'un recueil de textes et de pièces de théâtre, comprenant *Corps plongés dans un liquide*, *Nouvelle vague* et *Même si*) ; de ce recueil est tiré le texte intitulé à lui seul *L'Usage de la vie*, publié avec une postface de Beniamino Orteski dans la petite collection « Mille et une nuits », 1999.

surtout elle a hâte de recommander un livre magnifique, *Philippe* de Camille Laurens[24], un écrivain-femme.

Elle veut se défendre elle-même du reproche de narcissisme, de nombrilisme. Elle pense que « les écrivains ne devraient jamais cesser d'écrire leur vie ». Elle rappelle que Proust n'a pas fait autre chose. L'important est de « vibrer », même quand une vie est ratée. Et jamais peut-être elle n'a été plus vibrante en effet que dans ces pages qui sont moins une apologie d'elle-même qu'une apologie de la littérature française d'aujourd'hui. Jamais elle n'a été plus sincère et plus émouvante que quand elle raconte comment elle en est venue à écrire, comment elle a tenu à continuer, au détriment de sa vie ou pour essayer de surmonter ses échecs.

Là prend place son drame interne, celui qui sera développé dans *L'Inceste,* le livre qui lui a valu la notoriété en 1999 : le rejet par son père dès sa naissance, l'inceste commis plus tard avec lui, la spoliation accompagnant la souillure et, à partir de là, la volonté de s'affirmer, de conjurer le sort et, littérairement, d'exagérer, comme l'a recommandé l'écrivain allemand contemporain Thomas Bernhard. Avec le sentiment de n'avoir jamais assez de temps pour dire ce qu'on a à dire.

À lui seul, ce texte de Christine Angot permet de situer, vers l'an 2000, un écrivain-femme dans le siècle qui vient de s'écouler : par rapport à Nathalie Sarraute, qui « dit qu'elle écrit, qu'elle arrête quand c'est fini », justifiant ainsi la brièveté par une nécessité intérieure et absolue ; par rapport à Marguerite Duras, à « l'histoire d'enfermement », d'« amour entre races », sujet de *Hiroshima mon amour,* et encore de *L'Amant*[25], mais aussi, en deçà, par rapport à l'engagement littéraire, ou à l'illusion d'enga-

---

24. Le sujet en est l'accouchement de Camille Laurens, dont le fils Philippe est mort deux heures après la naissance. Camille Laurens a obtenu le prix Femina en 2000 pour *Dans ces bras-là*.
25. Christine Angot suggère (p. 37) un rapprochement entre sa propre thématique de l'inceste et l'amant chinois.

gement, dans les années de l'après-guerre. Pour elle, « la vérité, fût-elle littéraire, est un engagement, à condition que plane, au-dessus de chaque affirmation, l'ombre du doute ». Vérité, fiction : peu importe ; il faut sans cesse aller de l'un à l'autre, tout en restant conscient. C'est la condition de la liberté d'écrire :

> Comme je dis toujours fiction-réalité, au milieu un mur. On sent où le mur s'appuie sur le front. Il ne faut pas qu'il s'écroule dans la tête[26].

Il n'est point d'autre autobiographie que l'écriture elle-même. Est-il vrai que, comme l'écrit une journaliste, Amélie Nothomb ait su construire un vrai roman hors de l'autobiographie ? Christine Angot se soucie comme d'une guigne de cette prétendue recette. De livre en livre (*Vu du ciel,* 1990 ; *Not to Be,* 1991 ; *Léonore, toujours,* 1993 ; *Interview,* 1995 ; *Les Autres,* 1997 ; *Sujet Angot,* 1998 ; *L'Inceste,* 1999), elle persiste et signe. Sa règle sera toujours : « Je fais ce que je veux. » La liberté libre, quoi, même si elle ne nomme pas Rimbaud parmi ses admirations majeures.

Il y a, selon elle, trois espèces d'écrivains : « en retard, de son temps, en avance ». Ceux qui sont en retard, les plus fréquents, ne sont que des fossiles, comme ceux que Saint-Saëns a introduits dans *Le Carnaval des animaux*. Mais elle ne s'attardera pas, elle, Angot, à un Carnaval des écrivains[27]. Ceux qui sont en avance, à défaut de Rimbaud, ce sont pour elle Dante, Shakespeare, Proust, Céline, Kenzaburô Ôé[28]. Elle se situe dans

---

26. Éd. citée, p. 25.
27. Elle place (p. 39) un tout autre carnaval, onirique celui-ci, avec au centre le couple qu'elle forme avec Claude, son compagnon, ressemblant au couple d'« Ouvriers » de Rimbaud, dans les *Illuminations*, mâtiné de « Parade » : « [...] on était beaux. C'était carnaval. On était habillés de soieries, on portait des pantalons bouffants, lui doré et moi cramoisi. À la fin il rencontrait quelqu'un qui disait "quel couple ces deux enfants-là sont-ils ?" ». À noter que le rêve est un rêve de Claude.
28. Philippe Forest a consacré un essai à ce romancier japonais, prix Nobel de littérature en 1994 (*Ôé Kenzaburô. – Légendes d'un romancier japonais*, éd. Pleins Feux, 2001).

la deuxième catégorie : « un écrivain de son temps », un écrivain d'aujourd'hui. Mais elle sait que « l'écriture, c'est ça, ça évolue ». Et qu'en même temps il faut toujours remonter vers le passé, vers son passé, « tout reprendre, redémêler, chaque fil ». *L'Usage de la vie* était conçu à l'origine pour le théâtre, comme le monologue d'une actrice. On a voulu en faire « un manifeste littéraire où l'auteur donne une nouvelle fois tout Angot[29]. C'est surtout un témoignage prenant sur la situation d'un écrivain-femme aujourd'hui.

La chair n'est-elle que viande ? Le titre du roman de Claire Legendre, une romancière de vingt ans en 1999, *Viande*, pourrait le laisser croire. Le livre commence par l'évocation d'un gigot, et garde quelque chose de cru. C'est l'histoire du destin croisé de deux femmes ; l'une, Suzanne, qui est en deuil de son amant, l'autre, Églantine, qui se raccroche passionnément à ce qu'il y a de plus artificiel et de plus chimérique dans la vie. Le langage est sommaire, la prose minimaliste, mais par son sujet du moins, ce livre, suivi de *Crépuscule de Barbe-Bleue* (2001), se situe à la croisée des chemins du roman féminin au début du XXIe siècle.

29. Quatrième de couverture, due sans doute à l'éditeur plus qu'à l'auteur.

Chapitre 12

Du moderne au post-moderne

Le bon usage des notions

Les modes critiques varient d'une époque à l'autre, d'un pays à l'autre. *Moderne, modernité*, ces termes mis en avant dès le XIXe siècle, par Baudelaire en particulier, n'ont jamais abouti en France à un mouvement littéraire nommé *modernisme*, comme le *Modernismo* dans les pays d'Amérique du Sud. De même *post-moderne* et *post-modernisme*, ces néologismes plus ou moins heureux, ont été beaucoup plus largement diffusés aux États-Unis ou en Allemagne qu'en France. On pourrait penser qu'ils rencontrent dans notre pays et dans nos esprits une certaine résistance, même si un philosophe français à la pensée vigoureuse et originale, Jean-François Lyotard, a contribué à sa diffusion dans le monde par son livre de 1979, *La Condition post-moderne – Rapport sur le savoir* et les quelques lettres sur la question qu'il a publiées en 1988 sous le titre trompeur *Le Postmoderne expliqué aux enfants.* Il a voulu dépasser la conception d'un postmodernisme qui serait le modernisme à l'état toujours naissant pour évoluer vers « l'irreprésentable dans la présentation elle-même »[1].

Le terme est ambigu. On pourrait imaginer en effet un surcroît de modernité ou même, si en conservateur on la réprouve, une aggravation du processus du moderne. Ce serait alors plutôt un

1. Ed. Galilée, 1988. Rééd. Le Livre de poche 4183, Biblio-essais, 1993, p. 26.

phénomène propre aux années 1960 et 1970. La fondation à peu près contemporaine du groupe de Tel Quel et du groupe de l'OuLiPo, en 1960, attestait, de manière d'ailleurs bien différente, une volonté d'innovation qui passait pourtant déjà parfois, dans le second cas, par une certaine récupération. Les événements de mai 1968, la rancœur laissée dans le cœur de certains par l'échec du mouvement, ont précipité la recherche de ce qu'exigeait déjà Rimbaud : « il faut être absolument moderne ». D'où une radicalisation, avec une pointe extrême qu'on peut situer entre 1970 et 1975.

Mais *post-moderne* signifie plutôt l'inverse : ce qui, après le moderne, au-delà du moderne, fait figure de retour en arrière, de volonté d'en finir avec les excès du moderne. Il est clair qu'après 1980 s'amorce un mouvement de *reflux* : la métaphore permet de décrire ce qui a suivi le « tournant des années 1980 », correspondant à la disparition des maîtres à penser de la génération précédente (Sartre, Lacan, Barthes, Althusser, Goldmann, Foucault), mais aussi à une évolution comme naturelle du goût. L'engrenage du « nouveau » avait abouti à une multiplication (Nouveau Théâtre, Nouveau Roman, Nouvelle Critique, Nouveaux Philosophes, mais pourquoi pas tout aussi bien Nouvelle Cuisine), à une surenchère (le Nouveau nouveau roman de Jean Ricardou). Une manière de « rétro » tend à s'y substituer. « Il peut y avoir, il y a déjà un conformisme de la "post-modernité" », écrit Henri Mitterand en 1996[2]. « Et celle-ci glisse à son tour dans le passé, selon un mouvement que les morts de Deleuze et de Marguerite Duras », en 1995 et 1996, « auront peut-être accéléré ».

Lyotard, pour sa part, avait défini la post-modernité comme « l'âge des cultures », correspondant à l'âge post-industriel des sociétés, pour la distinguer de la modernité, qui a accompagné les

2. Dans *La Littérature française du XXe siècle*, Nathan, coll. 128.

révolutions industrielles du XIXe siècle et du premier XXe siècle. L'inconvénient d'une telle distinction est double. Comment ne pas voir par exemple que la volonté d'être moderne, dans la poésie d'Apollinaire, et le refus du monde ancien, proclamé dès le premier vers de « Zone », en 1913, se sont accompagnés d'un jeu constant avec une culture gréco-latine, biblique ou médiévale persistante ? La cheminée d'usine avec son nuage de fumée était présentée par le poète d'*Alcools*, dans « Vendémiaire », comme un « Ixion[3] mécanique ». Par ailleurs, Lyotard tend à prendre en bloc, comme étant post-industrielle et post-moderne, toute la période postérieure à 1950, alors que se dessine plutôt — sans rigueur absolue, bien sûr —, une ligne brisée par un rejet du moderne à partir du moment où il a atteint un point extrême et pour beaucoup insupportable.

La récupération des données culturelles n'est pas propre à la post-modernité. Elle existe dans le Nouveau Roman des années 1950 ou dans l'OuLiPo ; et Philippe Forest, dans le beau livre qu'il lui a consacré en 1992, a bien montré ce que Sollers, dans sa période médiane, celle des années 1970, reprend à Joyce, qui serait lui-même post-moderne à cet égard. Mais il est certain qu'une telle récupération s'est accentuée après le tournant des années 1980, et qu'elle va donc dans le sens d'un mouvement de reflux, caractéristique majeure de la littérature française à la fin du XXe siècle.

L'autobiographie de Robbe-Grillet

Un exemple caractéristique et important en est fourni par le devenir de celui qui fut, sans l'avoir voulu, nouveau romancier et nouveau nouveau romancier — Alain Robbe-Grillet. Après la pointe extrême qui, dans son œuvre, correspond à *Souvenirs du*

3. Ixion, dans la mythologie, étreignait un nuage qu'il prenait pour la déesse Héra (Junon).

triangle d'or (1978), a succédé à ses poussées d'innovation la manière déjà plus simple de *Djinn* (1981), leçon de grammaire déguisée et gageure parfaitement tenue. La trilogie autobiographique qui a occupé l'écrivain de 1984 *(Le miroir qui revient)* à 1994 *(Les Derniers Jours de Corinthe)* en passant par *Angélique ou l'enchantement* en 1988 est présentée sous le titre global de *Romanesques*. Un ensemble se constitue, comme *Le Labyrinthe du monde* de Marguerite Yourcenar (I. *Souvenirs pieux*, 1974 ; II. *Archives du Nord*, 1977 ; III. *Quoi, l'Éternité ?*, 1988).

Yourcenar se situait plutôt du côté de la tradition, Robbe-Grillet se veut du côté de l'invention. Et pourtant ils se trouvent réunis et sous le signe de l'autobiographique et sous celui du recours à la culture : le troisième tome du *Labyrinthe du monde* emprunte son titre à un poème de Rimbaud (Patrick Grainville en use de même quand il intitule son roman de 1986 *Le Paradis des orages*, qui s'achève sur un « oui à l'Ouest, à l'estuaire, à la mer ») ; Robbe-Grillet va chercher, pour le second volume de ses *Romanesques*, une Angélique qui ne peut venir que de la littérature italienne de la Renaissance, l'Angélique intrigante et maléfique du *Roland amoureux* de Boiardo ou l'Angélique délicate dont L'Arioste a raconté les amours dans le *Roland furieux*. L'écrivain poursuit sa recherche aventureuse à travers les souvenirs de son enfance et de son adolescence, pour y retrouver une « jolie fille » qui a le charme mortel de la sorcière, mais qui subit le traitement sadique toujours présent dans ses fantasmes. Il vagabonde aussi à travers tout un ensemble de réminiscences littéraires et artistiques qui vont des romans du Moyen Âge aux drames musicaux de Wagner (Brünnhilde, dans *L'Anneau de Nibelung*).

La référence antique peut être récupérée par Robbe-Grillet comme elle l'était, là encore d'une tout autre manière, par Yourcenar dans *Mémoires d'Hadrien* (1951). Le nom d'Henri de Corinthe, en effet, dont l'aventure imaginaire est évoquée parallèlement au récit proprement autobiographique, a ses origines lointaines dans la ville de Corinthe où passe pour avoir été élevé Œdipe et d'où il venait quand il affronta la Sphinx. *Les Gommes*, sorte de prototype du Nouveau Roman, faisait déjà place, dans la petite ville du Nord où enquêtait le moderne Œdipe, le détective Wallas, à une rue de Corinthe : là se trouvait la clinique du docteur Juard, refuge de la prétendue victime, le professeur Dupont, le Laïos de l'histoire. Robbe-Grillet, déroulant le fil de son œuvre entier, signale lui-même, dans *Angélique*, qu'une aventure prêtée à Henri de Corinthe se trouve dans *Souvenirs du triangle d'or*, « où se mêlent aussi les coursiers fougueux, l'algolagnie active et les charmes dévoilés des adolescentes ».

Dira-t-on que la nouveauté de l'autobiographie de Robbe-Grillet vient du mélange du vécu et de la fiction ? Mais tel était déjà le cas de la semi-autobiographie de Jean d'Ormesson, *Au plaisir de Dieu* (1974), qu'on voit pourtant mal figurer à côté des Nouveaux Romanciers. Le narrateur, dans ce livre, ne portait pas le nom de l'auteur, alors que Robbe-Grillet parle en son propre nom. Le clivage s'y opérait entre l'aristocratie pure et une aristocratie adaptée qui a su s'allier à l'argent. Chez Robbe-Grillet, il s'agit plutôt d'une fissure dans l'être intime, et il insiste lui-même, quand il présente le dernier livre de la série, sur « l'impossibilité pour le *moi* de coïncider avec soi-même dans un tout rationnel et stable ». « Ce *je* schizophrène », ajoute-t-il, « va donc s'incarner aussi bien dans des instants vécus, vérifiables, que dans des fictions ressenties intérieurement comme authentiques fragments de vérité ». Aux *Glissements progressifs du plaisir* (titre d'un ciné-roman de Robbe-Grillet, en 1974) ont succédé des « glissements d'identité » qui s'opèrent de Corinthe, agitateur et trafiquant obscur sur la frontière australe du Brésil, à Robbe-Grillet professeur à New York, « l'un ou l'autre mourant sous la morsure d'une fiancée vampire dans une forteresse abandonnée à la pointe de la Bretagne ».

La biographie, à notre époque, fait recette. L'autobiographie n'est pas sans bénéficier de cette vogue, bien que le genre soit tout différent. Ce genre fait d'ailleurs partie d'un complexe, entre journal intime et roman autobiographique, dont l'ensemble de l'œuvre de Julien Green permet de mesurer l'étendue. Plus encore que la biographie, genre auquel Daniel Madelénat a consacré un essai informé, fin et pénétrant en 1985, l'autobiographie a stimulé la réflexion critique : en témoigne l'impressionnante série des travaux de Philippe Lejeune, dont *Le Pacte autobiographique* (1975), *Je est un autre* (1980), *Moi aussi* (1985), autant d'« explorations au pays du moi ». Il faut y ajouter son précieux livre sur « Georges Perec autobiographe », *La Mémoire et l'Oblique* (1991). De Michel Leiris à Robbe-Grillet, l'autobiographie a évolué dans un sens qu'on ne saurait réduire à la biographie d'un écrivain par lui-même. Même *Le Labyrinthe du monde* ne se referme pas sur une formule aussi simpliste. Marguerite Yourcenar a écrit beaucoup plus les prolégomènes à une autobiographie qu'une autobiographie en bonne et due forme. L'important, pour elle, était de remonter à l'Homme en remontant le Temps. Suivre le devenir d'une famille, c'était « s'abandonner à ce système romanesque créé par le Temps », c'était suivre aussi « une immense circulation sanguine dont l'écrivain serait le cœur toujours battant ».

Jean Echenoz, ou le travail sur un genre

À bien des égards, Jean Echenoz est apparu comme l'écrivain post-moderne dont la France avait besoin. D'où le succès de *Lac*, en 1989, des *Grandes Blondes*, en 1995 et de *Je m'en vais*, qui a obtenu le prix Goncourt en 1999. *Nous trois* (1992) devait, selon l'auteur lui-même, couper une série, celle d'un « travail sur un genre » : le roman policier avec *Cherokee* (1983) — Robbe-Grillet et Butor s'étaient essayés à ce genre de travail —, le roman d'aventures avec *L'Équipée malaise* (1986), le roman d'espionnage avec *Lac*.

Une telle coupure n'implique aucunement la rupture avec l'acquis culturel. Le jeu, dans *Lac*, porte aussi bien sur des noms de compositeurs de musique affublés de prénoms inattendus (Vital Veber, Franck Chopin, Karlheinz Schumann) que sur la réapparition de Mallarmé, ancien professeur d'anglais comme le vieillard mécanique et décharné que Vito Piranese regarde approcher derrière ses lunettes noires. La rue de Rome, où Mallarmé recevait lors de ses célèbres « mardis », et où, dans *Lac*, habite Suzy Clair, est de nouveau discrètement évoquée, dans *Les Grandes Blondes*, quand le détective, Personnettaz, hante le quartier de la gare Saint-Lazare et « remont[e], au-delà des Batignolles, la fraction de la rue de Rome qui longe et surplombe les voies de chemin de fer », sans se douter que le train qui passe, et qu'il croise, transporte la femme même qu'il recherche. Point de Mallarmé ici, nulle allusion discrète aux « transparents glaciers des vols qui n'ont pas fui », mais on ne peut évoquer le quartier parisien de l'Europe sans penser au premier roman de Butor, *Passage de Milan* (1954), qui y était situé, et on ne peut lire ce nom étrange, Personnettaz, sans se rappeler le nom que se donne Ulysse devant Polyphème, dans *L'Odyssée : Outis*, Personne. Echenoz, même si sa post-modernité se situe au-delà de la modernité du Nouveau Roman, n'ignore pas qu'il avait tendu vers un degré zéro du personnage.

Au personnage, et en tout cas au personnage féminin, le romancier voudrait pourtant donner une nouvelle épaisseur. On lui a reproché, précisément, sa transparence, son apesanteur, sa légèreté. Donc il a cherché, cette fois, à « faire quelque chose qui ressemble à un portrait de femme », à s'« approcher le plus près possible d'un personnage de femme qui vivait avec un dérèglement mental »[4].

4. Entretien avec Sylvain Bourmeau et Marc Weitzmann, où il souligne lui-même que c'est un titre de Henry James.

Ce sera le cas de Gloire — et secondairement de son éphémère compagne, Rachel —, deux des grandes blondes du livre qui porte ce titre.

Le point de départ est toujours dans une culture, et plus dans une culture moderne que dans une culture antique. Le texte même du roman de 1995 signale une œuvre de Jim Dine, *The Blonde Girls* (huile, fusain, corde, 1960), qui a fourni à Echenoz l'expression-titre, son point de départ avoué. Il fait référence à d'autres titres de livres, qu'on pourrait croire imaginaires, *Chiens pour climats chauds* ou *Animaux sans importance* : mais il dit les avoir empruntés à la bibliothèque du Madras Club, et ils y figurent bien sur les rayonnages. Le plus important est ici la culture cinématographique de l'auteur. Son projet était d'abord de travailler sur les actrices chez Hitchcock — la plupart du temps « des grandes blondes glaciales ». *Vertigo, Psychose, Marnie* ont laissé leur trace dans le livre. Mais quand Paul Salvador, producteur d'une série télévisée, s'embarque dans un projet d'émission qui les concerne, il étend son enquête à d'autres réalisateurs de cinéma, et même à ce que peuvent être les grandes blondes dans la vie. D'où une série de questions qui viennent ponctuer le livre, comme celles de l'ivrogne ponctuaient *Les Gommes* : sont-elles vraies ou fausses (avec un clin d'œil vers la chanson à la grivoiserie bien connue) ? Sont-elles froides ou chaudes ? Sont-elles inoffensives ou terribles, comme cette Gloria Stella — pour l'état civil Gloire Abgrall —, qui a l'air de porter le nom d'une barque de pêche et précipite pourtant ses partenaires masculins dans le vide ? Salvador, malgré sa hantise du *vertigo* (partagée par l'auteur, il nous le confie), échappe à ce sort quand, dans les dernières pages du livre, il retrouve les premiers gestes de l'amour dans la cabine de téléphérique où il est seul avec Gloria.

Plus que les grandes blondes, le sujet du livre pourrait être la disparition. Et ce n'est plus la disparition d'une lettre, comme dans le roman de Georges Perec, ce n'est pas non plus la disparition des déportés et des déportées à Auschwitz. Ce n'est pas la fausse mort du mari dans *Un an* (1996) ou celle de Dalahaye dans *Je m'en vais*. C'est, si l'on peut dire plus banalement, le fait de la disparition autour de nous : celle, par exemple, de ces fillettes victimes du monstre de Charleroi, Dutroux, dont ont parlé sinistrement les médias — après la publication du livre d'Echenoz —, (« L'ogre suspecté d'autres disparitions », titrait un journal du 27 août 1996). Gloria Stella est « disparue depuis quatre ans », après avoir laissé des photos, deux disques quarante-cinq tours enregistrés par elle, et la réputation sulfureuse d'une vedette assassine. Mais Echenoz sait bien, et il l'écrit, qu'on compte un millier de personnes disparues mystérieusement chaque année.

Le récit s'organise en trois temps à partir de la décision de rechercher la disparue. Salvador a besoin d'elle pour sa série d'émissions sur les grandes blondes, dans un ensemble plus vaste : que sont-elles devenues ? Le bureau d'enquête dirigé par Jouve met en piste trois détectives : le premier, Jean-Claude Kastner, est précipité du haut d'une falaise bretonne par la grande blonde, teinte alors en châtain ; le second, Boccara, ne fait pas le poids et se contentera d'être l'adjoint du troisième, Personnettaz. Après la Bretagne, et sa retraite d'où elle s'estime délogée, Gloire gagne les pays lointains (l'Australie, puis l'Inde), avant d'être invitée à regagner la France, mêlée malgré elle à de louches trafics, de drogue, de sang et de prostitution qui, là encore, rappellent notre actualité devenue hélas quotidienne. Cela nous vaut les portraits féroces du docteur Gopal, ou de son acolyte Moopanar, dont le nom rappelle évidemment le lupanar. En face d'eux, l'homoncule qui — avec des éclipses — est censé protéger la grande blonde, semble bien faible. Mais ce Béliard ne laisse pas lui-même d'être inquiétant : Echenoz a révélé qu'il avait trouvé le nom de cet « ange gardien » dans l'Ancien Testament, livre qu'il avait avec lui quand il est allé en Inde, et que « c'est un nom du diable ».

Echenoz n'a voulu faire ni une parodie du *Soulier de satin* ni quelque chose qui serait la dérive de la littérature de voyage. Mais il a bien encore voulu travailler sur un genre, sans doute plus cinématographique que littéraire. En lisant ce livre, on pense irrésistiblement à la série des James Bond — jusque dans le double *happy end*, le couple Personnettaz/Donatienne (la secrétaire de Salvador) se formant à peu près lorsque débute l'idylle au-dessus du vide de Gloria et de Salvador. *Les Grandes Blondes* est encore un vaste à la manière de, passant par des références explicites, et se situe entre roman policier et roman d'espionnage. Echenoz a insisté lui-même sur l'importance qu'ont eue pour lui les romans policiers de Jean-Patrick Manchette, mort en juin 1995, l'inventeur entre 1971 et 1981 d'un « néopolar » volontairement « branch[é] sur la réalité contemporaine ».

Dans *Les Grandes Blondes*, les traces ne sont pas seulement celles que peuvent laisser les films de Hitchcock ou telle série télévisée. Echenoz joue, au passage, avec des procédés du Nouveau Roman : dès la première page, l'adresse à un « Vous » imprécisé rappelle *La Modification* de Butor, le principe de contradiction (Vous êtes/Vous n'êtes pas) est celui-là même du *Voyeur* de Robbe-Grillet. La minutie de certaines descriptions (les maillots, les mains, le perrier-citron, la réparation sur l'auto, le visage de Personnettaz, le moucheron) peut faire penser — en plus réduit quand même — à la tomate des *Gommes* et à toute cette littérature de l'objet à laquelle on a parfois voulu réduire abusivement le Nouveau Roman.

On aurait tort pourtant de ne voir dans ce livre qu'un montage habile, qu'un exercice de virtuose. La première impression de froideur (digne de la froideur des grandes blondes) cède la place à une certaine chaleur quand Echenoz déterre, comme Perec, la Hache de l'Histoire (dont la hache brandie par Gloria est une représentation mieux que parodique) et surtout quand ses personnages réinventent le rapport des mots et des choses : avant de réinventer les gestes de l'amour dans sa fraîcheur première, Salvador est capable, pour sa compagne, de « préciser le nom d'une fleur qu'ils ont croisée, le nom d'un oiseau de passage ». Les jeux de mots, dans l'ensemble discrets, les plaisanteries, les évocations un peu lestes sont pris dans un écoulement qui frappe par sa lenteur. Et, à peu près au moment où Milan Kundera l'explorait, de manière toute différente — et probablement pas parfaitement aboutie —, dans son premier livre écrit directement en français, *La Lenteur* (1995), Echenoz faisait redécouvrir à Gloire, sa grande blonde, la « lenteur de l'herbe qui pousse », la « lenteur d'aï et de glu ». Elle a pu traverser le monde sur un jet, dans ce monde de la vitesse, elle fait l'expérience de l'écoulement du temps, « d'une lenteur décourageante, multipliée par elle-même, pesant au seuil de l'immobile ». La lenteur aussi du mouvement des marées évoqué par un voisin breton, le flux et le reflux, la syzygie qui se produit quand la Terre s'aligne avec la Lune et le Soleil.

« Tu récolteras ce qu'il a semé » (Jean Rouaud)

Il est longuement question des marées bretonnes dans le troisième livre publié par Jean Rouaud aux éditions de Minuit en 1996, *Le Monde à peu près*, accueilli avec presque autant de faveur que *Les Champs d'honneur*, qui avaient valu à ce romancier inconnu (il tenait un kiosque à journaux) le prix Goncourt en 1990. Les grands flux de Rouaud sont décrits avec une puissance et une richesse de la phrase qui se situent aux antipodes de la platitude volontaire de Marguerite Duras :

> Aux grandes marées d'équinoxe, les déferlantes escaladaient puissamment le remblai, avant de franchir le muret de pierre et de s'écraser en deux temps sur le trottoir ; d'abord le gras de la vague, puis, avec un effet de retard, une volée d'embruns, comme des semailles de mer, légères assourdies, cascadantes, qui clôturaient la séquence.

Le perpétuel renouvellement métaphorique, le mouvement quasi mimétique de la progression syntaxique sont également aussi différents que possible de la manière sobre et efficace d'Echenoz. On rangerait d'ailleurs plus volontiers Rouaud parmi les écrivains pratiquant le retour à l'autobiographie que parmi ceux qui réunissent en un assemblage bien jointoyé les éléments d'un jeu de construction. « Il pleut beaucoup dans les romans de Jean Rouaud », a fait observer Jean-Pierre Richard[5]. « L'art du détail, le bruissement du vent, le tapotement de la pluie, c'est notre fonds de commerce », fait dire encore Rouaud au Moi qui parle dans *Le Monde à peu près*. Cette pluie invite à l'analyse minutieuse de sa finesse, elle crée aussi un lien, ou mieux un liant, qui rend le texte onctueux en ses longues phrases.

Ce liant est surtout celui de la mémoire qui assure une remarquable continuité aux trois volumes d'une autobiographie remontant au passé familial pour mettre en place l'individu singulier dont l'horizon tend à se rétrécir. Les champs d'honneur sont ceux de la guerre de 1914 telle que l'ont vécue les grands-parents (et la vague pouvait être alors, terrible, celle des gaz asphyxiants aux alentours d'Ypres). Le deuxième roman, *Des hommes illustres*, s'organisait autour de la figure paternelle, « attachée, de multiples manières », comme l'écrit Jean-Pierre Richard, « à un paysage breton de pierre et de roche ». Le protagoniste du *Monde à peu près* serait donc logiquement le petit-fils et le fils, représenté en « myope gaffeur »[6].

On découvre en Jean Rouaud une verve que ses deux premiers livres laissaient moins libre. Voici le myope gaffeur, celui qui ne peut voir le monde qu'à peu près, celui dont la « vision tremblée [...] tient le monde à distance », membre de l'équipe de réserve

5. Voir l'essai qu'il a consacré à Rouaud dans *Terrains de lecture* (Gallimard, 1996), où il traite aussi de sept autres jeunes écrivains d'aujourd'hui.
6. Telle est l'expression par laquelle l'a caractérisé Patrick Grainville dans l'article du *Figaro* qu'il a consacré au livre.

de l'Amicale logréenne, s'agitant sur un terrain à la poursuite d'un ballon dont il ne sait que faire quand il croit l'avoir. Son camarade Gyf (Georges-Yves François, en abrégé) porte aussi des lunettes et s'agite aussi sur le terrain. Ces prétendus sportifs ont la même fragilité que Stephen Dedalus se présentant avec ses lunettes cassées devant le redoutable père Arnall, père fouettard, dans cet autre roman semi-autobiographique de Joyce, *Portrait de l'artiste en jeune homme* (1916).

Le narrateur peut se reconnaître, chaussé de lunettes, en Tchekhov, ou même en Trotski. Il n'a pas nécessairement pour autant la vocation d'écrivain qui assurait à Stephen son essor final. À défaut de réinventer l'amour (avec Théo, la sœur de son camarade), il essaie de « réinventer l'horizon », de tracer une ligne nette là où il est perdu dans un « méli-mélo comateux ». Réinvente-t-il la littérature ? Réinvente-t-il Rimbaud, quand il le réduit à une caricature du Rimbaud du désert, ou quand il substitue au vers isolé que nous ne connaissons que par l'épigraphe verlainienne, « Il pleut doucement sur la ville », un hypothétique premier vers d'un douteux sonnet, « La pluie est une compagne » ?

La pluie, la pluie toujours : elle lave les « rinçures » de Rimbaud (c'est ainsi qu'il aurait parlé, à Aden ou à Harar, de ses poèmes d'autrefois) ; elle ruine les prétentions littéraires d'un nouveau Jean-Arthur à la recherche du lieu et de la formule. Est-ce pour se lancer dans l'écriture de scénarios de films, pour faire concurrence au cinéma, comme dans une certaine mesure *Les Grandes Blondes* de Jean Echenoz (il a comparé son usage des pronoms personnels à un cadrage, et il a eu l'impression de se trouver dans la situation du cinéaste) ? La chute est piteuse, sur un détestable jeu de mots : Gyf sur Yvette — ruinant cette autre prétention. Il ne tient pas mieux le rôle de Jean-Arthur qu'il ne tiendrait celui de « sœur Œnone » (dans *Phèdre*, avec une plaisante contamination du conte de Barbe-Bleue et de la sœur Anne) ou celui de « frère Léon » (dans *Le Soulier de satin*, celui qui prononce le « Délivrance aux âmes captives ! » final). Il n'est « éclopé » qu'à cause de sa maladresse native, jusque dans le lourd à peu près : « Théo, pourquoi m'as-tu abandonné ? »

Aussi différent que possible du roman d'Echenoz, le troisième roman de Jean Rouaud a été publié par le même éditeur, il a bénéficié du même succès d'estime. Il illustre déjà autre chose que la post-modernité : les mésaventures de l'imitation, quand la parodie devient poussive, quand le jeu intertextuel s'englue, quand le récit prend pour sujet les mésaventures de la *mimèsis* pratiquée par un sujet myope. « Je crois que l'idée d'une superposition du récit à une efficacité de la langue vient d'une lecture d'enfance », a déclaré Jean Echenoz. L'enfance ne ramène guère aux lèvres du narrateur de Jean Rouaud que des refrains plus que niais, « can I have pourquoi pas des chipolatas, ou des fraises melba, ou du gorgonzola ». C'est tout ce qui est censé rester de son Jean-Arthur...

Quand la mer se retire, elle laisse sur le sable de menus objets, des bribes, des débris, des méduses mortes, des algues abandonnées. C'est aussi le risque du *reflux* en littérature. Ce moment nécessaire, qui a son charme propre, appelle le retour de la vague. Est-il trop tôt pour dire s'il se produira au XXIe siècle ? À lui seul un livre comme *La Reprise*, d'Alain Robbe-Grillet, publié en 2001, le laisserait augurer.

Envoi

On prévoyait un envoi pour une ballade, genre désuet aujourd'hui. Dans *Mono no aware* : le sentiment des choses, cent quarante-trois poèmes empruntés au japonais (1970), Jacques Roubaud, tenant de ce qu'on pourrait appeler un néo-formalisme, en a ménagé un à la fin d'une « élégie sur l'impermanence de la vie humaine »

> on peut pleurer sur sa vie
> rien n'y fait
>
> (envoi)
>
> souvent je pense
> ah si je pouvais toujours
> être le roc éternel
> hélas chose de ce monde
> je ne peux éloigner l'âge

C'était le signe d'un retour déjà, même dans une quête à travers des espaces littéraires autres, et avec une volonté intacte de nouveau. Jude Stéfan peut bien dire « adieu » aux « vieilles stances », dans l'une de ses *Élégiades* (1993), la « virgule » le conduit étrangement aux « Virgultes », aux « broussailles éparses / dans le plein champ des mondices » et à la « gare de Roche » — qui n'exista pas, mais d'où l'on peut imaginer tel ou tel des départs de Rimbaud. Jean-Philippe Toussaint prend audacieusement un modèle mathématique, l'hypoténuse, comme modèle de son étrange roman *La Salle de bain* (1993), mais le refus de quitter la salle de bain n'est pas plus étonnant que le voyage autour de sa chambre de Xavier de Maistre en 1794, et les percées narratives n'entament guère l'impression de stagnation et de recommencement. Au théâtre, Hélène Cixous propose des pièces dont le texte, parfois touffu, travaille à cerner des énigmes de l'histoire, revient tout aussi bien à la formule d'un théâtre épique plus proche de l'épopée proprement dite que du théâtre de Brecht (*L'Histoire terrible mais inachevée de Norodom Sihanouk roi du Cambodge*, 1985 ; *L'Indiade*, 1987).

Où va donc la littérature française aujourd'hui ? Moins, me semble-t-il, vers le néant dans une course folle à la modernité que vers une post-modernité où le nouveau se conquiert à partir du donné culturel. Sur ce point, mon analyse est moins sévère que celle d'Henri Meschonnic quand il écrivait dans *Modernité modernité*, en 1988, que « le contemporain ne cesse de courir après la modernité ». Et d'ailleurs il est lui-même une parfaite illustration de la conciliation de l'ancien (et parfois du très ancien) et de la recherche (qui ne cesse de se situer à l'avant-garde) — traductologue penché sur le texte hébreu de la Bible, poéticien inventif (la série des *Pour la poétique*), poète lui-même qui peut retrouver les vertus du légendaire de chaque jour, du recommencement, du « livre qui n'a pas besoin de livres ». On ne peut que s'accorder avec lui quand il écrit à la fin de *Célébration de la poésie* (2001) que « le poème manifeste et il y a à manifester pour le poème le refus de la séparation entre le langage et la vie ».

Un équilibre tend à s'établir, inattendu après tant de pointes, de poussées et d'éclats. La littérature française de la fin du XXe siècle n'est pas une littérature fin-de-siècle prise dans le vertige d'une décadence. Elle a bien souvent de la fraîcheur, du brillant, surtout peut-être quand elle adopte la forme brève, laissant à des consommateurs plus qu'à des lecteurs les romans-fleuves, les fausses sagas familiales ou les fresques historiques en technicolor. Ce n'est pas parce qu'il est d'un lecteur pressé ou, comme le disait déjà Dominique de Roux en 1972 celui de l'homme de l'*Immédiatement*, que le goût le plus fin d'aujourd'hui a besoin de textes brefs.

Il est difficile de conclure. Je me contenterai donc de l'envoi — ou du renvoi. J'avais annoncé, en commençant, que je ne voulais ni ne pouvais être complet. Mon regret, au terme de ces pages, est moins d'avoir négligé des auteurs déjà entrés dans l'histoire ou chargés d'honneurs académiques que d'avoir laissé dans l'ombre des amis écrivains, des collègues, des anciens camarades, des anciens étudiants. Ils savent, ainsi que tous ceux que je n'ai pu même nommer, en quelle estime je tiens leur talent. Ils comprennent aussi qu'il est plus difficile de parler d'un écrivain quand on en est trop proche. Pour moi ils sont, chacun avec sa manière propre, la garantie que la littérature française, au moment où j'ai essayé de la saisir, va *quelque part.*

Comme dans le beau titre prévu par Michel Butor pour son deuxième *Génie du lieu*, en 1971, *Oŭ*, l'accent de l'adverbe se trouve délicatement barré. Le mouvement du temps est un instant suspendu, non pour en surprendre le génie, mais pour en goûter la saveur singulière, la satisfaction d'avoir été *là*.

Index

On s'en tiendra ici aux écrivains qui ont vécu après 1950. Les noms d'écrivains étrangers sont en italique. Quand ils sont devenus écrivains de langue française, cette dernière appartenance l'a emporté. On remarquera qu'il est peu question dans ce livre, donc dans cet index, d'écrivains des autres domaines de la francophonie. Ce serait un autre sujet, et il n'était pas possible de tout embrasser.

C

D

K

L

M

N

S

T

V

W

Y

Z

Table des matières

Réalisation : Linéale Production
Achevé d'imprimer en février 2002
sur les presses de l'imprimerie Campin 2000 SA
13, rue Barthélémy Frison – 7500 Tournai (Belgique)
Dépôt légal : mars 2002
N° d'éditeur : 7168